Premier Avis.

Plusieurs souscripteurs à l'Histoire chronologique de France n'ayant pas compris pourquoi la dernière livraison de cet ouvrage commençait à l'année 1814, tandis que celle qui la précédait finissait par l'année 1792, nous leur ferons observer que cet ouvrage est publié en deux parties qui paraissent alternativement, et QU'IL N'EST RIEN CHANGÉ A LA SOUSCRIPTION. *La prochaine livraison sera la suite de 1792.*

Deuxième Avis.

Les pages 49, 50, 51, 52, 53, 54, 55, 56 de la précédente livraison doivent être brûlées; elles se trouvent reproduites dans la présente livraison. Celles qui se trouvent sous ce pli doivent seules être conservées. *Une erreur d'impression a rendu cette rectification nécessaire.*

Troisième Avis.

A partir de la présente livraison, **MM.** les souscripteurs vont en recevoir définitivement deux par mois; toutes les mesures sont prises pour arriver à ce résultat.

HISTOIRE

CHRONOLOGIQUE

DE FRANCE.

PARIS. — DE L'IMPRIMERIE DE RIGNOUX,
RUE DES FRANCS-BOURGEOIS-S.-MICHEL, N° 8.

HISTOIRE

CHRONOLOGIQUE

DE FRANCE,

DEPUIS

LA PREMIÈRE CONVOCATION DES NOTABLES

JUSQU'EN 1828.

*Mihi Otho, Galba, Vitellius, nec injuriâ,
nec beneficio cogniti.*

PAR M. CADIOT.

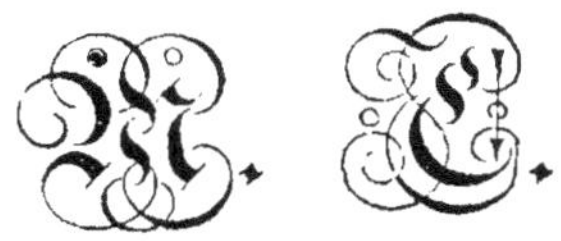

A PARIS,

CHEZ CADIOT, RUE MABILLON, N° 12,

PRÈS SAINT-SULPICE.

1828.

HISTOIRE CHRONOLOGIQUE

DE FRANCE.

ANNÉE 1814.

A dater de 1814 commence pour la France une nouvelle ère historique. L'Europe entière coalisée, après avoir été vingt fois refoulée par nos glorieuses et immortelles phalanges, campait dans la capitale de cette France jadis si redoutable, si brillante, et dont le nom commandait encore l'admiration du monde. Le chef qui présida vingt ans à nos destinées était tombé. Le grand mouvement qui avait commencé en 1789 s'était arrêté. La gloire, la puissance n'étaient plus pour nous qu'un souvenir. La France n'envisageait son avenir qu'avec crainte; sans doute, il n'avait pas moins fallu de toute l'Europe pour nous placer dans cette situation terrible, et l'honneur national ne pouvait être compromis par une défaite d'un instant, qui n'était point entièrement le fruit de la victoire. Nous pouvions d'ailleurs opposer à nos adversaires un quart de siècle de triomphes contre un jour de revers. N'ont-ils pas dit eux-mêmes : « *Une nation valeureuse ne déchoit pas pour avoir éprouvé à son tour des revers dans une lutte opiniâtre et sanglante où elle a combattu avec son audace accoutumée.* »

Les causes qui ont amené l'occupation de notre patrie appartiennent à l'histoire de l'empire. Nous avons seulement à constater que malgré l'envahissement de la France elle possédait dans son sein une force que redoutaient les puissances étrangères et qui pouvait leur devenir fatale si un point de ralliement, adopté par l'opinion publique, eût été organisé. D'ailleurs les citoyens, privés par le régime impérial de toutes relations politiques, redoutaient avec effroi, dans leur isolement, le sort qui leur était réservé. C'est dans cet état de choses que fut arrêté le rappel de l'ancienne dynastie de nos rois, et qu'on annonça le retour des Bourbons sur le trône de France. Le prince de Talleyrand, le duc de Dalberg, le baron de Vitrolles, l'abbé de Montesquiou, furent les agens principaux en France de cette révolution nouvelle. Arrêtons-nous devant les conséquences heureuses de cet événement.

ÉVÉNEMENS

QUI ONT PRÉCÉDÉ LE RETOUR DES BOURBONS SUR LE TRÔNE DE FRANCE ET
ACTES DU GOUVERNEMENT PROVISOIRE RELATIFS A LA RESTAURATION.

MARS 31. *Déclaration des puissances alliées.* — « Les armées des puissances
alliées ont occupé la capitale de la France. Les souverains alliés accueillent
le vœu de la nation française.

« Ils déclarent :

« Que si les conditions de la paix devaient renfermer de plus fortes garanties lorsqu'il s'agissait d'enchaîner l'ambition de Bonaparte, elles doivent
être plus favorables lorsque, par un retour vers un gouvernement sage, la
France elle-même offrira l'assurance de ce repos.

« Les souverains alliés proclament en conséquence :

« Qu'ils ne traiteront plus avec Napoléon Bonaparte ni avec aucun de sa
famille;

« Qu'ils respectent l'intégrité de l'ancienne France, telle qu'elle a existé
sous ses rois légitimes : ils peuvent même faire plus, parce qu'ils professent
toujours le principe que, pour le bonheur de l'Europe, il faut que la France
soit grande et forte;

« Qu'ils reconnaîtront et garantiront la constitution que la nation française
se donnera.

« Ils invitent par conséquent le sénat à désigner un gouvernement provisoire qui puisse pourvoir aux besoins de l'administration, et préparer la
constitution qui conviendra au peuple français.

« Les intentions que je viens d'exprimer me sont communes avec toutes les
puissances alliées.

« *Signé* ALEXANDRE. Par S. M. I., le secrétaire d'état comte DE NESSELRODE.

AVRIL 1er. Une proclamation du corps municipal de Paris porte que ces ma-
gistrats font les vœux les plus ardens pour le retour du gouvernement des
Bourbons. *Signé* les membres du conseil général municipal de Paris, *Bellart*
(rédacteur de la proclamation), *Barthélemy*, *Bonnomet*, *Boscheron*, *Davillier*,
Demautort, *Gauthier*, *Harcout*, *de Lamoignon*, *Lebeau*, *Mallet*, *Montamant*,
Pérignon, *Thibou*, *Vial*.

— Le sénat nomme un gouvernement provisoire; en sont élus membres :
MM. DE TALLEYRAND, prince de Bénévent; le comte DE BEURNONVILLE,
sénateur; le comte DE JAUCOURT, sénateur; le duc DE DALBERG, conseiller
d'état; DE MONTESQUIOU, ancien membre de l'assemblée constituante; DU-
PONT (de Nemours), *secrétaire*. — Le sénat arrête ensuite que l'acte de nomination du gouvernement provisoire sera notifié au peuple français par une
adresse des membres de ce gouvernement. — Le sénat arrête en principe, et
charge le gouvernement provisoire de comprendre en substance dans son
adresse au peuple français : 1° Que le sénat et le corps législatif seront dé-

clarés partie intégrante de la constitution projetée, sauf les modifications qui seront jugées nécessaires pour assurer la liberté des suffrages et des opinions; 2º que l'armée, ainsi que les officiers et soldats en retraite, les veuves et officiers pensionnés, conserveront les grades, honneurs et pensions dont ils jouissent; 3º qu'il ne sera porté aucune atteinte à la dette publique; 4º que les ventes de domaines nationaux seront irrévocablement maintenues; 5º qu'aucun Français ne pourra être recherché pour les opinions politiques qu'il a pu émettre; 6º que la liberté des cultes et des consciences sera maintenue et proclamée, ainsi que la liberté de la presse, sauf la répression légale des délits qui pourraient naître de l'abus de cette liberté; 7º enfin que le gouvernement provisoire est chargé de présenter un projet de constitution tel qu'il ne soit porté aucune atteinte aux principes qui font la base de ces propositions. — Les membres présens ont signé le procès-verbal ainsi qu'il suit : *Abrial, Barbé de Marbois, Barthélemi, de Bayane, de Belderbusch, Bertholet, de Beurnonville, Buonacorsi, Carbonara, Chasseloup-Laubat, Cholet, Coland, Cornet, Davous, de Grégory, Mercoreugo, Dembarrère, Depère, Destut de Tracy, d'Harvillle, d'Haubersart, d'Hédouville, du Bois du Bais, Emmery, Fabre (de l'Aude), Ferino, de Fontanes, Garat, Grégoire, Horwyn de Nevelle, de Jaucourt, Journu-Auber, Klein, Lambrechts, Lanjuinais, de Lannoy, Le Brun de Richemont, Lejear, Lemercier, de Lespinasse, de Maileville, de Meerman-Vandalem, de Monbadon, Pastoret, Péré, de Pontécoulant, Porcher de Richebourg, Rigul, Roger-Ducos, Saint-Martin de Lamotte, de Sainte-Suzanne, Saur, Schimmelpenninck, Serrurier, Soulès, de Tascher, de Valence, maréchal duc de Valmy, van Dedem van Gelder, van Depoll, de Vaubois, Villetard, Vimar, de Volney.*

La déclaration des puissances alliées, le retour des Bourbons qu'on annonçait de toutes parts, la nécessité d'un gouvernement qui remplaçât celui de Napoléon, nécessitent à la fois l'organisation d'un gouvernement provisoire, et une proclamation capable de tranquilliser la France inquiète et agitée.

2. Commissaires nommés par le gouvernement provisoire pour : *la justice,* M. HENRION DE PANSEY; *les affaires étrangères,* M. le comte LAFORÊT, et M. le baron DURAND, *adjoint; l'intérieur,* M. le comte BEUGNOT, et jusqu'à son arrivée M. BENOÎT; *la guerre, en y réunissant l'administration de la guerre,* le général DUPONT; *la marine,* M. le baron Malouet, et jusqu'à son arrivée, M. JURIEU; *les finances, le trésor et les manufactures et commerce,* M. le baron LOUIS; *la police générale,* M. ANGLÈS, maître des requêtes; *le secrétaire général du gouvernement provisoire,* M. DUPONT (de Nemours), membre de l'Institut, et M. ROUX DE LABORIE, avocat en la cour impériale, *adjoint.* M. DE LAVALETTE s'étant absenté, M. de BOURIENNE, ancien conseiller d'État, est nommé *directeur-général des postes.*

— Le général de division comte Dessoles est nommé, par le gouvernement provisoire, commandant en chef de la garde nationale de Paris. La sagesse de ce général et le zèle de la garde nationale mériteront de grands éloges pour avoir préservé la capitale de tous désordres pendant cette grande crise

— « Le gouvernement provisoire, apprenant avec douleur que des obstacles ont été mis au retour du pape dans ses états, et déplorant cette continuation d'outrages dont on abreuve depuis si long-temps le chef courageux que l'église redemande, ordonne que tout empêchement à son voyage cesse à l'instant, et qu'on lui rende dans sa route les honneurs qui lui sont dus. »

— « Le gouvernement provisoire considérant combien il a été odieux en soi, et contraire aux conventions qui ont précédé le départ de S. M. le roi d'Espagne, de retenir à Perpignan, son frère l'infant D. Carlos ordonne que ce prince soit conduit le plus promptement possible, et avec tous les honneurs dus à son rang, jusqu'au premier poste espagnol. »

3. *Adresse de la cour de cassation au gouvernement provisoire.....* « Puissions-nous bientôt jouir de cette constitution qui doit réparer tant de maux et sécher tant de larmes! Puissions-nous, après plus de vingt ans d'orages et de malheurs, trouver enfin le repos à l'ombre de ce sceptre antique et révéré, qui, pendant huit siècles, a si glorieusement gouverné la France. *Signé, Barris,* président; *Giraud-Duplessis,* avocat-général; le chevalier *Bouchau, Cassaigne, Basire, Borel, Oudart,* le chevalier *Vasse de Saint-Oüen, Pajou, Jourde,* avocat-général; *Busschap, Andier-Massillon, Liger de Verdigny, Chasle, Dutocq, Rataud, Babille, Vallée, Gaudon, Vergès,* le baron *Botton de Castellamonte, Carnot, Pons,* avocat-général; *Lombard, de Avemann, Zangiacomi, L. B. Genevois, Boyer, Bailly, Chabot de l'Allier, Lefessier de Grandprey, Rousseau, Sehwendt de Saint-Étienne, Cochart, de la Coste, Van-Toulon, Merlin,* procureur-général; *J. de Brye, Recevens, Coffinhal, Benvenutti, Brillat de Savarin, Poriquet, Sieyes, Lasagni, Lafaudade, Aumont, Jalbert,* greffier.

4. *Le gouvernement provisoire* charge une commission de cinq membres de rédiger un projet *d'acte constitutionnel.* Les cinq sénateurs choisis pour composer cette commission sont : MM. Lebrun (l'archi-trésorier), Barbé-Marbois, Lambrechts, Destutt-Tracy et Emmery.

— Le gouvernement provisoire arrête : « 1° que tous les emblèmes, chiffres et armoiries qui ont caractérisé le gouvernement de Bonaparte, seront supprimés et effacés partout où ils peuvent exister; 2° que cette suppression sera exclusivement opérée par les personnes déléguées par les autorités de police ou municipales, sans que le zèle individuel puisse y concourir ou les prévenir; 3° qu'aucune adresse, proclamation, feuille publique ou écrit particulier, ne contiendra d'injures ou expressions outrageantes contre le gouvernement renversé, la cause de la patrie étant trop noble pour adopter aucun des moyens odieux dont il s'est servi. Les sages restrictions que renferment cet arrêté ont empêché la dévastation et la ruine de plusieurs monumens que des royalistes énergumènes voulaient anéantir.

— Le général major Pozzo di Borgo est nommé, par l'empereur de Russie, commissaire-général près le gouvernement provisoire français.

— *Avis de l'administration des postes :* « Le public est prévenu que les lettres, en *immense quantité,* retenues depuis plus de trois ans, dans le dépôt des rebuts à Paris, vont être expédiées à leurs adresses. » Odieux régime impérial !

— « Le gouvernement provisoire déclare qu'il ne reconnaît d'autre garde que la garde nationale, et que le zèle qui voudrait former ou provoquer tout autre corps militaire ne ferait que nuire au succès des mesures actuelles et à l'esprit d'unité et d'accord qui leur est nécessaire. » Un avis inséré dans un journal, invitant les citoyens à se faire inscrire pour former une garde royale, a provoqué cette sage déclaration.

— Le gouvernement provisoire arrête « que tous les conscrits actuellement rassemblés sont libres de retourner chez eux, et que tous ceux qui n'ont point encore été enlevés de leur domicile sont autorisés à y rester. La même faculté est applicable aux bataillons de nouvelle levée que chaque département a fournis, ainsi qu'à toutes les levées en masse. »

— « Les membres composant le collége des avocats à la cour de cassation déclarent attendre avec impatience, appeler de tous leurs vœux la Charte constitutionnelle qui doit désormais garantir la liberté publique, et rendre à la France les descendans d'Henri IV. *Signé, Champion*, président; *Mailhe*, syndic; *Darrieux*, rapporteur; *Mathias*, secrétaire; *Camus, Loiseau, Cochu*, doyen; *Flusin*, sous-doyen; *Coste, Dupont, Pageaut, Gerardin, Becquey-Beaupré, Gueny, Lepicard, Deliége, Leroy-Neufvillette, Guichard père, Guichard fils, Bousquet, Granié, Barbé, Troussel, Billont, Lavaux, Béranger, Camusat, Borel, Jousselin, Badin, Sirey, Roger, Montplanqua, Duprat, Dard, Huart-Duparc, Bouchereau, Lagrange, Raoul.*

— Lettre de M. le baron Pasquier, préfet de police, aux commissaires de police, officiers de paix, etc. : « Honoré de la confiance du gouvernement provisoire, qui m'a continué dans mes fonctions, je me dois et je vous dois de vous faire connaître mes sentimens, et de vous tracer la ligne de vos devoirs. Heureux de voir enfin un terme s'offrir aux maux de ma patrie, je me suis empressé d'embrasser le nouveau moyen de la servir qui m'était offert; je m'y suis dévoué tout entier. J'attends que mes collaborateurs partageront mon dévouement, etc., etc. »

5. *Adresse de la cour des comptes au gouvernement provisoire.* Elle annonce qu'elle forme les vœux les plus ardens pour l'établissement d'une sage constitution et le retour des Bourbons. *Signé : Barbé-Marbois*, premier président; *Jard Panvillier, Delpierre, Brierre de Surgy*, présidens; *Feral, Dupin, Gonnard, Regardin*, le baron *Girod de l'Ain, Pierre-Charles de Chassiron, Duvidal, Dallet, Cordelle, Pajot jeune, Perrée, Gillet la Jacqueminière, Carret, Letourneur, Mouricault, G. Malès, Valadon, Tarrible, Guillemin de Vaivres, Saint-Bagot, Briatte, Buffault, Caze de la Bore, Sahut, Garnier*, procureur général; *Guillaume, Spoeltra, Paulin Crassous, Duclos, de Gombert, Bouchard, Duriez, Périer de Trémemont, Finot, Regardin jeune, Pajot, Garat, Prin, Bonnel, Hullin du Bois-Chevalier, Moutet, Duchesne, Fourmontier, J. de Villeneuve, Courel, Farjon, Frestel, Roualle, Vial de Machurin, Dupont, Truet, Deleville, Carré, Michelin, Bralle, Parizot, Leferon Delaheuse, Beaulieux, L'Huillier, Le Maître, Pierret, Gillot, C. Lesval, Darrimajou, Dalbaret, Bayeux, Delaistre, Monfouilloux, Luzier-Lamothe, Pernot, Faucond, Bartouilh, Collau, Pacquier, Boyer.*

Duparc, Mallet, Chardon, Duboy, Maillard, Le Roux, Allix, Libert, H.-A. Adrenier, Maugirard, de Mouchanin.

— Le conseil de préfecture déclare « qu'il attend avec confiance de la sagesse du sénat et du gouvernement provisoire le pacte constitutionnel qui doit nous rendre et fixer à jamais en France la race antique de nos rois. *Signé, Marchand, Champion, Fain, Joubert, Leconte, Desroys,* et *Bourcey,* secrétaire.

6. *Le Moniteur du 6 contient l'arrêté suivant de la cour impériale de Paris.....* « La cour, pénétrée de respect et d'admiration pour des princes augustes, modèles de désintéressement et de magnanimité, exprimant aussi son profond amour pour la noble race des rois qui, pendant huit siècles, a fait la gloire et le bonheur de la France, et qui seule peut ramener la paix, l'ordre et la justice dans une patrie où des vœux secrets n'ont cessé d'invoquer le souverain légitime, déclare qu'elle appelle de tous ses moyens le chef de la maison de Bourbon au trône héréditaire de saint Louis. *Signé, Séguier,* premier président. »

— « *Les magistrats du parquet* près la cour impériale de Paris expriment le vœu formel pour que la royauté héréditaire soit déférée au chef de la maison de Bourbon, dans la garantie d'une constitution qui assure à jamais les droits de la nation, du monarque et des citoyens. *Signé, Legoux,* procureur général; *Grandst,* premier avocat général; *Girod de l'Ain,* avocat général; *Freteau, Jaubert, Mallet, Legris, de la Palme, Dameuve, Gay, de Schonen, Clahier, Agier, Lacave-Laplagne.* »

— *Bourse de Paris.* Les rentes cinq pour cent sont à 63 fr. 75 cent.; elles étaient, le 29 mars, à 45 fr. (le 30 il n'y eut point de bourse); le 31, à 47 fr. 50 c.; le 1er avril, à 51 fr.; le 2, à 52 fr.; le 4, à 57 fr. 50 c.

Adresse du tribunal de première instance de Paris au gouvernement provisoire. « Le tribunal forme le vœu le plus ardent pour que le sceptre de Louis XVI soit replacé dans les mains de Louis XVIII, son légitime successeur. »

— Le prince archichancelier de l'empire, Cambacérès, et le cardinal Cambacérès, archevêque de Rouen, écrivent au prince de Bénévent qu'ils adhèrent aux actes du sénat et au retour des Bourbons.

— Le chapitre métropolitain de Paris, sous la présidence de son éminence monseigneur le cardinal Maury, déclare adhérer au nouvel ordre de choses.

— Les cinq sénateurs chargés de la rédaction du projet de constitution soumettent leur travail au sénat, qui, après avoir chargé une seconde commission composée de MM. Cornet, Vimar, Fabre (de l'Aude), Abrial, Garat, Lanjuinais, Grégoire, de l'examiner, en vota l'adoption pour ainsi dire sans aucune discussion. Les sénateurs Grégoire, Lanjuinais, Garat, membres de la commission, se prononcèrent contre le projet.

CONSTITUTION

DÉCRÉTÉE PAR LE SÉNAT CONSERVATEUR LE 6 AVRIL.

« Le sénat conservateur, délibérant sur le projet de constitution qui lui a été présenté par le gouvernement provisoire en exécution de l'acte du sénat du 1ᵉʳ de ce mois;

« Après avoir entendu le rapport d'une commission spéciale de sept membres;

« Décrète ce qui suit :

« Art. 1ᵉʳ. Le gouvernement français est monarchique et héréditaire de mâle en mâle, par ordre de primogéniture.

« 2. Le peuple français appelle librement au trône de France *Louis-Stanislas-Xavier* de France, frère du dernier roi, et après lui les autres membres de la maison de Bourbon, dans l'ordre ancien et accoutumé.

« 3. La noblesse ancienne reprend ses titres; la nouvelle conserve les siens héréditairement. La Légion d'Honneur est maintenue avec ses prérogatives; le roi déterminera la décoration.

« 4. Le pouvoir exécutif appartient au roi.

« 5. Le roi, le sénat et le corps législatif concourent à la formation des lois.

« Les projets de loi peuvent être également proposés dans le sénat et dans le corps législatif.

« Ceux relatifs aux contributions ne peuvent l'être que dans le corps législatif.

« Le roi peut inviter également les deux corps à s'occuper des objets qu'il juge convenables.

« La sanction du roi est nécessaire pour le complément de la loi.

« 6. Il y a cent cinquante sénateurs au moins, et deux cents au plus.

« Leur dignité est inamovible et héréditaire de mâle en mâle, par primogéniture. Ils sont nommés par le roi.

« Les sénateurs actuels, à l'exception de ceux qui renonceraient à la qualité de citoyen français, sont maintenus, et font partie de ce nombre. La dotation actuelle du sénat et des sénatoreries leur appartient. Les revenus en sont partagés également entre eux, et passent à leurs successeurs. Le cas échéant de la mort d'un sénateur sans postérité masculine directe, sa portion retourne au trésor public. Les sénateurs qui seront nommés à l'avenir ne peuvent avoir part à cette dotation.

« 7. Les princes de la famille royale et les princes du sang sont de droit membres du sénat.

« On ne peut exercer les fonctions de sénateur qu'après avoir atteint l'âge de majorité.

« 8. Le sénat détermine les cas où la discussion des objets qu'il traite doit être publique ou secrète.

» 9. Chaque département nommera au corps législatif le même nombre de députés qu'il y envoyait.

« Les députés qui siégeaient au corps législatif lors du dernier ajournement continueront à y siéger jusqu'à leur remplacement. Tous conservent leur traitement.

« A l'avenir ils seront choisis immédiatement par les colléges électoraux, lesquels sont conservés, sauf les changemens qui pourraient être faits par une loi à leur organisation.

« La durée des fonctions des députés au corps législatif est fixée à cinq années.

« Les nouvelles élections auront lieu pour la session de 1816.

« 10. Le corps législatif s'assemble de droit chaque année le 1er octobre. Le roi peut le convoquer extraordinairement ; il peut l'ajourner ; il peut aussi le dissoudre ; mais, dans ce dernier cas, un autre corps législatif doit être formé au plus tard dans les trois mois par les colléges électoraux.

« 11. Le corps législatf a le droit de discussion. Ses séances sont publiques, sauf le cas où il juge à propos de se former en comité général.

« 12. Le sénat, le corps législatif, les colléges électoraux et les assemblées de canton élisent leur président dans leur sein.

« 13. Aucun membre du sénat ou du corps législatif ne peut être arrêté sans une autorisation préalable du corps auquel il appartient.

« Le jugement d'un membre du sénat ou du corps législatif accusé appartient exclusivement au sénat.

« 14. Les ministres peuvent être membres soit du sénat, soit du corps législatif.

« 15. L'égalité de proportion dans l'impôt est de droit. Aucun impôt ne peut être établi ni perçu s'il n'a été librement consenti par le corps législatif et par le sénat. L'impôt foncier ne peut être établi que pour un an. Le budget de l'année suivante et les comptes de l'année précédente sont présentés chaque année au corps législatif et au sénat, à l'ouverture de la session du corps législatif.

« 16. La loi déterminera le mode et la quotité du recrutement de l'armée.

« 17. L'indépendance du pouvoir judiciaire est garantie.

« Nul ne peut être distrait de ses juges naturels.

« L'institution des jurés est conservée, ainsi que la publicité des débats en matière criminelle.

« La peine de confiscation des biens est abolie.

« Le roi a le droit de faire grace.

« 18. Les cours et tribunaux ordinaires actuellement existans sont maintenus ; leur nombre ne pourra être diminué ou augmenté qu'en vertu d'une loi. Les juges sont à vie et inamovibles, à l'exception des juges de paix et des juges de commerce. Les commissions et les tribunaux extraordinaires sont supprimés, et ne pourront être rétablis.

« 19. La cour de cassation, les cours d'appel et les tribunaux de première instance proposent au roi trois candidats pour chaque place de juge vacante dans leur sein ; le roi choisit l'un des trois. Le roi nomme les premiers présidens et le ministère public des cours et des tribunaux.

« 20. Les militaires en activité, les officiers et soldats en retraite, les veuves et les officiers pensionnés conservent leurs grades, leurs honneurs et leurs pensions.

« 21. La personne du roi est inviolable et sacrée. Tous les actes du gouvernement sont signés par un ministre. Les ministres sont responsables de tout ce que ces actes contiendraient d'attentatoire aux lois, à la liberté publique et individuelle, et aux droits des citoyens.

« 22. La liberté des cultes et des consciences est garantie. Les ministres des cultes sont également traités et protégés.

« 23. La liberté de la presse est entière, sauf la répression légale des délits qui pourraient résulter de l'abus de cette liberté. Les commissions sénatoriales de la liberté de la presse et de la liberté individuelle sont conservées.

« 24. La dette publique est garantie.

« Les ventes des domaines nationaux sont irrévocablement maintenues.

« 25. Aucun Français ne peut être recherché pour les opinions ou les votes qu'il a pu émettre.

« 26. Toute personne a le droit d'adresser des pétitions individuelles à toute autorité constituée.

« 27. Tous les Français sont également admissibles à tous les emplois civils et militaires.

« 28. Toutes les lois actuellement existantes restent en vigueur jusqu'à ce qu'il y soit légalement dérogé. Le code des lois civiles sera intitulé : *Code civil des Français.*

« 29. La présente constitution sera soumise à l'acceptation du peuple français, dans la forme qui sera réglée. Louis-Stanislas-Xavier sera proclamé *roi des Français* aussitôt qu'il l'aura jurée et signée par un acte portant : *J'accepte la constitution ; je jure de l'observer et de la faire observer.* Ce serment sera réitéré dans la solennité où il recevra le serment de fidélité des Français.

« *Signé :* le prince de BÉNÉVENT, président ; les comtes de VALENCE et de PASTORET, secrétaires ; le prince architrésorier, LEBRUN ; *Abrial, Barbé de Marbois, Barthélemy, Belderbush, Berthollet, Beurnonville, Carbonara, Chasseloup, Cholet, Colaud, Cornet, Davous, de Croix, Degregory, Dembarrère, Depère, Destutt de Tracy, d'Harville, d'Haubersaert, d'Hédouville, Dubois du Bais, Emmery, comte de Grosyeulx, Fabre (de l'Aude), Ferino, de Fontanes, Garat, Grégoire, Herwin de Nevele, François Jaucourt, Journu Aubert, comte de Tustal, Klein, Lambrechts, Lanjuinais, Lebrun de Rochemont, Legrand, Lejeas, Lemercier, Lenoir de Laroche, de Lespinasse, de Maleville, de Meerman, de Monbadon, Péré, de Pontécoulant, Porcher de Richebourg, Redon, Rigal, Roger-Ducos, Saint-Martin de Lamotte, Sainte-Suzanne, Saur, Schimmelpennink, Tascher, duc de Valmy, Van Dedem van Gelder, Van Depool, de Vaubois, Venturi, Villetard, Vimar, Zuileen de Nievelt.* » Et depuis MM. de

*Bayanne, d'Aboville, Dedelay-d'Agier, Dyrez, François (de Neufchâteau),
Garran-Coulon, de Lannoy, maréchal Serrurier, Shée, Soulès, Thévenard,
Vernier, Syeyes, Colchen, maréchal Lefebvre, Buonacorsi, Clément de Ris,
d'Aguesseau, Dupuy, Laplace, Volney, le cardinal Cambacérès, Latour-
Maubourg, Dejean, Dupont, Garnier, Laville, Montesquiou, Ségur, de Ville-
manzy, le prince Cambacérès, duc de Parme ; duc d'Otrante (Fouché), Cham-
pagny, duc de Cadore; de Beauharnais, Corsini, Lecouteulx-Canteleu, Chasset,
Cornudet, Lamartillère, Gueheneuc, Boissy-d'Anglas, duc de Vicence, prince
de Neuchâtel (Berthier), Cassendi, de Barral, Monge, Lacépède, de Beaumont,
Canclaux, Chaptal, Saint-Vallier, de Lapparent, Demont, Semonville, Rœ-
derer, l'archevêque de Toulouse, Spada, Maréchal Pérignon.*

Cette constitution, qui est établie sur les mêmes bases que la Charte constitutionnelle octroyée quelques jours plus tard par Louis XVIII, était destinée à n'avoir aucune existence. Les hommes qui dirigeaient véritablement
les affaires, et qui avaient à leur tête le prince de Talleyrand, avaient bien
décidé qu'aucune constitution ne serait établie sans la présence et la participation légitime de Louis XVIII; mais en faisant délibérer le sénat sur un
acte aussi important, ils avaient eu pour but de tranquilliser les partisans
de *la restauration constitutionnelle*, et de lier le sénat par cette solennelle dé-
marche. L'opinion publique fut indignée de voir ce sénat si bassement ser-
vile, sous Bonaparte, placer la stipulation de ses pensions sur le même rang
que les droits politiques des Français.

— *Adresse du tribunal de commerce de Paris :* « Le tribunal de commerce,
chargé de prononcer sur des intérêts qui réclament essentiellement la protection d'un gouvernement juste et paternel, adhère à toutes les mesures décrétées par le sénat et par le corps législatif; il attend avec confiance la Charte
constitutionnelle qui se prépare, et émet le vœu le plus ardent pour le retour
de la famille auguste qui a fait si long-temps le bonheur des Français. »

— Le gouvernement provisoire invite le conseil d'état à reprendre ses
fonctions. « C'est avec la plus grande satisfaction que le gouvernement provisoire verra des hommes aussi éclairés que les membres du conseil d'état
concourir par leurs lumières aux changemens politiques qui vont avoir lieu. »

7. Le gouvernement provisoire arrête et ordonne que les arrêts, jugemens, les actes des notaires, etc., soient intitulés, jusqu'à l'arrivée de
Louis XVIII, *au nom du gouvernement provisoire.*

— Le gouvernement provisoire rend l'arrêté suivant : « Art. Ier. Aucun pla-
card ni affiche ne pourra être apposé dans les rues ou places publiques sans
avoir été préalablement présenté à la préfecture de police, qui donnera le vu
pour afficher. — 2. Il est défendu à aucun colporteur de crier dans les rues,
vendre et distribuer aucun pamphlet et aucune feuille dont la distribution
n'ait pas été autorisée par la préfecture de police. »

— Le baron de Pradt, archevêque de Malines, est nommé, par le gouvernement provisoire, commissaire pour remplir les fonctions attribuées aux

grand-chancelier et grand-trésorier de la Légion d'Honneur, et aux chancelier et trésorier de l'ordre de la Réunion.

— Son excellence le gouverneur de Paris prévient tous les agens militaires, dépositaires d'effets appartenans à la guerre, garde - magasins, et autres administrateurs quelconques à Paris, qu'il leur est expressément défendu de délivrer aucun objet déposé dans lesdits magasins, ou confié à leur garde, sans l'ordre formel de S. Exc., se réservant de faire rendre compte et de rendre responsables lesdits agens et administrateurs de tous les effets qui étaient à leur garde et surveillance à l'époque de l'occupation de la commune par les troupes alliées. Chacun desdits agens et administrateurs devra continuer ou reprendre de suite ses fonctions, sous peine de demeurer responsables de tous les désordres et des distractions qui surviendraient par suite de son absence ou de la cessation de sa surveillance. En cas de violence ou autres voies de fait, l'agent ou dépositaire devra s'adresser immédiatement au commandant le plus voisin, pour obtenir main-forte et se faire respecter. *Signé*, *Sacken.*

—*Adresse de l'Université au gouvernement provisoire :* « L'Université de France, pénétrée des sentimens qui animent le Sénat et tous les corps de l'État, se fait un devoir d'exprimer au gouvernement provisoire sa vive reconnaissance de tout ce qu'il a fait pour mettre un terme à nos malheurs. Elle s'unit à lui pour témoigner son admiration aux souverains alliés qui viennent d'acquérir une gloire unique dans l'histoire des nations. L'Université ne peut voir qu'avec une joie pleine d'espérance un ordre de choses qui, sous l'abri des lois d'une véritable monarchie, assure pour jamais le règne des bonnes mœurs et les progrès des sciences et des lettres. Elle hâte de tous ses vœux le moment où elle pourra présenter au descendant de saint Louis, de François Ier et de Henri IV, l'hommage de son amour et de sa fidélité. *Signé*, le grand-maître, *Fontanes*; *Villaret*, chancelier; *Delambre*, trésorier; *L. Fr. de Beausset*, ancien évêque d'Alais; *Delamalle, Jussieu, Nougarède, G. Cuvier, Desrenaudes, Guéroult, Arnault*, conseiller secrétaire-général; *R. Despaulx, E. de Coiffier, Roger, de Langeac, Ambroise Rendu, Gueneau de Mussy, Chabot de l'Allier, de Champeaux, Villar, Becquey, Després.*

— *Message du corps législatif à messieurs les membres du gouvernement provisoire :* « Messieurs, le corps législatif a reçu la communication que vous lui avez faite de la Charte constitutionnelle, par l'entremise de l'un de vos membres; il y donne une entière adhésion. Il y trouve la garantie de tous les droits, et une distribution des pouvoirs propre à mettre désormais la France à l'abri des maux qu'elle a soufferts. Le corps législatif se félicite de pouvoir enfin manifester les sentimens qu'il a dû, jusqu'à ce moment, renfermer dans son sein, et exprimer la vive satisfaction qu'il éprouve à voir l'auguste maison de Bourbon rappelée au trône, et le titre de *Roi des Français* déféré à Louis-Stanislas-Xavier, frère de notre dernier roi. *Signé*, le comte *Henry de Montesquiou*, le chevalier *Bouchet*; le chevalier *Félix Faulcon*, le baron *Boidi-d'Ardizzoni*, le chevalier *Chauvin de Bois-Savary, Laborde, Stanislas, Baure. Aubert, Barrot, L. Bassenge, Blanquart de Bailleul, Botta, Bruys-Charly, Caze* de Labove, Cazenave, Cavagnary, le chevalier *Challan*, *Chappuis*, *Charles (du Luc)*, *Châtenay-Lanty*, *Cherrier*, *Chirat*, *Clément*, *Colchen*, *Dalmassy*, *Damp-Martin*, *Darion*, *Darmenouville*, le chevalier *Dauzat*, *Delattre*, *J. Dumolard*, *Dignesse*, *Doorman*, *Duchesne de Gillevoisin*, *Dufougerais*, *Durbach*, *Ebaudy de Rochetaille*, *Émeric David*, *Emmery*, le général *Estourmel*, *Faget de Baure*, *de Falaiseau*, *Ferreri*, *Finot*, *Flaugergues*, *Fornier de Saint-Lary*, *Gabaléon de Salmour*, *Gallois*, *Garnier*, *Geoffroy*, *Gérolt*, *Girard*, *de Girardin*, *Goulard*, *Gourlay*, le comte *de Grote*, *Hayrin*, *Jacobi*, *Junod*, *G. A. Jaubert*, *Jenisch*, *Lajard de la Seine*, *Lefèvre-Gineau*, *Lefeuvre*, *E. de Lesné-Harel*, *Louvet*, *Martini*, *Metz*, le comte *de Montlouis*, *Moreau*, *Morellet*, *Nell*, *Nougarède de Fayet*, *Paroletti*, *Pemartin*, *de Pérez*, *Petersen*, le chevalier *Petit*, *Petit de Beauverger*, *Pictet-Diodati*, *Poggi*, le chevalier *Poyférée de Cère*, *Ragou-Gillet*, *Raynouard*, *Rigaud de l'Ile*, *Ricarola*, *de Rivas*, *Rivière*, *Rossée*, le baron de *Septenville*, le baron *Silvestre de Sacy*, *Sturtz*, *Thiry*, *Travaglini*, le baron de *Van Recum*, *Vigneron*, *Villiers*, *Waldner de Freundstein*, *Zaccaleoni*. Ont adhéré ensuite, les jours suivans, MM. le baron de *Canouville*, le baron *Despérichons*, le baron *Calvet de Madaillan*, *Villot de Fréville*, le *Marchant de Gomicourt*, *Lezurier de la Martel*, *Charles de Beaumont*, le chevalier *Bouquelon*, le baron de *Mortreux*, le comte *Hippolyte d'Astorg*, *Wostrénen de Thémorat*, l'*Abbey de Pompières*, *Hébert*, le chevalier *Dupont*, *Aroux*, le baron *d'Arthenay*, le baron de *Moncey*, le comte de *Tryon-Montalembert*, l'*Eleu Delasimone*, le comte *Théodat de Perrigny*, les chevaliers de *Tascher*, *Delahaye*, *Souque*, de *Masset*, le baron *Deurbroucq*, le baron *Desfournaux de Saint-Martin*, *Dalleaume*, *Farez*, *Rioult de Neuville*, le comte *Seissel-d'Aix*, *Zoepffel*, le baron *Fremin Dumesnil*, *Avoyne-Chantereyne*, *Francoville*, de *l'Horme*, de la *Rochefoucauld*, *Baillon*, *Paillet*, *Hennequin*, *Lucas*, le baron *d'Udevant*, de *Béthune-Sully*, *Morisset*, le baron *Pervinquière*, *Rallier*, *Pémolié de Saint-Martin*, *Guineau*, *Dumas*, le chevalier *Joubert-Bonnaire*, *Schadet*, *Daqueux-Saint-Hilaire*, *Bouchard*, *Jourdain*, *Lemotheux-Daudier*, le baron *Boudet*, *Maupetit*, *Charles Bouteiller*, de *Gernay-Vésigneux*, *Tuault-Golven*, le chevalier *Gourlay*, *Sirugue-Maret*, *Sédillez*, *Saint-Martin (d'Indre-et-Loire)*, *Legonxre de Kervelegan*, *Glais*, *Bernard Dutreil*, *Louis Admyrauld*, *Polissard*, le général *Augier*, *Rieussec*, *Trousson-Lecomte*, *Robin-de-Coulogne*, *Houette-la-Chesnais*, *Desrousseaux*, *Ratier*, *Marquis*, *Vistorte*, le chevalier *Riboud*, le chevalier *Maine de Biran*, le *Paige*, *Deverneilh-Puiraseau*, *Bedock*, le baron de *Serres*, *Sartelon*, *Duclaux*, *Beslay*, *Boirot*, le chevalier *Desribes*, *Picot-Lacombe*, *Lehir*, *Barbier-de-Landrevie*, *Chiron*, *Lahure*, *Tharreau*, le baron *Herwin*, le chevalier *Coland-Lasalcette*, le chevalier *Noaille*, le chevalier *Chabaud-de-Latour*, *Donyn de Chartre*, *Maurel*, le chevalier *Van Cutsem*, *Lajard (de l'Hérault)*, le chevalier *Ollivier*, *Aubusson de Soubrebost*, *Lefaucheux*, *Brugière-Laverchère*, *Jalabert*, *Laur*, *Bonnet de Treiches*, le baron de *Marcorelle*, le baron *Duhamel*, *Plagnat*, le chevalier *Martin-Saint-Jean*, *Boyer*, le chevalier *Faurie de Saint-Vincent*, le chevalier *Lemoro de Lafaye*, *Anglès*, le baron *Bouvier*, *Mathieu (du Bas-Rhin)*, le chevalier *Delzons*, *Chilhaud de Larigaudie*, le baron *Vialettes de Mortarieux*, de *Trenqualie*, le baron *Du-*

bouchet, le comte *de Harchies*, *Willmar*, *Bavoux*, le chevalier *Macké*, *Capelli*, *Barbier de Saligny*, *Collard*, *Duraudard*, *Godailh*, le baron *Pareto*, *Quartara*, le chevalier *Vesin*, *Lainé*, *Dufort*, le chevalier *Lahary*, *Legrix-Lasalle*, le baron *Duranteau*, le général baron *de Lauberdière*, *Pascal*.

— *Place Vendôme*. « Le monument élevé sur cette place est sous la sauvegarde de sa majesté l'empereur Alexandre Ier et de ses alliés. La statue qui le surmonte ne pouvait y rester ; elle en descend pour faire place à celle de la paix. » (*Avis de la préfecture de police.*)

— « Le gouvernement provisoire informé que, depuis la fin de 1811, plus de huit cents paysans espagnols faits prisonniers au fort de Figuières sont détenus dans les bagnes de Brest et de Rochefort, où des couleurs différentes seulement les distinguent des malfaiteurs, dont ils portent les fers et partagent les travaux ; que la violence commise à l'égard de ces hommes, dont le seul crime est d'avoir combattu pour la défense de leur pays, outrage à la fois l'humanité, les Français, et toutes les lois consacrées par les nations de l'Europe ; ordonne que lesdits paysans espagnols seront mis immédiatement en liberté, et conduits jusqu'au premier poste espagnol. » Cette réparation d'une grande injustice n'a pas besoin de commentaire.

— Les membres composant le collége des avocats au conseil d'état « expriment leur vœu pour le retour à l'autorité légitime de leurs anciens souverains.»

— Le conseil de l'ordre des avocats à la cour impériale, attend avec confiance du gouvernement provisoire les mesures qui doivent assurer la restauration si désirée de l'auguste maison des Bourbons.

— Les commissaires de police, les officiers de paix de Paris, déposent dans les mains du préfet de police Pasquier leur adhésion aux actes du sénat et du gouvernement provisoire.

— *Adresse des notaires de Paris*. « L'assemblée générale des notaires de Paris étant instruite que le sénat a adopté à l'unanimité dans sa séance du 6 de ce mois la constitution qui rend aux vœux des Français son souverain légitime Louis Stanislas-Xavier, et désirant donner avec tous les corps de l'État un témoignage public de son respectueux dévouement à la famille des Bourbons , qui a fait pendant huit siècles le bonheur de la France, exprime à l'unanimité sa profonde reconnaissance envers le sénat et le gouvernement provisoire, pour les actes qui ont rendu à la France ses souverains légitimes , et pour les mesures salutaires qui ont été prises dans des circonstances aussi importantes.

— Le consistoire de l'église réformée consistoriale du département de la Seine adhère de tout son cœur au retour de la famille de Bourbon. — Le consistoire de l'église chrétienne de la confession d'Augsbourg forme le même vœu. — Les membres du consistoire central des Israélites, et ceux du consistoire départemental de Paris, adhèrent également au nouvel ordre de choses.

8. Le gouvernement provisoire arrête ce qui suit : Art. 1er. Les commissaires nommés provisoirement par lui aux départemens de la guerre, des

finances, de l'intérieur et des cultes, pourvoiront par eux-mêmes aux directions générales qui dépendent de leurs départemens respectifs et qui se trouvent vacantes pour fait d'absence. — 2. Les ministres membres du conseil d'état, administrateurs et autres fonctionnaires qui ont suivi l'ancien gouvernement, ne pourront reprendre leur service que d'après un acte spécial du gouvernement provisoire.

— Le gouvernement provisoire arrête : Art. 1. La police générale est une, tous les arrondissemens sont réunis au ministère de la police générale. — 2. Il y a un préfet de police pour la ville de Paris. — 3. Les attributions sont les mêmes que sous le dernier gouvernement (1).

— « M. Michaux, membre de l'institut, est nommé censeur des journaux existans au 31 mars dernier, autres que le journal officiel; il exercera cette censure sous l'autorité du commissaire provisoire chargé du portefeuille de la police générale. — Les réglemens sur la librairie et l'imprimerie continueront provisoirement à être exécutés et observés dans toute leur teneur, sous l'autorité du commissaire provisoire chargé du portefeuille de l'intérieur, et du commissaire provisoire chargé du portefeuille de la police générale, chacun en ce qui le concerne. »

— « Le gouvernement provisoire, pénétré d'admiration et de reconnaissance pour l'éclatante générosité de S. M. l'empereur de Russie, qui a ordonné la restitution des prisonniers de guerre français qui se trouvent dans ses états, et voulant témoigner à S. M. autant qu'il est en lui sa profonde gratitude, arrête : Les prisonniers de guerre russes qui sont en France seront remis sur-le-champ à S. Exc. M. le général en chef des armées russes. »

— « Le gouvernement provisoire, considérant que le système de diriger exclusivement vers l'état et l'esprit militaire les hommes, leur inclination et leurs talens, a porté le dernier gouvernement à soustraire un grand nombre d'enfans à l'autorité paternelle, ou à celle de leurs familles, pour les faire entrer et élever suivant ses vues particulières dans des établissemens publics; que rien n'est plus attentatoire aux droits de la puissance paternelle, et que d'un autre côté cette mesure vexatoire s'oppose directement au développement des différens genres de génie, de talens et d'esprit que donne la nature, et dont l'ensemble varié forme la richesse morale publique; qu'enfin la prolongation d'un pareil désordre serait une véritable contradiction avec les principes d'un gouvernement libre; — Arrête que les formes et la direction de l'éducation des enfans seront rendues à l'autorité des père et mère, tuteurs ou familles, et que tous les enfans qui ont été placés dans des écoles, lycées, institutions et autres établissemens publics, sans le vœu de leurs parens, ou qui seront réclamés par eux, leur seront sur-le-champ rendus et remis en liberté. »

9. *Rectification de l'arrêté qui précède.* « C'est par erreur que, dans l'arrêté du 8 avril, on a joint le nom des *lycées* à celui des écoles spéciales de La

(1) *Moniteur*, n. 99 (1814).

Flèche, de Saint-Germain et de Saint-Cyr, où l'on a effectivement fait entrer par contrainte des jeunes gens que leurs goûts et la volonté de leur famille éloignaient de l'état militaire. — Tous les élèves admis dans les lycées y sont entrés volontairement; les bourses qui leur étaient accordées étaient sollicitées comme des faveurs et des récompenses. L'université, dont ces établissemens font partie, a déjà rendu de grands services; le chef qui la gouverne est entouré de la confiance et de la considération publique. Sous un gouvernement paternel, le corps enseignant contribuera plus puissamment encore au maintien des bonnes mœurs et au progrès des bonnes études, et pour arriver à ce but il n'aura pas besoin de changer d'esprit. »

— « Le gouvernement provisoire arrête ce qui suit : Art. 1. M. le sénateur comte de Fontanes, grand-maître de l'université de France, est invité à continuer ses fonctions. — 2. Tous les jeunes élèves des lycées et des colléges nommés à des bourses, soit du gouvernement, soit des communes, continueront à jouir de ce bienfait. »

— « Le gouvernement provisoire ordonne à M. le général Dessolles de faire prendre la *cocarde blanche* à la garde nationale de Paris. »

— *Décret.* Le gouvernement provisoire instruit que quelques administrateurs, quelques autorités civiles ou militaires se sont permis d'arrêter les journaux, les lettres et les paquets qui ont été adressées de Paris dans différens départemens, arrête ce qui suit : « Art. 1er. La libre circulation des lettres et journaux doit être maintenue et respectée; tous les magistrats et tous les administrateurs du royaume sont chargés de la protéger. — 2. Tout magistrat, tout administrateur, de quelque rang qu'il soit, tout membre d'une autorité civile ou militaire, ou tout individu quelconque, qui se dirait agir au nom du souverain déchu, sera par le fait même destitué de ses fonctions, arrêté, mis en jugement, et poursuivi comme prévenu de crime d haute-trahison (1). »

— Le *Moniteur* de ce jour contient l'adresse suivante de la garde nationale de Paris au gouvernement provisoire : « La garde nationale a dû attendre, pour exprimer le sentiment dont elle est animée, que l'acte constitutionnel qui assure le bonheur de la nation française ait été adopté par ses représentans. Le sénat et le gouvernement provisoire viennent de couronner leur généreuse entreprise, en proclamant ce prince dont l'antique race fut pendant huit cents ans l'honneur de notre pays. Un peuple magnanime, que des malheurs inouïs n'ont pu abattre, va recouvrer les droits que le despotisme n'avait pu lui faire oublier..... Elle adhère avec empressement à l'acte constitutionnel qui rend le trône de France à Louis-Stanislas-Xavier et à son auguste famille. » (*Suivent quinze signatures des principaux chefs.*)

— Les juges de paix de Paris écrivent au gouvernement provisoire pour le prier de recevoir l'expression de leurs vœux pour le prompt rétablissement du successeur légitime de Louis XVI sur le trône de France.

(1) *Moniteur*, n. 100, 1814.

— Les assemblées générales des avoués près la cour de justice de Paris
émettent leur vœu pour que les descendans d'une famille qui, depuis tant
de siècles, a fait le bonheur de la France, soient rendus au trône de leurs
ancêtres.

— « Le gouvernement provisoire informé que, d'après les ordres du souverain dont la déchéance a été solennellement prononcée le 3 avril 1814, des fonds considérables ont été enlevés de Paris dans les jours qui ont précédé l'occupation de cette ville par les troupes alliées; que ces fonds ont été conduits en plusieurs transports sur divers points du royaume; qu'ils ont même été grossis par la spoliation de plusieurs caisses publiques dans les départemens; que les caisses municipales et même celles des hôpitaux n'ont pas échappé à cette dilapidation ; voulant, dans le plus bref délai, faire rentrer au trésor les fonds qui lui ont été soustraits, et qui appartiennent au service public, arrête que tous les officiers civils et militaires sont tenus d'arrêter ou de faire arrêter le transport à l'instant, et d'en faire le dépôt à la caisse du receveur général ou municipal de la commune où aura lieu l'arrestation desdits fonds. Tous porteur, conducteur desdits fonds sont tenus d'en faire le dépôt, et de suspendre leur course, sous peine d'être responsables civilement et personnellement des sommes soustraites, et comme tels, poursuivis dans leurs personnes et dans leurs biens (1). »

10. Le *Moniteur* de ce jour contient ce qui suit : « Le sénateur grand-maître de l'université, *Fontanes*, a ordonné que le lycée impérial prendrait désormais le nom de *Lycée Louis-le-Grand*; le Lycée Napoléon, le nom de *Lycée Henry IV*; et le Lycée Bonaparte, le nom de *Lycée Bourbon*. »

— Le gouvernement provisoire nomme MM. de Cramayel, de Saint-Félix et Aignan maîtres de cérémonies pour la réception à faire à S. A. R. monseigneur le comte d'Artois.

Liste des militaires qui ont adhéré à l'acte constitutionnel et au retour des Bourbons sur le trône de France : MM. *Nansouty*, général de division; *Lagrange*, inspecteur général de la gendarmerie; le baron *Ameil*, général de brigade; le duc de Massa, *Régnier*; le maréchal *Oudinot*, duc de Reggio; le maréchal *Jourdan* ; le général comte *Milhaud*; le général comte *de Valmy*; le maréchal duc de Trévise, *Mortier*; le général comte *de Ségur*; le maréchal *Moncey*, duc de Conégliano; le prince vice-connétable major général *Alexandre Berthier*; le général *Marescot*; le maréchal duc de Tarente, *Macdonald*; le maréchal *Suchet*, duc d'Albuféra; le général comte *Maison*; le maréchal *Augereau*; le maréchal duc de Dantzick , *Carnot*, général de division; le maréchal duc de Dalmatie, *Soult*; le maréchal duc de Rivoli, prince d'Esling, *Masséna*; le lieutenant général comte *Grenier*. Ont encore adhéré le général de brigade *Fournier*; le général de brigade *Gruyer*; le duc *Ch. de Plaisance*; le général de division comte *Hullin*; *Maurice Mathieu*, général de division ; le général *Desper-*

(1) *Moniteur*, n. 100, 1814).

rières ; le général de brigade *Castella ;* le comte *de Sugny*, général de division ; le général *A. d'Orsai;* le comte *Ch. Tilly*, général de division ; le duc *de Feltre;* le général de brigade *L. Girard;* le comte *Flahaut.* — Le *Moniteur* nous fournit encore les adhésions suivantes. Généraux de division : MM. *de Lasalle, Pierre Boyer, Philippon, Legrand, Dubreton, Pajol, Paillet-Latour, Laferrière, Liger-Belair, de Lanoue, de la Grange* (comte), *Domou, Tindal, d'Anselme, Corbineau, Bonnard, Lefol, Fririon, la Morlière, Molitor,* le baron *Rognia', d'Hastrel, de Briche, Allix, Bonnard, Lorge, Lamorlière, de Lorencey, Strols, de Cessac du Piré, de Chambarlac,* comte *de France, Lefèvre-Desnouettes, Quentin-Gromard, Delaunay, Dufour, Merle,* comte *Drouot,* le vicomte *de Fontanger,* le baron *de Picot de Laren,* le baron *de Barral,* le baron *Rousseau,* le baron *Gilly,* le baron *Musnier, Ambert,* le baron *de Foy, Véra, Michel, Auguste Beilliard, l'Héritier, Denniée, Schanenburg, Fririon, Malus, Corbineau.* Généraux de brigade : *Legendre, de Roquesante, Moreau, Charles Dumoulin, Wolff, Schwiter,* le *Déc, Burouze-Brizon, Boivin, Boudin, Toussaint, Dumas de Polard, de Bouillé, Bouvier-des-Eclaz, Lautour, Schreiber, Faujas de Saint-Fond, Castella, Dubouchet, Dautoup-Verdun, Henri Dilhon, Jolly, de Roche-Dragon, Lejard, Dastorg, Varin, Dupuch* (Morand), *Préval, Lacoste, Favrois, Pinoteau, Paultre, Grouvel, de Laborde, Romance, Plantate, Soucis, Corte de Bouvoisin, Terrier, Henriod, Monnier, de Furstemberg, Gruyer, Jacquemard, Rousseau, Bailly, Veaux, d'Oullembourg, Borel, Ducellier, Mouguery, d'Hénin, Dautamours, de Malzan, Fères, Baste, Dufresne, Gauthier, Lebarbier de Tinan, Latour, Vinot, Bacler, d'Albe, Paultre de la Motte, Curto, Bougars, Delaage, Etienne Gauthier, Coucourt, d'Houtetot, Dufour-Saint-Charles, de Rastignac, Leclerc, Jean Thomas, Chanez, Offenstein, Toussaint, de Clugny, Donop, Gorguette-Dargauve, Baillod, Boulnois,* baron *Dentzel,* baron *Espert, Rouyère, Malbrancque, Bourdois, Lebley,* baron *Janin,* baron *Charra,* baron *Jarry,* baron *Morin, de la Patière,* le baron *Lorcet,* le baron *Gauthier Leclerc,* le baron *Charles Boyé,* le baron *Chauvre,* le baron *Thomas Martial, Chabot, Hugo,* baron *Chauvel, Viallané,* baron *de Quénot, Louis Girard,* le baron *Nagle.*

— D'après un avis du commissaire provisoire de la marine, *Malouet*, inséré dans le *Moniteur*, il paraît que MM. les officiers généraux et particuliers de la marine, préfets maritimes, chefs de service et employés sous leurs ordres, ont tous envoyé leur acte de soumission au gouvernement du roi. Selon cet avis le nombre des marins qui lui ont fait parvenir leur adhésion est si considérable qu'il lui a été impossible de les mentionner nominativement (1).

— L'administration centrale de l'enregistrement et des domaines. *Signé, Duchâtel*, directeur général. — Le directeur de la banque de France, comte *Jaubert.* — Les lecteurs et professeurs du collége royal de France. *Signé, L. Lefèvre-Gineau, Portal, J.-B. Gail, Cournaud, Bosquillon, Delambre, Clavier, P.-F. Tissot,* l'abbé *Aubert, Hallé,* le baron *Silvestre de Sacy, Gueroux.* —

(1) Moniteur, n. 113 (1814).

L'administration de la Légion-d'Honneur. — La compagnie des agens de change, ont également adhéré au nouvel ordre de choses.

11. *Adresse du gouvernement provisoire à l'armée.* — « Soldats, vous n'êtes plus à Napoléon, mais vous êtes toujours à la patrie : votre premier serment de fidélité fut pour elle ; ce serment est irrévocable et sacré.

« La constitution nouvelle vous assure vos honneurs, vos grades, vos pensions. Le sénat et le gouvernement provisoire ont reconnu vos droits : ils sont sûrs que vous n'oublierez pas vos droits. Dès ce moment vos souffrances et vos fatigues cessent : votre gloire demeure tout entière. La paix vous garantira le prix de vos longs travaux.

« Quelle était votre destinée sous le gouvernement qui n'est plus ? Traînés des bords du Tage à ceux du Danube, des bords du Nil à ceux du Niéper, tour à tour brûlés par les chaleurs du désert ou glacés par les frimas du nord, vous éleviez, sans intérêt pour la France, une grandeur monstrueuse, dont tout le poids retombait sur vous comme sur le reste du monde. Tant de milliers de braves n'ont été que les instrumens et les victimes d'une force sans prudence, qui voulait fonder un empire sans proportion ! Combien sont morts inconnus pour augmenter la renommée d'un seul homme ! Ils ne jouissaient pas même de celle qui leur était due ; leurs familles, à la fin de chaque campagne, ne pouvaient constater leur fin glorieuse, et s'honorer de leurs faits d'armes.

« Tout est changé ; vous ne périrez plus à cinq cents lieues de la patrie pour une cause qui n'est pas la sienne. Des princes nés français ménageront votre sang, car leur sang est le vôtre. Leurs ancêtres ont gouverné vos ancêtres ; le temps perpétuait entre eux et nous un long héritage de souvenirs, d'intérêts et de services réciproques. Cette race antique a produit des rois qu'on surnommait les *pères du peuple ;* elle nous donna Henri IV, que les guerriers nomment encore le *roi vaillant,* et que les laboureurs nommeront toujours le *bon roi.*

« C'est à ses enfans que votre sort est confié. Pourriez-vous concevoir quelques alarmes ? Ils admiraient, dans une terre étrangère, les prodiges de la valeur française ; ils l'admiraient en gémissant que leur retour fût supendu par tant d'exploits inutiles.

« Ces princes sont enfin au milieu de vous ! Ils furent malheureux comme Henri IV ; ils régneront comme lui.

« Ils n'ignorent pas que la portion la plus distinguée de leur grande famille est celle qui compose l'armée ; ils veilleront sur vous comme sur leurs premiers enfans.

« Restez donc fidèles à votre drapeau ! De bons cantonnemens vous seront donnés. Il est parmi vous des guerriers qui, jeunes encore, sont déjà des vétérans de la gloire ; leurs blessures ont doublé leurs années ; ceux-là, s'ils le veulent, iront vieillir auprès de leur berceau avec des récompenses honorables. Les autres continueront à suivre la carrière des armes, avec toutes les espérances d'avancement et de stabilité qu'elle peut offrir.

« Soldats de la France, que tous les sentimens français vous animent ; ouvrez vos cœurs à toutes les affections de famille ! Revenez vivre avec vos pères, vos frères, vos compatriotes ! Gardez votre héroïsme, mais pour la défense du territoire, et non pour l'invasion du territoire étranger. Gardez votre héroïsme, mais que l'ambition ne le rende point funeste à la France, funeste à vous-mêmes, et qu'elle n'en fasse plus un sujet d'inquiétude pour l'Europe entière ! »

ARRIVÉE DE MONSIEUR,
COMTE D'ARTOIS, FRÈRE DE LOUIS XVIII, A PARIS.

12. MONSIEUR, *comte d'Artois, frère de Louis XVIII*, fait son entrée à Paris. A midi le gouvernement provisoire et les commissaires faisant fonctions de ministres, accompagnés du corps municipal et de la garde nationale, se sont rendus à la barrière de Bondy, par où devait entrer S. A. R. MONSIEUR. Après quelques instans d'attente S. A. R. a paru au delà de la barrière. MONSIEUR était à cheval, ainsi que plusieurs grands officiers qui l'entouraient, et auxquels étaient réunis plusieurs maréchaux de France qui étaient allés en avant à la rencontre de S. A. R. MONSIEUR était vêtu de l'uniforme de la garde nationale. Il a été harangué en ces termes par M. de Talleyrand, prince de Bénévent : « Monseigneur, le bonheur que nous éprouvons en ce jour de régénération est au delà de toute expression, si MONSIEUR reçoit avec la bonté céleste qui caractérise son auguste maison, l'hommage de notre religieux attendrissement et de notre dévouement respectueux. » S. A. R. a répondu : « Messieurs les membres du gouvernement provisoire, je vous remercie de ce que vous avez fait pour notre patrie. J'éprouve une émotion qui m'empêche d'exprimer tout ce que je ressens. Plus de divisions ; la paix et la France. *Je la revois enfin et rien n'y est changé, si ce n'est qu'il s'y trouve un Français* DE PLUS. » Lorsque S. A. R. est entrée en deçà de la barrière, M. le baron de Chabrol, préfet du département de la Seine, qui était accompagné du corps municipal de Paris, lui a adressé le discours suivant : « Monseigneur, après vingt ans de malheurs la France voit avec transport la famille auguste qui, pendant huit siècles, assura sa gloire et son bonheur. La ville de Paris, objet de l'amour constant de ses rois, met ce jour au rang des plus beaux qui aient brillé pour elle depuis l'origine de la monarchie. La France entière soupire après le retour de son roi ; elle entrevoit enfin le repos à l'ombre de l'autorité paternelle des descendans de saint Louis et de Henri IV ; elle en attend le même amour. Des temps de désastres, qui ne furent ni sans gloire ni sans éclat pour l'honneur français, n'ont point altéré le caractère d'une nation généreuse ; un pouvoir tutélaire va confondre et réunir tous les vœux, tous les intérêts, toutes les opinions ; guerriers, magistrats, citoyens, tous les Français retrouvent au fond de leur cœur cet élan d'amour qui attache les Français au noble sang des Bourbons ; animés du même esprit ils ne formeront qu'une même

famille. Votre altesse royale agréera les vœux de tout un peuple qui va se presser sur ses pas; elle s'attendrira en reconnaissant ces lieux pleins du souvenir de ses augustes aïeux, et qui lui furent toujours si chers; elle entendra retentir partout les acclamations, elle verra l'espérance renaître dans tous les cœurs, et le bonheur de la patrie la consolera de ses longues souffrances. »

« Le cortége s'est mis en marche de la barrière de Bondy au faubourg et à la rue Saint-Denis, par lesquels il s'est rendu à l'église métropolitaine. La marche du prince a été retardée par les transports de joie d'une foule immense, avide de le contempler. De nouveaux cris de *vive le roi! vive Monsieur!* retentissaient partout sur son passage. Il était près de trois heures lorsque le cortége est arrivé à Notre-Dame.

« Les chanoines, en chape, attendaient S. A. R. au grand portail. Elle y a été reçue sous le dais, et son premier mouvement, après s'être placé, a été de se jeter à genoux pour rendre grâce à Dieu.

« M. l'abbé Lemire, au nom du chapitre de la cathédrale, a prononcé un discours.

« Sur le passage de S. A. R., dans la nef et dans le chœur, des cris de *vive le roi! vive Monsieur!* se sont répétés avec une ardeur que la sainteté du lieu n'a pu modérer. L'enthousiasme dont tous les Français étaient animés s'est communiqué rapidement aux officiers russes, autrichiens, prussiens, anglais, espagnols et portugais placés dans le chœur de la cathédrale; plusieurs versaient des larmes de joie.

« Les chanoines s'étant placés dans le sanctuaire, le *Te Deum* a été exécuté à grand orchestre; il a été suivi du *Domine salvum fac regem.*

« La cérémonie achevée, S. A. R. a été conduite au palais des Tuileries. Au moment de l'entrée du prince au palais, le drapeau blanc a été arboré sur le pavillon du centre, au milieu des acclamations d'une foule innombrable. S. A. R., avant d'entrer dans ses appartemens, a parcouru tous les rangs de la garde nationale, dont la cour du palais était remplie; elle s'est entretenue avec le plus grand nombre, leur a pris la main avec affabilité, et a fait entendre partout des paroles touchantes.

« Lorsque S. A. R. est rentrée dans ses appartemens, quelqu'un de sa suite lui a dit : Monseigneur doit être bien fatigué. — Comment, a repris le prince, serais-je fatigué un jour comme celui-ci, le premier jour de bonheur que j'aie éprouvé depuis vingt-cinq ans.

« Le soir la plupart des édifices publics et un grand nombre de maisons particulières ont été spontanément illuminés, et décorés d'emblèmes ingénieux. » — (Extrait de la relation du *Moniteur.*) Ce récit est exact.

S. A. R. *le comte d'Artois,* MONSIEUR, était revêtu par Louis XVIII du titre de lieutenant général du royaume de France.

13. « Le gouvernement provisoire arrête : *Le pavillon blanc* et la cocarde blanche seront arborés sur les bâtimens de guerre et sur les navires du commerce. »

— « Le gouvernement provisoire arrête : « *La cocarde blanche est la cocarde française;* elle sera prise par toute l'armée. »

— « Le gouvernement provisoire, considérant qu'il importe de rendre à leurs familles, à l'agriculture, au commerce et aux arts une foule de braves dont la carrière sous les drapeaux était sans terme, et que la délivrance de congés définitifs est une mesure à la fois juste et utile à la bonne constitution de l'armée, arrête : 1° Il sera délivré des congés dans tous les corps de l'armée, de manière que le nombre de ces congés n'excède pas le dixième pour l'infanterie, et le quinzième pour la cavalerie, l'artillerie et le génie; 2° les hommes qui auraient quitté leur corps sans autorisation légale, ou qui n'y seraient pas rentrés dans le délai fixé par le commissaire au département de la guerre, ne pourront participer à la distribution des congés; il sera pris des mesures sévères pour les faire rejoindre leurs drapeaux. »

— « Le gouvernement provisoire, considérant que la plus grande partie des travaux précédemment ordonnés pour la défense et l'approvisionnement des places fortes deviennent aujourd'hui sans objet, et qu'il est urgent de rendre à l'agriculture des terrains immenses couverts par les inondations, et d'arrêter la dévastation des forêts, arrête : Les approvisionnemens et travaux extraordinaires prescrits pour la défense des places de guerre seront restreints de suite à ce qui est indispensable dans les circonstances ordinaires. »

— « Le gouvernement provisoire, considérant combien il importe de mettre un terme au fléau de la guerre, et d'en réparer autant qu'il est en lui les terribles résultats, arrête : 1° Tous les prisonniers de guerre retenus sur le territoire français seront de suite rendus à leurs puissances respectives; 2° cette mesure sera communiquée aux ministres plénipotentiaires de ces diverses puissances, avec invitation d'en garantir à la France la réciprocité. »

14. *Audience donnée au sénat et au corps législatif par* MONSIEUR, *comte d'Artois.* Le sénat, avant cette audience, s'était d'abord refusé, sur la proposition de MM. Lanjuinais et Lambrechts, 1° à assister au *Te Deum* chanté le 12 avril en actions de grâces du rétablissement des Bourbons; 2° à reconnaître le comte d'Artois comme lieutenant général agissant au nom du roi; 3° à lui donner la qualité de *Monsieur.* Le sénat voulait avant tout que Louis XVIII eût accepté la constitution. En conférant aujourd'hui la lieutenance du royaume au frère de Louis XVIII, le sénat ne le fit que conditionnellement, comme on le verra plus loin. — A huit heures du soir le sénat et le corps législatif ont été reçus par *Monsieur.*

« M. le prince de Bénévent a porté la parole en ces termes au nom du sénat :

« Monseigneur, le sénat apporte à votre altesse royale l'hommage de son respectueux dévouement.

« Il a provoqué le retour de votre auguste maison au trône de France. Trop instruit par le présent et le passé, il désire avec la nation affermir pour jamais l'autorité royale sur une juste division des pouvoirs, et sur la liberté publique, seules garanties du bonheur et des intérêts de tous.

4

« Le sénat, persuadé que les principes de la constitution nouvelle sont dans votre cœur, vous défère, par le décret que j'ai l'honneur de vous présenter, le titre de lieutenant général du royaume jusqu'à l'arrivée du roi votre auguste frère. Notre respectueuse confiance ne peut mieux honorer l'antique loyauté qui vous fut transmise par vos ancêtres.

« Monseigneur, le sénat, en ces momens d'alégresse publique, obligé de rester en apparence plus calme sur la limite de ses devoirs, n'en est pas moins pénétré des sentimens universels ; votre altesse royale lira dans nos cœurs à travers la retenue même de notre langage. Chacun de nous, comme français, s'est associé à ces touchantes et profondes émotions qui vous ont accompagné dès votre entrée dans la capitale de vos pères, et qui sont plus vives encore sous les voûtes de ce palais, où l'espérance et la joie sont enfin revenues avec un descendant de saint Louis et de Henri IV.

« Pour moi, monseigneur, permettez que je me félicite d'être auprès de votre altesse royale l'interprète du sénat, qui m'a fait l'honneur de me choisir pour son organe. Le sénat, qui connaît mon attachement à ses membres, a voulu me ménager encore un doux et beau moment : les plus doux en effet sont ceux où l'on se rapproche de votre altesse royale pour lui renouveler les témoignages de son respect et de son amour.

« Voici le décret rendu par le sénat :

« Le sénat, délibérant sur la proposition du gouvernement provisoire,

« Après avoir entendu le rapport d'une commission spéciale de sept membres,

« Décrète ce qui suit :

« Le sénat confère le gouvernement provisoire de la France à S. A. R. monseigneur le comte d'Artois, sous le titre de lieutenant général du royaume, en attendant que Louis-Stanislas-Xavier de France, appelé au trône des Français, ait accepté la Charte constitutionnelle.

« Le sénat arrête que le décret de ce jour, concernant le gouvernement provisoire de la France, sera présenté ce soir par le sénat en corps à S. A. R. monseigneur le comte d'Artois. »

M. le comte d'Artois a répondu :

« Messieurs, j'ai pris connaissance de l'acte constitutionnel qui rappelle au trône de France le roi mon auguste frère. Je n'ai point reçu de lui le pouvoir d'accepter la constitution ; mais je connais ses sentimens et ses principes, et je ne crains pas d'être désavoué en assurant en son nom qu'il en admettra les bases.

« Le roi, en déclarant qu'il maintiendrait la forme actuelle du gouvernement, a donc reconnu que la monarchie devait être pondérée par un gouvernement représentatif, divisé en deux chambres : ces deux chambres sont le sénat et la chambre des députés des départemens ; que l'impôt sera librement consenti par les représentans de la nation ; la liberté publique et individuelle assurée ; la liberté de la presse respectée, sauf les restrictions nécessaires à l'ordre et à la tranquillité publique ; la liberté des cultes garantie ; que les propriétés seront inviolables et sacrées ; les ministres responsables, pouvant être accusés et poursuivis par les représentans de la nation ; que les juges seront inamovibles, le pouvoir judiciaire indépendant, nul ne pouvant être distrait de ses juges naturels ; que la dette publique sera garantie ; les pensions, grades, honneurs militaires seront conservés, ainsi que l'ancienne et la nouvelle noblesse ; la Légion-d'Honneur maintenue : le roi en déterminera la décoration ; que tout Français sera admissible aux emplois civils et militaires ; qu'aucun individu ne pourra être inquiété pour ses opinions et ses votes, et que la vente des biens nationaux sera irrévocable. Voilà, ce me semble, messieurs, les bases essentielles et nécessaires pour consacrer tous les droits, tracer tous les devoirs, assurer toutes les existences, et garantir notre avenir.

« Je vous remercie, au nom du roi mon frère, de la part que vous avez eue au retour de notre souverain légitime, et de ce que vous avez assuré par là le bonheur de la France, pour laquelle le roi et toute sa famille sont prêts à sacrifier leur sang. Il ne peut plus y avoir parmi nous qu'un sentiment ; il ne faut plus se rappeler le passé ; nous ne devons plus former qu'un peuple de frères. Pendant le temps que j'aurai entre les mains le pouvoir, temps qui, je l'espère, sera très court, j'emploierai tous mes moyens à travailler au bonheur public. »

Un des membres du sénat s'étant écrié : C'est vraiment le fils de Henri IV ! le prince a repris :

« Son sang coule en effet dans mes veines : je désirerais en avoir les talens ; mais je suis bien sûr d'avoir son cœur et son amour pour les Français. »

M. Félix Faucon, vice-président du corps législatif, s'est exprimé ainsi :

« Monseigneur, les longs malheurs qui ont pesé sur la France sont enfin arrivés à leur terme ! Le trône va être occupé de nouveau par les descendans de ce bon Henri que le peuple français s'approprie avec orgueil comme avec amour ; et les membres du corps législatif se glorifient d'être aujourd'hui près de votre altesse royale les interprètes de la joie et des espérances de la nation.

« Les plaies profondes de la patrie ne peuvent être cicatrisées désormais que par le concours tutélaire de toutes les volontés.

« *Plus de divisions !* avez-vous dit, monseigneur, dès les premiers pas que vous avez faits dans cette capitale ; il était digne de votre altesse royale de faire entendre ces belles paroles, qui déjà ont retenti dans tous les cœurs. »

S. A. R. a répondu :

« Messieurs, je reçois avec une vive satisfaction les témoignages d'affection du corps législatif ; je vous en fais mes remerciemens. Mais je dois vous dire plus : nous avons éprouvé, le roi et moi, un sentiment de gloire quand nous avons appris la fermeté avec laquelle le corps législatif avait résisté à la tyrannie dans un moment où il y avait du danger à montrer de la fermeté ; nous en avons été fiers.

« Nous n'aurons tous à l'avenir qu'un même sentiment, l'amour de la patrie. Ce serait peu que d'oublier le passé ; nous ne devons former tous qu'une seule famille ; nous devons tous vouloir le bien public, tous y concourir.

« Oui, messieurs, plus de divisions ! Nous avons beaucoup souffert, mon frère et moi, mais nos peines ne sont plus rien. Vous nous direz les maux de la nation, vous qui êtes ses représentans, et nous chercherons avec vous les moyens d'y porter remède.

« Votre roi va arriver ; il est impatient de voir cette France dont il est éloigné depuis vingt-cinq ans. Il apporte un cœur français.

« Je ne puis vous dire la joie que j'éprouve à me trouver au milieu de vous ! Allons, messieurs, faisons le bien, et recommençons à être heureux. Puisse la Providence, qui a si miraculeusement commencé ce grand œuvre, bénir nos efforts pour le bonheur de la France ! »

— Les jours suivans S. A. R. *Monsieur* a donné des audiences aux divers corps et autorités, aux cours, tribunaux, etc. Il reçut ainsi les sermens du conseil d'État, par l'organe de M. Bergon ; des magistrats de la ville de Paris, par M. le préfet Chabrol ; de la cour impériale, par M. Séguier ; de la cour de cassation, par M. Muraire ; du conseil des prises, par M. Berlier ; de l'ordre des avocats, par M. Delacroix-Frainville ; de l'université, par son grand-maître, M. de Fontanes, etc., etc.

16. « *Monsieur*, lieutenant général du royaume, a nommé membres du conseil d'État provisoire MM. le prince de *Bénévent* ; le duc de *Conégliano*, maréchal de France ; le duc de *Reggio*, maréchal de France ; le duc de *Dalberg* ; le comte de *Jaucourt* ; le général comte *Beurnonville* ; l'abbé de *Montesquiou* ; le général *Dessoles*. — Le baron de *Vitrolles*, secrétaire d'État provisoire, fera les fonctions de secrétaire du conseil. »

— Nous, Charles-Philippe de France, *fils de France*, MONSIEUR, frère du roi, lieutenant général du royaume, savoir faisons ce qui suit : — Les circonstances passées avaient exigé que nous donnassions, au nom du roi notre auguste frère, des commissions particulières plus ou moins étendues. Ceux qui en ont été chargés les ont honorablement remplies. Elles tendaient toutes au rétablissement de la monarchie, à celui de l'ordre et de la paix. Ce rétablissement est heureusement effectué par l'union de tous les cœurs, de tous les droits, de tous les intérêts ; le gouvernement a pris une marche régulière ; toutes les affaires doivent être à l'avenir traitées par les magistrats ou les administrateurs dans le ressort desquels elles se trouvent. En conséquence, les commissions particulières deviennent inutiles ; elles sont révoquées, et ceux qui en avaient été revêtus s'abstiendront désormais d'en faire usage. »

20. « Nous, Charles-Philippe de France, etc., etc. — Les contribuables sont tenus d'acquitter par à-compte, en huit paiemens égaux, de mois en mois, à compter du 1er février dernier, les deux tiers du montant des contributions ordinaires et extraordinaires de 1814, jusqu'à ce que ces contributions soient définitivement réglées par la loi. »

21. « Nous, Charles-Philippe de France, etc., etc., ordonnons ce qui suit :
— Art. 1er. Lorsque les préliminaires de la paix entre la France et les puis

sances alliées auront été signés, ou qu'un armistice général aura été arrêté, le nombre des bâtimens de guerre ou de transport qui se trouvent armés actuellement dans les six arrondissemens maritimes sera provisoirement réduit ainsi qu'il suit : *treize vaisseaux, vingt-une frégates, vingt-sept corvettes et bricks, quinze avisos, treize flûtes et gabarres, soixante transports.* — 2. Le nombre ci-dessus fixé de bâtimens légers et de transport pourra être temporairement augmenté, si les circonstances l'exigent, pour servir à la prompte expédition des prisonniers de guerre anglais qui doivent être renvoyés dans leur patrie, en exécution de l'arrêté du 13 de ce mois. — 3. Les marins étrangers, ou ceux provenant des départemens réunis à la France postérieurement à 1792, seront licenciés les premiers, et rendus à leur pays. — 4. Il ne sera provisoirement employé que deux contre-amiraux au commandement des forces navales en activité, un à Brest et l'autre à Toulon. — 5. Les bâtimens qui se trouvent à Flessingue, à Anvers et à Gênes, resteront armés jusqu'à ordre. »

22. « Nous, Charles-Philippe de France, etc., etc. — Il sera envoyé dans chacune des divisions militaires un commissaire extraordinaire du roi. Sa mission aura pour objet : 1° de répandre dans le pays une connaissance exacte des événemens qui ont rendu la France à ses légitimes souverains.; 2° d'assurer l'exécution de tous les actes du gouvernement provisoire; 3° de prendre toutes les mesures que les circonstances exigeront pour faciliter l'établissement et l'action du gouvernement; 4° de recueillir des informations sur toutes les parties de l'ordre public..... Sont nommés commissaires extraordinaires du roi : — 1re division militaire, Paris, *le maréchal Pérignon.* — 2e, Mézières, *le duc de Larochefoucauld Doudeauville.* 3e, Metz, *le maréchal Kellermann.* — 4e, Nancy, *le comte Roger de Damas.* — 5e, Strasbourg, *le chevalier de la Salle.* — 6e, Besançon, *le marquis de Champagne.* — 7e, Grenoble, *le comte Auguste de Juigné.* — 8e, Toulon, *le comte Bruno de Boisgelin.* — 9e, Montpellier, *le comte Matthieu de Montmorency.* — 10e, Toulouse, *le comte Jules de Polignac,* aide de camp de *Monsieur.* — 11e, Bordeaux, *le comte Dejean.* — 12e, La Rochelle, *M. Gilbert de Voisins.* — 13e, Rennes, *M. le comte de Ferrières.* — 14e, Caen, *M. le duc Charles de Plaisance.* — 15e, Rouen, *M. Bégouen,* conseiller d'État. — 16e, Lille, *le maréchal Mortier,* duc de Trévise. — 17e, ... — 18e, Dijon, *le général Nansouty.* — 19e, Lyon, *le comte Alexis de Noailles.* — 20e, Périgueux, *le général Marescot.* — 21e, Bourges, *M. Otto,* conseiller d'État. — 21e, Tours, *M. le vicomte d'Osmond.* »

— « Nous, Charles-Philippe de France, etc. — Avons nommé et nommons le sieur *Royer-Collard* directeur-général de la librairie. »

23. *Traité de Paris du 23 avril* 1814, entre *Monsieur* et les rois alliés. — « Toutes hostilités sur terre et sur mer sont et demeurent suspendues. — Les puissances alliées feront évacuer par leurs armées le territoire français tel qu'il se trouvait au 1er janvier 1792, à mesure que les places occupées encore hors de ces limites par les troupes françaises seront évacuées et remises aux alliés. — Les garnisons de ces places sortiront avec armes et bagages; elles

pourront emmener l'artillerie de campagne dans la proportion de trois pièces par chaque millier d'hommes, les malades et blessés y compris. — La dotation des forteresses, et tout ce qui n'est pas propriété particulière, demeurera et sera remis en entier aux alliés, sans qu'il puisse en être distrait aucun objet. Dans la dotation sont compris non seulement les dépôts d'artillerie et de munitions, mais encore toutes autres provisions de tout genre, ainsi que les archives, inventaires, plans, cartes, modèles, etc., etc. (1). Le blocus des places fortes en France sera levé sur-le-champ par les armées alliées. Les troupes françaises faisant partie de l'armée d'Italie seront rappelées sur-le-champ par S. A. R. le lieutenant-général du royaume. — Les stipulations de l'article précédent seront appliquées également aux places maritimes, les puissances contractantes se réservant toutefois de régler dans le traité de paix définitif le sort des arsenaux, vaisseaux de guerre armés et non armés qui se trouvent dans ces places. (*Voyez* le traité du 30 mai.) — De part et d'autres les prisonniers, et particulièrement les otages, seront immédiatement renvoyés dans leurs pays respectifs, sans rançon et sans échange. — Il sera fait remise par les cobelligérans, immédiatement après la signature du présent acte, de l'administration des départemens ou villes actuellement occupés par leurs forces aux magistrats nommés par S. A. R. le lieutenant-général du royaume de France. » Ce premier traité, qui sera suivi d'un autre au 30 mai, est nécessaire pour préparer le départ des alliés, et faire cesser de suite les vexations et les réquisitions dont leurs généraux accablent les provinces.

— « S. A. R. *Monsieur*, etc., ordonne ce qui suit : Toutes les poursuites judiciaires pour faits et délits relatifs à la conscription sont annulées. Tous les individus détenus dans les prisons ou dans les différens bagnes du royaume pour les mêmes causes seront sur-le-champ mis en liberté. »

24. Louis XVIII débarque à Calais, en passant à Londres, où il a fait une entrée solennelle comme roi de France; il a reçu les plus grands honneurs de la part du prince régent. — Depuis Calais jusqu'à Paris S. M. fut reçue avec des témoignages du plus grand intérêt et de la satisfaction la plus vive. Les assurances du plus grand dévouement lui furent prodiguées. Tous les cœurs furent émus de l'affection la plus sincère. Les maréchaux Lefebvre, Berthier, Mortier, Marmont, Ney, Serrurier, Macdonald, Brune, Moncey, furent à sa rencontre avec un nombreux et brillant état-major; et le 29, à Compiègne, ils lui présentèrent leurs hommages respectueux. Le monarque les accueillit comme s'il eût rencontré d'anciennes connaissances, et, avec la présence d'esprit qui le distinguait éminemment, il sut les flatter tous individuellement en les appelant par leurs noms, et en rappelant à chacun d'eux quelque action glorieuse de sa vie militaire. Il voulut qu'ils dînassent avec lui et son auguste famille. Pendant le dîné il les transporta d'enthousiasme, en leur disant : « *Messieurs les maréchaux, je vous envoie du Wermouth; je veux boire avec vous* AUX

---

(1) En vertu de cette disposition, cinquante-trois places fortes furent remises aux alliés. La France perdit encore 12,000 bouches à feu; ce qui, avec les 31 vaisseaux et 12 frégates qu'elle abandonna par le traité du 30 mai suivant, lui occasiona une perte évaluée à 260,000,000 fr.

ARMÉES FRANÇAISES! Le même jour, à Compiègne, S. M. reçut les félicitations et les hommages d'une députation du corps législatif.

25. « Nous Charles-Philippe, etc. Voulant consacrer le souvenir de la courageuse résistance que les habitans de l'Ouest ont long-temps opposée au renversement du trône et de l'autel, résistance dont notre cœur a été doublement touché, tant par la fidélité persévérante de ces braves Français que par les maux déplorables qu'elle a attirés sur leurs provinces, nous avons décrété, etc.: La ville ci-devant appelée *Napoléon* prendra le nom de *Bourbon-Vendée*. »

26. « Les cours prévôtales et les tribunaux des douanes, établis par le décret du 18 octobre 1810, sont supprimés. »

MAI 2. Louis XVIII arrive à *Saint-Ouen*. Il reçoit les hommages des premiers corps de l'État. M. de Talleyrand, prince de Bénévent, au nom du sénat, adresse au roi le discours suivant :

— « Sire, le retour de votre majesté rend à la France son gouvernement naturel, et toutes les garanties nécessaires à son repos et au repos de l'Europe.

« Tous les cœurs sentent que ce bienfait ne pouvait être dû qu'à vous-même; aussi tous les cœurs se précipitent sur votre passage. Il est des joies qu'on ne peut feindre; celle dont vous entendez les transports est une joie vraiment nationale.

« Le sénat, profondément ému de ce touchant spectacle, heureux de confondre ses sentimens avec ceux du peuple, vient comme lui déposer au pied du trône les témoignages de son respect et de son amour.

« Sire, des fléaux sans nombre ont désolé le royaume de vos pères. Notre gloire s'est réfugiée dans nos camps; les armées ont sauvé l'honneur français. En remontant sur le trône vous succédez à vingt années de ruines et de malheurs. Cet héritage pourrait effrayer une vertu commune. La réparation d'un si grand désordre veut le dévouement d'un grand courage; il faut des prodiges pour guérir les blessures de la patrie; mais nous sommes vos enfans, et les prodiges sont réservés à vos soins paternels.

« Plus les circonstances sont difficiles, plus l'autorité royale doit être puissante et révérée : en parlant à l'imagination par tout l'éclat des anciens souvenirs, elle saura se concilier tous les vœux de la raison moderne, en lui empruntant les plus sages théories politiques.

« Une charte constitutionnelle réunira tous les intérêts à celui du trône, et fortifiera la volonté première du concours de toutes les volontés.

« Vous savez mieux que nous, sire, que de telles institutions, si bien éprouvées chez un peuple voisin, donnent des appuis et non des barrières aux monarques amis des lois et pères des peuples.

« Oui, sire, la nation et le sénat, pleins de confiance dans les hautes lumières et dans les sentimens magnanimes de sa majesté, désirent avec elle que la France soit libre pour que le roi soit puissant. »

Le même jour le roi donna la déclaration qui suit :

DÉCLARATION. — « Louis, par la grace de Dieu, roi de France et de Navarre, à tous qui ces présentes verront, salut.

« Rappelé par l'amour de notre peuple au trône de nos pères, éclairé par les malheurs de la nation que nous sommes destiné à gouverner, notre première pensée est d'invoquer cette confiance mutuelle si nécessaire à notre repos, à son bonheur.

« Après avoir lu attentivement le plan de constitution proposé par le sénat dans sa séance du 6 avril dernier, nous avons reconnu que les bases en étaient bonnes, mais qu'un grand nombre d'articles portant l'empreinte de la précipitation avec laquelle ils ont été rédigés, ils ne peuvent, dans leur forme actuelle, devenir lois fondamentales de l'État.

« Résolu d'adopter une constitution libérale, voulant qu'elle soit sagement combinée, et ne pouvant en accepter une qu'il est indispensable de rectifier; nous convoquons, pour le 10 du mois de juin de la présente année (1), le sénat et le corps législatif, nous engageant à mettre sous leurs yeux le travail que nous aurons fait avec une commission choisie dans le sein de ces deux corps, et à donner pour base à cette constitution les garanties suivantes :

« Le gouvernement représentatif sera maintenu tel qu'il existe aujourd'hui, divisé en deux corps, savoir, le sénat et la chambre composée des députés des départemens;

« L'impôt sera librement consenti;

« La liberté publique et individuelle assurée;

« La liberté de la presse respectée, sauf les précautions nécessaires à la tranquillité publique;

« La liberté des cultes garantie;

« Les propriétés seront inviolables et sacrées; la vente des biens nationaux restera irrévocable;

« Les ministres, responsables, pourront être poursuivis par une des chambres législatives, et jugés par l'autre;

« Les juges seront inamovibles, et le pouvoir judiciaire indépendant;

« La dette publique sera garantie; les pensions, grades, honneurs militaires, seront conservés, ainsi que l'ancienne et la nouvelle noblesse;

« La Légion-d'Honneur, dont nous déterminerons la décoration, sera maintenue;

« Tout Français sera admissible aux emplois civils et militaires;

« Enfin, nul individu ne pourra être inquiété pour ses opinions et ses votes.

« Fait à Saint-Ouen, le 2 mai 1814. *Signé* Louis. De par le roi, le secrétaire d'État provisoire, *signé* le baron de VITROLLES. »

____

(1) Une ordonnance rapprocha cette convocation en la fixant au 31 mai; une autre la renvoya au 4 juin suivant.

ENTRÉE DE LOUIS XVIII A PARIS.

3. Les membres du conseil d'état provisoire, des commissaires aux départemens ministériels, des maréchaux de France, des généraux et un nombre immense d'habitans de Paris, de la campagne et des départemens, formèrent son cortége depuis Saint-Ouen jusqu'à l'église Notre-Dame, et de là jusqu'au palais des Tuileries. A la barrière, le monarque fut harangué par M. le baron de Chabrol, préfet, qui lui remit les clefs de la ville. S. M. les lui rendit, en disant qu'elles ne pouvaient être en de meilleures mains. Mme la duchesse d'Angoulême, M. le prince de Condé et M. le duc de Bourbon étaient dans la voiture de S. M. S. A. R. Monsieur et S. A. R. monseigneur le duc de Berry, à cheval, l'un à droite, l'autre à gauche, escortèrent la voiture du roi durant tout le trajet. Pendant le passage de S. M., les cris de *vive le roi! vivent les Bourbons!* ne cessèrent de se faire entendre. L'affluence des spectateurs qui se pressaient dans les rues, aux fenêtres, était prodigieuse. Tout le monde enfin était animé du plus vif enthousiasme. A Notre-Dame, on chanta un *Te Deum* et un *Domine salvum fac regem.* Après la cérémonie religieuse, le roi se rendit aux Tuileries vers six heures. « Une foule immense, dit avec vérité le Journal officiel, remplissait le Carrouzel, la cour du Palais, le jardin et les terrasses. Le roi, Mme la duchesse d'Angoulême et les princes, ont cédé aux vœux empressés dont ils entendaient les signes éclatans ; ils se sont montrés à plusieurs reprises aux balcons des grands appartemens, et ont répondu aux témoignages de l'allégresse publique par ceux de la plus touchante bienveillance et de la plus profonde sensibilité. A la nuit, la ville entière fut trouvée illuminée : les édifices publics l'étaient très richement, et les maisons particulières sans exception, même dans les quartiers les plus éloignés du centre : des inscriptions, des devises, des transparens, offraient de toutes parts l'expression ingénieuse des sentimens publics. A neuf heures, un beau feu d'artifice a été tiré sur le pont de Louis XVI ; et ce n'est qu'après avoir répondu aux acclamations qui le saluaient de nouveau, que S. M. est rentrée dans ses appartemens. La journée avait été d'une beauté parfaite ; la nuit était calme, le temps pur et serein. Paris est demeuré long-temps comme une vaste promenade, livrée sans le moindre désordre à toutes les démonstrations de la satisfaction publique et de l'allégresse populaire. »

5. ORDONNANCE du roi portant défenses, en vertu du traité du 23 avril, d'obtempérer aux réquisitions faites par les commandans ou intendans des puissances alliées (1).

6. *Louis XVIII* reçoit les hommages du sénat et du corps législatif. Cette solennité n'offre rien que l'histoire puisse recueillir. — ORDONNANCE du roi qui convoque le sénat et le corps législatif pour le 31 mai courant. — ORDONNANCE du roi portant formation d'un conseil de la guerre. En sont nommés membres : Le maréchal *Ney*, le maréchal *Augereau*, le maréchal *Macdonald*,

(1) Bulletin des lois, n. 13. — Moniteur, n. 151 (1814).

le général comte *Dupont*, le général de division *Compans*, le général de division *Curial*, pour l'infanterie. Le général de brigade *Préval*, le général de division *Latour-Maubourg* pour la cavalerie. Le général de division *Lery* pour le génie. Le général de division *Sorbier*, le général de brigade *Evain* pour l'artillerie. Le général de division *Kellermann* pour la garde. Le commissaire ordonnateur *Marchand* pour l'administration de la guerre. Le général de brigade *Félix*, inspecteur aux revues, pour l'administration militaire, et rapporteur du conseil. — ORDONNANCE du roi. « Art. 1ᵉʳ. Les corps de partisans qui ont été organisés en vertu du décret du 4 janvier dernier sont dissous. — 2. Ceux qui voudront continuer à servir seront incorporés dans la ligne. Les autres renvoyés dans leurs foyers. »

7. *Revue* de la garde à cheval et des 8ᵉ, 9ᵉ, 10ᵉ, 11ᵉ et 12ᵉ légions de la garde nationale de Paris par le duc de Berry.

9. *Proclamation du roi aux Français.* On y remarque les passages suivans : « En remontant sur le trône de nos ancêtres, nous avons retrouvé nos droits dans votre amour.... Français ! vous entendez votre roi, et il veut à son tour que votre voix lui parvienne et lui expose vos besoins et vos vœux : la sienne sera toujours celle de l'amour qu'il porte à ses peuples. Les cités les plus vastes et les hameaux les plus ignorés, tous les points de son royaume sont également sous ses yeux.... »

10. Proclamation du roi prorogeant l'exécution des lois précédentes relativement à l'acquittement des droits réunis, jusqu'à ce que le système de cette contribution ait été changé par une loi (1).

12. ORDONNANCES qui fixent la force des troupes de terre *sur le pied de paix.* L'artillerie aura, en officiers, 1,219 hommes ; en sous-officiers et soldats, 14,350. Le corps du génie sera de 587 officiers, et 3,728 sous-officiers et soldats. Il y aura 90 régimens d'infanterie de ligne de 3 bataillons chacun. La cavalerie formera 56 régimens de 4 escadrons (2).

13. *Nomination du ministère.* M. *Dambray*, chancelier de France et ministre de la justice ; le prince de *Bénévent*, (*M. de Talleyrand*), ministre des affaires étrangères ; *l'abbé de Montesquiou*, ministre de l'intérieur ; le général *Dupont*, ministre de la guerre ; le baron *Malouet*, ministre de la marine ; le *baron Louis*, ministre des finances ; le *comte Beugnot*, directeur général de la police ; M. *Ferrand*, directeur général des postes ; M. *Béranger*, directeur général des impositions indirectes.

Tous les membres du conseil d'état provisoire, ainsi que M. le chancelier et *Ferrand*, sont nommés ministres d'état. — MONSIEUR, comte d'Artois, est nommé colonel général de toutes les gardes nationales du royaume. — Lettre de Louis XVIII aux archevêques et évêques de France pour les inviter à faire des prières publiques en actions de grâce de la restauration.

14. Sacrifice expiatoire aux mânes de Louis XVI. Le sénat et le corps-législatif nomment chacun une députation pour assister à cette cérémonie.

(1) Bulletin des lois, n. 10. — Moniteur, n. 151 (1814). — (2) Bulletin des lois, n. 14 et 16 (1814).

15. ORDONNANCE du roi autorisant les conscrits de 1815 à rentrer dans leurs foyers.

— ORDONNANCE DU ROI. « LOUIS, etc. Voulant donner aux princes de notre sang une marque de notre attachement, et aux armées une preuve de notre satisfaction, avons ordonné, etc. Notre bien-aimé frère *Monsieur*, comte d'Artois, reprendra le titre de *colonel général des Suisses*. — Notre cousin le prince de Condé reprendra le titre de *colonel général de l'infanterie de ligne*. — Notre neveu le duc d'Angoulême est revêtu du titre de *colonel général des cuirassiers et des dragons*. — Notre neveu le duc de Berry prendra le titre de *colonel général des chasseurs et des chevau-légers-lanciers*. — Notre cousin le duc d'Orléans prendra le titre de *colonel général des hussards*. — Notre cousin le duc de Bourbon prendra le titre de *colonel général de l'infanterie légère*. — Les généraux que le gouvernement précédent avait nommés aux fonctions de colonels généraux, auront le titre de *premiers inspecteurs-généraux* de leurs armes respectives, sous les ordres des princes que nous avons nommés colonels-généraux, et conserveront le traitement, les honneurs et prérogatives dont ils jouissent en ce moment. » Le titre de *colonel général des Suisses*, dont fut revêtu l'héritier de la couronne, produisit un mauvais effet sur l'opinion publique.

16. ORDONNANCE DU ROI. « Les généraux de brigade prendront la dénomination de *maréchaux de camp* ; les généraux de division prendront celle de *lieutenans généraux*. »

— ORDONNANCE DU ROI. « Le ministre de la police générale et la préfecture de police de Paris, sont réunis sous le titre de *direction générale de la police du royaume*. — Le directeur général de la police aura près de nos personnes et dans nos palais les honneurs attribués aux ministres, et prendra rang immédiatement après eux. »

20. ORDONNANCE DU ROI. « LOUIS, etc. Notre cousin le maréchal *Oudinot* est nommé commandant en chef du corps royal des grenadiers et des chasseurs à pied de France. — Notre cousin le maréchal *Ney* est nommé commandant en chef du corps royal des cuirassiers, des dragons, des chasseurs et des chevau-légers-lanciers de France. » (*Garde impériale.*)

18. ORDONNANCE DU ROI. « LOUIS, etc. Voulant donner à notre marine une preuve de notre estime et de notre bienveillance, nous avons ordonné, etc. La dignité d'*amiral de France* est conférée à notre neveu le duc d'Angoulême. »

30. TRAITÉ DE PAIX DE PARIS, *entre la France et les puissances alliées*. Dispositions principales : Il y aura, à compter de ce jour, paix et amitié entre S. M. le roi de France et de Navarre, d'une part, et S. M. l'empereur d'Autriche, roi de Hongrie et de Bohême, et ses alliés, de l'autre part, leurs héritiers et successeurs, leurs états et sujets respectifs à perpétuité. Les hautes parties contractantes apporteront tous leurs soins à maintenir, non seulement entre elles, mais encore, autant qu'il dépend d'elles, entre tous les états de l'Europe, la bonne harmonie et intelligence si nécessaires à son repos.

« Le royaume de France conserve l'intégrité de ses limites telles qu'elles existaient à l'époque du 1er janvier 1792. Il recevra en outre une augmentation de territoire comprise dans la ligne de démarcation fixée par l'article suivant. (Cette augmentation comprenait quelques cantons annexés aux départemens des Ardennes, de la Moselle, du Bas-Rhin, de l'Ain, et une partie de la Savoie.) Les cours alliées assurent à la France la possession de la principauté d'Avignon, du comtat Venaissin, du comté de Montbéliard, et de toutes les enclaves qui, ayant appartenu autrefois à l'Allemagne, sont comprises dans l'augmentation de territoire ci-dessus indiquée. — La Hollande, placée sous la souveraineté de la maison d'Orange, recevra un accroissement de territoire. Le titre et l'exercice de la souveraineté n'y pourront dans aucun cas appartenir à aucun prince portant ou appelé à porter une couronne étrangère. — Les états de l'Allemagne seront indépendans et unis par un lien fédératif. — La Suisse, indépendante, continuera de se gouverner par elle-même. — L'Italie, hors des limites des pays qui reviendront à l'Autriche, sera composée d'états souverains. — L'île de Malte et ses dépendances appartiendront en toute propriété et souveraineté à S. M. britannique. — S. M. britannique s'engage à restituer à S. M. très chrétienne les colonies, pêcheries, comptoirs et établissemens de tous genres que la France possédait au 1er janvier 1792 dans les mers et sur les continens de l'Amérique, de l'Afrique et de l'Asie, à l'exception toutefois des îles de Tabago et de Sainte-Lucie, et de l'Ile-de-France et de ses dépendances, nommément Rodrigue et les Séchelles, lesquelles S. M. très chrétienne cède en toute propriété et souveraineté à S. M. britannique, comme aussi de la partie de Saint-Domingue cédée à la France par la paix de Bâle, et que S. M. très chrétienne rétrocède à S. M. catholique en toute propriété et souveraineté.—S. M. le roi de Suède et de Norwége consent à ce que l'île de la Guadeloupe soit restituée à S. M. très chrétienne, et cède tous les droits qu'il peut avoir sur cette île. — S. M. très fidèle (le roi de Portugal) s'engage à restituer à S. M. très chrétienne la Guiane française, telle qu'elle existait au 1er janvier 1792. — S. M. très chrétienne s'engage à ne faire aucun ouvrage de fortification dans les établissemens qui lui doivent être restitués, et qui sont situés dans les limites de la souveraineté britannique sur le continent des Indes, et à ne mettre dans ces établissemens que le nombre de troupes nécessaires pour le maintien de la police. — Les hautes parties contractantes s'étant réservé, par l'article 4 de la convention du 23 avril dernier (*voyez* cette date), de régler dans le présent traité de paix définitive le sort des arsenaux et des vaisseaux de guerre armés et non armés qui se trouvent dans les places maritimes remises par la France en exécution de l'article 2 de ladite convention, il est convenu que lesdits vaisseaux et bâtimens de guerre armés et non armés, comme aussi l'artillerie navale et les munitions navales, et tous les matériaux de construction et d'armement, seront partagés entre la France et les pays où les places sont situées, dans la proportion de deux tiers pour la France et d'un tiers pour les puissances auxquelles lesdites places appartiendront (1). — Ne sont compris, dans les stipulations ci-dessus, les vaisseaux et arsenaux existans dans les places maritimes qui seraient tombées au pouvoir des alliés antérieurement au 23 avril, ni les vaisseaux et arsenaux qui appartenaient à la Hollande, et nommément la *flotte du Texel.* — Dorénavant le port d'Anvers sera uniquement un port de commerce. — Les hautes parties contractantes, voulant mettre et faire mettre dans un entier oubli les divisions qui ont agité l'Europe, déclarent et promettent que, dans les pays restitués et cédés par le présent traité, aucun individu, de quelque classe et condition qu'il soit, ne pourra être poursuivi, inquiété ou troublé dans sa personne ou dans sa propriété, sous aucun prétexte, ou à cause de sa conduite ou opinion politique, ou de son attachement soit à aucune des parties contractantes, soit à des gouvernemens qui ont cessé d'exister, ou pour toute autre raison, si ce n'est pour les dettes contractées envers des individus, ou pour des actes postérieurs au présent traité. — Les puissances alliées voulant donner à S. M. très chrétienne un nouveau témoignage de leur désir de faire disparaitre, autant qu'il est en elles, les conséquences de l'époque du malheur si heureusement terminée par la présente paix, renoncent à la totalité des sommes que les gouvernemens ont à réclamer de la France à raison de contrats, de fournitures ou d'avances quelconques faites au gouvernement français dans les différentes guerres qui ont eu lieu depuis 1792. De son côté, S. M. très chrétienne renonce à toute réclamation qu'elle pourrait former contre les puissances alliées aux mêmes titres. Dans le délai de deux mois, toutes les puissances qui ont été engagées de part et d'autre dans la présente guerre enverront des plénipotentiaires à Vienne pour régler, dans un congrès général, les arrangemens qui doivent compléter les dispositions du présent traité. » (L. S.) *Signé* le prince de *Bénévent.* — (L. S.) *Signé* le prince de *Metternich.* — (L. S.) *Signé* comte *de Stadion.* — Un article additionnel au traité avec l'Angleterre porte que, 1° le roi de France unira, au futur congrès, tous ses *efforts* à ceux du roi d'Angleterre pour faire prononcer par toutes les puissances de la chrétienté l'abolition de la traite des noirs, de telle sorte que ladite traite cesse universellement, comme elle cessera définitivement et dans tous les cas de la part de la France, dans un délai de cinq années ; et qu'en outre, pendant la durée de ce délai, aucun trafiquant d'esclaves n'en puisse importer ni vendre ailleurs que dans les colonies de l'état dont il est sujet.... 2° Il sera accordé, de part et d'autre, aussitôt la ratification du présent traité de paix, main-levée du séquestre qui aurait été mis depuis 1792 sur les fonds, revenus, créances et autres *effets* quelconques des parties contractantes ou de leurs sujets. Dès que les sujets anglais auront été pleinement indemnisés pour la valeur des biens, meubles ou immeubles indûment confisqués par les autorités françaises, ainsi que pour la perte totale, ou pour celles de leurs créances ou autres propriétés indûment retenues, le gouvernement anglais s'engage à renoncer à la

(1) En vertu de cet article la France perdit *trente un* vaisseaux de haut rang et *douze frégates.*

totalité de l'excédant qui se trouverait en sa faveur relativement à l'entretien des prisonniers de guerre.

Juin 2. *Circulaire* de M. le comte *Beugnot*, directeur-général de la police, à MM. les préfets, sous-préfets et maires du royaume..... « Le roi ne demandera jamais de nous des services qui puissent coûter un scrupule à notre conscience, ni une hésitation à notre honneur. Trop long-temps la police a été l'instrument aveugle de la tyrannie ; elle est enfin rendue à sa primitive et salutaire destination, celle de prévenir les délits pour se dispenser de les punir, et de défendre la société contre les maux secrets que les lois ne peuvent pas toujours atteindre.... Au lieu de violer, dans l'ombre des nuits, l'asile des citoyens, elle veillera autour de leurs demeures pour protéger leur sommeil. Enfin, au lieu d'attenter avec une effrayante légèreté à la sûreté individuelle, elle sera la première à défendre les citoyens de ces attentats ; et si le maintien de l'ordre exige qu'un particulier soit arrêté, elle ne perdra jamais de vue que, dans ce cas extrême, toute rigueur inutile est un délit, tout défaut de consolation un tort envers l'humanité.... Loin de fatiguer le prince par d'inutiles révélations et ses sujets par des investigations importunes, que la police soit désormais tolérante, protectrice, discrète et paisible.... Cet admirable langage fut applaudi par tous les gens de bien.

SESSION DE 1814.

SÉANCE D'OUVERTURE LE SAMEDI 4 JUIN. — PROCLAMATION DE LA CHARTE CONSTITUTIONNELLE.

4. Les députés des départemens et les sénateurs sont réunis dans la salle du corps législatif. — Les députés sont ceux que Napoléon avait convoqués le 19 et dissous le 31 décembre 1813. — Un certain nombre de sénateurs n'ont pas été convoqués.

Louis XVIII prononce le discours suivant :

« Messieurs, lorsque pour la première fois je viens dans cette enceinte m'environner des grands corps de l'état, des représentans d'une nation qui ne cesse de me prodiguer les plus touchantes marques de son amour, je me félicite d'être devenu le dispensateur des bienfaits que la divine Providence daigne accorder à mon peuple.

« J'ai fait avec l'Autriche, la Russie, l'Angleterre et la Prusse une paix dans laquelle sont compris leurs alliés, c'est-à-dire tous les princes de la chrétienté. La guerre était universelle ; la réconciliation l'est pareillement.

« Le rang que la France a toujours occupé parmi les nations n'a été transféré à aucune autre, et lui demeure sans partage. Tout ce que les autres états acquièrent de sécurité accroît également la sienne, et par conséquent ajoute à sa puissance véritable. Ce qu'elle ne conserve pas de ses conquêtes ne doit donc pas être regardé comme retranché de sa force réelle.

« La gloire des armées françaises n'a reçu aucune atteinte ; les monumens de leur valeur subsistent, et les chefs-d'œuvre des arts nous appartiennent désormais par des droits plus stables et plus sacrés que ceux de la victoire.

« Les routes du commerce, si long-temps fermées, vont être libres. Le marché de la France ne sera plus seul ouvert aux productions de son sol et de son industrie; celles dont l'habitude lui a fait un besoin, ou qui sont nécessaires aux arts qu'elle exerce, lui seront fournies par les possessions qu'elle recouvre. Elle ne sera plus réduite à s'en priver, ou à ne les obtenir qu'à des conditions ruineuses. Nos manufactures vont refleurir, nos villes maritimes vont renaître, et tout nous promet qu'un long calme au dehors et une félicité durable au dedans seront les heureux fruits de la paix.

« Un souvenir douloureux vient toutefois troubler ma joie. J'étais né, je me flattais de rester toute ma vie le plus fidèle sujet du meilleur des rois ; et j'occupe aujourd'hui sa place ! Mais du moins il n'est pas mort tout entier ; il revit dans ce testament qu'il destinait à l'instruction de l'auguste et malheureux enfant auquel je devais succéder ! C'est les yeux fixés sur cet immortel ouvrage, c'est pénétré des sentimens qui le dictèrent, c'est guidé par l'expérience et secondé par les conseils de plusieurs d'entre vous, que j'ai rédigé la Charte constitutionnelle dont vous allez entendre la lecture, et qui assoit sur des bases solides la prospérité de l'état.

« Mon chancelier va vous faire connaître avec plus de détails mes intentions paternelles. »

Discours du chancelier, M. Dambray.

« Messieurs les sénateurs, messieurs les députés des départemens, vous venez d'entendre les paroles touchantes et les intentions paternelles de S. M.; c'est à ses ministres à vous faire les communications importantes qui en sont la suite.

« Quel magnifique et touchant spectacle que celui d'un roi qui, pour s'assurer de nos respects, n'avait besoin que de ses vertus! qui déploie l'appareil imposant de la royauté pour apporter à son peuple, épuisé par vingt-cinq ans de malheurs, le bienfait si désiré d'une paix honorable, et celui non moins précieux d'une ordonnance de réformation par laquelle il éteint tous les partis, comme il maintient tous les droits!

« Il s'est écoulé bien des années depuis que la Providence divine appela notre monarque au trône de ses pères. A l'époque de son avénement la France, égarée par de fausses théories, divisée par l'esprit d'intrigue, aveuglée par de vaines apparences de liberté, était devenue la proie de toutes les factions, comme le théâtre de tous les excès, et se trouvait livrée aux plus horribles convulsions de l'anarchie. Elle a successivement essayé de tous les gouvernemens, jusqu'à ce que le poids des maux qui l'accablaient l'ait enfin ramenée au gouvernement paternel qui pendant quatorze siècles avait fait sa gloire et son bonheur.

« Le souffle de Dieu a renversé ce colosse formidable de puissance qui pesait sur l'Europe entière; mais sous les débris d'un édifice gigantesque,

encore plus promptement détruit qu'élevé, la France a retrouvé du moins les
fondemens inébranlables de son antique monarchie.

« C'est sur cette base sacrée qu'il faut élever aujourd'hui un édifice durable,
que le temps et la main des hommes ne puissent plus détruire. C'est le roi
qui en devient plus que jamais la pierre fondamentale; c'est autour de lui
que tous les Français doivent se rallier. Et quel roi mérita jamais mieux leur
obéissance et leur fidélité? Rappelé dans ses états par les vœux unanimes de
ses peuples, il les a conquis sans armée, les a soumis par amour; il a réuni
tous les esprits en gagnant tous les cœurs.

« En pleine possession de ses droits héréditaires sur ce beau royaume, il
ne veut exercer l'autorité qu'il tient de Dieu et de ses pères qu'en posant lui-
même les bornes de son pouvoir.

« Loin de lui l'idée que la souveraineté doive être dégagée des contrepoids
salutaires qui, sous des dénominations différentes, ont constamment existé
dans notre constitution! Il y substitue lui-même un établissement de pouvoir
tellement combiné qu'il offre autant de garanties pour la nation que de sauve-
gardes pour la royauté. Il ne veut être que le chef suprême de la grande famille dont il est le père. C'est lui-même qui vient donner aux Français une
Charte constitutionnelle appropriée à leurs désirs comme à leurs besoins, et
à la situation respective des hommes et des choses.

« L'enthousiasme touchant avec lequel le roi a été reçu dans ses états, l'empressement spontané de tous les corps civils et militaires, ont convaincu S. M.
de cette vérité si douce pour son cœur, que la France était monarchique par
sentiment, et regardait le pouvoir de la couronne comme un pouvoir tutélaire nécessaire à son bonheur.

« Sa Majesté ne craint donc pas qu'il puisse rester aucun genre de défiance
entre elle et son peuple; inséparablement unis par les liens du tendre amour,
une confiance mutuelle doit cimenter tous leurs engagemens.

« Il faut à la France un pouvoir royal protecteur sans pouvoir devenir
oppressif; il faut au roi des sujets aimans et fidèles, toujours libres et égaux
devant la loi. L'autorité doit avoir assez de force pour déjouer tous les partis,
comprimer toutes les factions, imposer à tous les ennemis qui menaceraient
son repos et son bonheur.

« La nation peut en même temps désirer une garantie contre tous les genres
d'abus dont elle vient d'éprouver les excès.

« La situation momentanée du royaume après tant d'années d'orages exige
enfin quelques précautions, peut-être même quelques sacrifices pour apaiser
toutes les haines, prévenir toutes les réactions, consolider toutes les fortunes,
amener en un mot tous les Français à un oubli généreux du passé et à une
réconciliation générale.

« Tel est, messieurs, l'esprit vraiment paternel dans lequel a été rédigée
cette grande Charte que le roi m'ordonne de mettre sous les yeux de l'ancien
sénat et du dernier corps législatif. Si le premier de ces corps a, pour ainsi
dire, cessé d'exister avec la puissance qui l'avait établi; si le second ne peut

plus avoir, sans l'autorisation du roi, que des pouvoirs incertains, et déjà expirés pour plusieurs de ses séries, leurs membres n'en sont pas moins l'élite légale des notables du royaume. Aussi le roi les a-t-il consultés, en choisissant dans leur sein les membres que leur confiance avait plus d'une fois signalés à l'estime publique; il en a pour ainsi dire agrandi son conseil, et il doit à leurs sages observations plusieurs additions utiles, plusieurs restrictions importantes.

« C'est le travail unanime de la commission (1) dont ils ont fait partie qui va être mis sous vos yeux pour être ensuite porté aux deux chambres créées par la constitution, et envoyé à tous les tribunaux comme à toutes les municipalités.

« Je ne doute pas, messieurs, qu'il n'excite parmi vous un enthousiasme de reconnaissance qui, du sein de la capitale, se propagera bientôt jusqu'aux extrémités du royaume. »

M. le chancelier remet les actes ci-après à M. le ministre d'état Ferrand, qui en donne lecture à l'assemblée :

CHARTE CONSTITUTiONNELLE.

« LOUIS, par la grace de Dieu, ROI DE FRANCE ET DE NAVARRE,

« A tous ceux qui ces présentes verront, SALUT :

« La divine Providence, en nous rappelant dans nos États après une longue absence, nous a imposé de grandes obligations. La paix était le premier besoin de nos sujets : nous nous en sommes occupés sans relâche; et cette paix, si nécessaire à la France comme au reste de l'Europe, est signée. Une Charte constitutionnelle était sollicitée par l'état actuel du royaume; nous l'avons promise, et nous la publions. Nous avons considéré que bien que l'autorité tout entière résidât en France dans la personne du roi, nos prédécesseurs n'avaient point hésité à en modifier l'exercice suivant la différence des temps; que c'est ainsi que les communes ont dû leur affranchissement à Louis-le-Gros, la confirmation et l'extension de leurs droits à saint Louis et à Philippe-le-Bel; que l'ordre judiciaire a été établi et développé par les lois de Louis XI, de Henri II et de Charles IX; enfin, que Louis XIV a réglé presque toutes les parties de l'administration publique par différentes ordonnances, dont rien encore n'avait surpassé la sagesse.

« Nous avons dû, à l'exemple des rois nos prédécesseurs, apprécier les effets des progrès toujours croissans des lumières, les rapports nouveaux que ces progrès ont introduits dans la société, la direction imprimée aux esprits depuis un demi-siècle, et les graves altérations qui en sont résultées : nous avons reconnu que le vœu de nos sujets pour une Charte constitu-

_____

(1) Deux commissions, l'une prise dans le sénat et l'autre dans le corps législatif, furent associées à la préparation de la Charte. Ces deux commissions, assemblées par le ministère, ne furent pas nommées par leurs corps respectifs; elles ne rendirent aucun compte de leurs travaux, et aucun article ne fut discuté dans le sein du sénat et du corps législatif.

tionnelle, était l'expression d'un besoin réel; mais, en cédant à ce vœu, nous avons pris toutes les précautions pour que cette Charte fût digne de nous et du peuple auquel nous sommes fiers de commander. Des hommes sages, pris dans les premiers corps de l'État, se sont réunis à des commissaires de notre conseil pour travailler à cet important ouvrage.

« En même temps que nous reconnaissions qu'une constitution libre et monarchique devait remplir l'attente de l'Europe éclairée, nous avons dû nous souvenir aussi que notre premier devoir envers nos peuples était de conserver, pour leur propre intérêt, les droits et les prérogatives de notre couronne. Nous avons espéré qu'instruits par l'expérience, ils seraient convaincus que l'autorité suprême peut seule donner aux institutions qu'elle établit, la force, la permanence et la majesté dont elle est elle-même revêtue; qu'ainsi, lorsque la sagesse des rois s'accorde librement avec le vœu des peuples, une Charte constitutionnelle peut être de longue durée; mais que, quand la violence arrache des concessions à la faiblesse du gouvernement, la liberté publique n'est pas moins en danger que le trône même. Nous avons enfin cherché les principes de la Charte constitutionnelle dans le caractère français, et dans les monumens vénérables des siècles passés. Ainsi, nous avons vu, dans le renouvellement de la pairie, une institution vraiment nationale, et qui doit lier tous les souvenirs à toutes les espérances, en réunissant les temps anciens et les temps modernes.

« Nous avons remplacé par la chambre des députés ces anciennes assemblées des Champs de Mars et de Mai, et ces chambres du tiers-état, qui ont si souvent donné tout à la fois des preuves de zèle pour les intérêts du peuple, de fidélité et de respect pour l'autorité des rois. En cherchant ainsi à renouer la chaîne des temps, que de funestes écarts avaient interrompue, nous avons effacé de notre souvenir, comme nous voudrions qu'on pût les effacer de l'histoire, tous les maux qui ont affligé la patrie durant notre absence. Heureux de nous retrouver au sein de la grande famille, nous n'avons su répondre à l'amour dont nous recevons tant de témoignages qu'en prononçant des paroles de paix et de consolation.

« Le vœu le plus cher à notre cœur, c'est que tous les Français vivent en frères, et que jamais aucun souvenir amer ne trouble la sécurité qui doit suivre l'acte solennel que nous leur accordons aujourd'hui.

« Sûrs de nos intentions, forts de notre conscience, nous nous engageons, devant l'assemblée qui nous écoute, à être fidèles à cette Charte constitutionnelle, nous réservant d'en jurer le maintien, avec une nouvelle solennité, devant les autels de celui qui pèse dans la même balance les rois et les nations.

« A ces causes,

« Nous avons volontairement, et par le libre exercice de notre autorité royale, accordé et accordons, fait CONCESSION ET OCTROI à nos sujets, tant pour nous que pour nos successeurs, et à toujours, de la Charte constitutionnelle qui suit :

Droit public des Français.

« Art. 1er. Les Français sont égaux devant la loi, quels que soient d'ailleurs leurs titres et leurs rangs.

« 2. Ils contribuent indistinctement, dans la proportion de leur fortune, aux charges de l'État.

« 3. Ils sont tous également admissibles aux emplois civils et militaires.

« 4. Leur liberté individuelle est également garantie, personne ne pouvant être poursuivi ni arrêté que dans les cas prévus par la loi, et dans la forme qu'elle prescrit.

« 5. Chacun professe sa religion avec une égale liberté, et obtient pour son culte la même protection.

« 6. Cependant, la religion catholique, apostolique et romaine est la religion de l'État.

« 7. Les ministres de la religion catholique, apostolique et romaine, et ceux des autres cultes chrétiens, reçoivent seuls des traitemens du trésor royal.

« 8. Les Français ont le droit de publier et de faire imprimer leurs opinions, en se conformant aux lois qui doivent réprimer les abus de cette liberté.

« 9. Toutes les propriétés sont inviolables, sans aucune exception de celles qu'on appelle *nationales*, la loi ne mettant aucune différence entre elles.

« 10. L'État peut exiger le sacrifice d'une propriété, pour cause d'intérêt public légalement constaté, mais avec une indemnité préalable.

« 11. Toutes recherches des opinions et votes émis jusqu'à la restauration sont interdites. Le même oubli est commandé aux tribunaux et aux citoyens.

« 12. La conscription est abolie. Le mode de recrutement de l'armée de terre et de mer est déterminé par une loi.

Formes du Gouvernement du Roi.

« 13. La personne du roi est inviolable et sacrée. Ses ministres sont responsables. Au roi seul appartient la puissance exécutive.

« 14. Le roi est le chef suprême de l'État, commande les forces de terre et de mer, déclare la guerre, fait les traités de paix, d'alliance et de commerce, nomme à tous les emplois de l'administration publique et fait les réglemens et ordonnances nécessaires pour l'exécution des lois et la sûreté de l'Etat.

« 15. La puissance législative s'exerce collectivement par le roi, la chambre des pairs, et la chambre des députés des départemens.

« 16. Le roi propose la loi.

« 17. La proposition de la loi est portée, au gré du roi, à la chambre des pairs ou à celle des députés, excepté la loi de l'impôt, qui doit être adressée d'abord à la chambre des députés.

« 18. Toute loi doit être discutée et votée librement par la majorité de chacune des deux chambres.

« 19. Les chambres ont la faculté de supplier le roi de proposer une loi sur quelque objet que ce soit, et d'indiquer ce qu'il leur paraît convenable que la loi contienne.

« 20. Cette demande pourra être faite par chacune des deux chambres, mais après avoir été discutée en comité secret : elle ne sera envoyée à l'autre chambre par celle qui l'aura proposée, qu'après un délai de dix jours.

« 21. Si la proposition est adoptée par l'autre chambre, elle sera mise sous les yeux du roi ; si elle est rejetée, elle ne pourra être représentée dans la même session.

« 22. Le roi seul sanctionne et promulgue les lois.

« 23. La liste civile est fixée, pour toute la durée du règne, par la première législature assemblée depuis l'avénement du roi.

De la Chambre des pairs.

« 24. La chambre des pairs est une portion essentielle de la puissance législative.

« 25. Elle est convoquée par le roi en même temps que la chambre des députés des départemens. La session de l'une commence et finit en même temps que celle de l'autre.

« 26. Toute assemblée de la chambre des pairs qui serait tenue hors du temps de la session de la chambre des députés, ou qui ne serait pas ordonnée par le roi, est illicite et nulle de plein droit.

« 27. La nomination des pairs de France appartient au roi. Leur nombre est illimité : il peut en varier les dignités, les nommer à vie ou les rendre héréditaires, selon sa volonté.

« 28. Les pairs ont entrée dans la chambre à vingt-cinq ans, et voix délibérative à trente ans seulement.

« 29. La chambre des pairs est présidée par le chancelier de France, et, en son absence, par un pair nommé par le roi.

« 30. Les membres de la famille royale et les princes du sang sont pairs par le droit de leur naissance. Ils siégent immédiatement après le président ; mais ils n'ont voix délibérative qu'à vingt-cinq ans.

« 31. Les princes ne peuvent prendre séance à la chambre que de l'ordre du roi, exprimé pour chaque session par un message, à peine de nullité de tout ce qui aurait été fait en leur présence.

« 32. Toutes les délibérations de la chambre des pairs sont secrètes.

« 33. La chambre des pairs connaît des crimes de haute trahison et des attentats à la sûreté de l'État, qui seront définis par la loi.

« 34. Aucun pair ne peut être arrêté que de l'autorité de la chambre, et jugé que par elle en matière criminelle.

De la Chambre des députés des départemens.

« 35. La chambre des députés sera composée des députés élus par les collèges électoraux dont l'organisation sera déterminée par des lois.

« 36. Chaque département aura le même nombre de députés qu'il a eu jusqu'à présent.

« 37. Les députés seront élus pour cinq ans, et de manière que la chambre soit renouvelée chaque année par cinquième.

« 38. Aucun député ne peut être admis dans la chambre s'il n'est âgé de quarante ans, et s'il ne paie une contribution directe de mille francs.

« 39. Si néanmoins il ne se trouvait pas dans le département cinquante personnes de l'âge indiqué payant au moins mille francs de contributions directes, leur nombre sera complété par les plus imposés au-dessous de mille francs, et ceux-ci ne pourront être élus concurremment avec les premiers.

« 40. Les électeurs qui concourent à la nomination des députés ne peuvent avoir droit de suffrage, s'ils ne paient une contribution directe de trois cents francs, et s'ils ont moins de trente ans.

« 41. Les présidens des collèges électoraux seront nommés par le roi, et de droit membres du collège.

« 42. La moitié au moins des députés sera choisie parmi des éligibles qui ont leur domicile politique dans le département.

« 43. Le président de la chambre des députés est nommé par le roi, sur une liste de cinq membres présentés par la chambre.

« 44. Les séances de la chambre sont publiques ; mais la demande de cinq membres suffit pour qu'elle se forme en comité secret.

« 45. La chambre se partage en bureaux pour discuter les projets qui lui ont été présentés de la part du roi.

« 46. Aucun amendement ne peut être fait à une loi s'il n'a été proposé ou consenti par le roi, et s'il n'a été renvoyé et discuté dans les bureaux.

« 47. La chambre des députés reçoit toutes les propositions d'impôt ; ce n'est qu'après que ces propositions ont été admises qu'elles peuvent être portées à la chambre des pairs.

« 48. Aucun impôt ne peut être établi ni perçu s'il n'a été consenti par les deux chambres et sanctionné par le roi.

« 49. L'impôt foncier n'est consenti que pour un an. Les impositions indirectes peuvent l'être pour plusieurs années.

« 50. Le roi convoque chaque année les deux chambres : il les proroge, et peut dissoudre celle des députés des départemens ; mais, dans ce cas, il doit en convoquer une nouvelle dans le délai de trois mois.

« 51. Aucune contrainte par corps ne peut être exercée contre un membre de la chambre, durant la session, et dans les six semaines qui l'auront précédée ou suivie.

« 52. Aucun membre de la chambre ne peut, pendant la durée de la session, être poursuivi ni arrêté en matière criminelle, sauf le cas de flagrant délit, qu'après que la chambre a permis sa poursuite.

« 53. Toute pétition à l'une ou à l'autre des chambres ne peut être faite et présentée que par écrit. La loi interdit d'en apporter en personne à la barre.

Des Ministres.

« 54. Les ministres peuvent être membres de la chambre des pairs ou de la chambre des députés. Ils ont en outre leur entrée dans l'une ou l'autre chambre, et doivent être entendus quand ils le demandent.

« 55. La chambre des députés a le droit d'accuser les ministres, et de les traduire devant la chambre des pairs, qui seule a celui de les juger.

« 46. Ils ne peuvent être accusés que pour fait de trahison ou de concussion. Des lois particulières spécifieront cette nature de délits, et en détermineront la poursuite.

De l'Ordre judiciaire.

« 57. Toute justice émane du roi. Elle s'administre en son nom par des juges qu'il nomme et qu'il institue.

« 58. Les juges nommés par le roi sont inamovibles.

« 59. Les cours et les tribunaux ordinaires actuellement existans sont maintenus. Il n'y sera rien changé qu'en vertu d'une loi.

« 60. L'institution actuelle des juges de commerce est conservée.

« 61. La justice de paix est également conservée. Les juges de paix, quoique nommés par le roi, ne sont pas inamovibles.

« 62. Nul ne pourra être distrait de ses juges naturels.

« 63. Il ne pourra, en conséquence, être créé de commissions et de tribunaux extraordinaires. Ne sont pas comprises sous cette dénomination les juridictions prévôtales, si leur établissement est jugé nécessaire.

« 64. Les débats seront publics en matière criminelle, à moins que cette publicité ne soit dangereuse pour l'ordre et les mœurs; et, dans ce cas le tribunal le déclare par un jugement.

« 65. L'institution des jurés est conservée. Les changemens qu'une plus longue expérience ferait juger nécessaires ne peuvent être effectués que par une loi.

« 66. La peine de la confiscation des biens est abolie, et ne pourra pas être rétablie.

« 67. Le roi a le droit de faire grace, et celui de commuer les peines.

« 68. Le code civil et les lois actuellement existantes qui ne sont pas contraires à la présente charte restent en vigueur jusqu'à ce qu'il y soit légalement dérogé.

Droits particuliers garantis par l'État.

« 69. Les militaires en activité de service, les officiers et soldats en retraite, les veuves, les officiers et soldats pensionnés, conserveront leurs grades, honneurs et pensions.

« 70. La dette publique est garantie. Tout espèce d'engagement pris par l'État avec ses créanciers est inviolable.

« 71. La noblesse ancienne reprend ses titres. La nouvelle conserve les siens. Le roi fait des nobles à volonté ; mais il ne leur accorde que des rangs et des honneurs sans aucune exemption des charges et des devoirs de la société.

« 72. La Légion-d'Honneur est maintenue. Le roi déterminera les règlemens intérieurs et la décoration.

« 73. Les colonies seront régies par des lois et des règlemens particuliers.

« 74. Le roi et ses successeurs jureront, dans la solennité de leur sacre, d'observer fidèlement la présente charte constitutionnelle.

Articles transitoires.

« 75. Les députés des départemens de France qui siégeaient au corps législatif, lors du dernier ajournement, continueront de siéger à la chambre des députés, jusqu'à remplacement.

« 76. Le premier renouvellement d'un cinquième de la chambre des députés aura lieu au plus tard en l'année 1816, suivant l'ordre établi entre les séries.

« Nous ordonnons que la présente charte constitutionnelle, mise sous les yeux du sénat et du corps législatif, conformément à notre proclamation du 2 mai, sera envoyée incontinent à la chambre des pairs et à celle des députés.

« Donné à Paris, l'an de grace 1814, et de notre règne le dix-neuvième.

« *Signé*, LOUIS ; et plus bas, l'abbé DE MONTESQUIOU. Visa, *signé* DAMBRAY. »

— Telle est la Charte constitutionnelle qui établit en France le gouvernement représentatif. Transaction entre le passé et le présent, elle assure à l'avenir tout le bien-être que produit le développement de la civilisation. Elle satisfait aux besoins qui ont fait entreprendre la révolution et consacre le droit public d'un peuple digne d'apprécier les bienfaits de la liberté. Cette constitution renferme toutes les garanties possibles ; et aux prérogatives dont la couronne doit être investie dans l'intérêt même d'une sage liberté, se trouvent également réunies les prérogatives nationales. L'article 48 sera toujours pour les ministres prévaricateurs, quand la nation le voudra, la barrière où viendront échouer leurs tentatives inconstitutionnelles et liberticides. De même enfin que le roi peut faire justice d'une chambre factieuse, de même la France peut aussi faire justice de ministres pervers. Oui cette Charte renferme pour le pays la source des plus grands bienfaits ; par elle toutes les améliorations sont possibles avec des résultats d'autant plus avantageux que la prudence et la mesure accompagnent forcément toutes les innovations.

Ordonnance relative aux étrangers. — « Louis, etc. Nous nous sommes fait représenter les ordonnances des rois nos prédécesseurs relatives aux étrangers, notamment celles de 1386, de 1431, et celle de Blois, article 4, et nous avons reconnu que par de graves considérations, et à la demande des états généraux, ces ordonnances ont déclaré les étrangers incapables de posséder des offices ou bénéfices, ni même de remplir aucune fonction publique en France.

« Nous n'avons pas cru devoir reproduire toute la sévérité de ces ordonnances ; mais nous avons considéré que, dans un moment où nous appelons nos sujets au partage de la puissance législative, il importe surtout de ne voir siéger dans les chambres que des hommes dont la naissance garantit l'affection au souverain et aux lois de l'État, et qui aient été élevés dès le berceau dans l'amour de la patrie.

« Nous avons donc cru convenable d'appliquer les anciennes prohibitions aux fonctions de députés dans les deux chambres, et de nous réserver le privilége d'accorder des lettres de naturalisation, de manière que nous puissions tous les jours, pour de grands et importans services, élever un étranger à la plénitude de la qualité de citoyen français ; enfin nous avons voulu que cette récompense, l'une des plus hautes que nous puissions décerner, acquît un degré de solennité qui en relevât encore le prix.

« A ces causes, nous avons ordonné et ordonnons ce qui suit :

« Art. 1er. Conformément aux anciennes constitutions françaises, aucun étranger ne pourra siéger, à compter de ce jour, ni dans la chambre des pairs ni dans celle des députés, à moins que, par d'importans services rendus à l'état, il n'ait obtenu de nous des lettres de naturalisation, vérifiées par les deux chambres.

« 2. Les dispositions du Code civil relatives aux étrangers et à leur naturalisation n'en restent pas moins en vigueur, et seront exécutées selon leur forme et teneur. *Signé* LOUIS ; et plus bas, *signé* l'abbé de MONTESQUIOU. »

Ordonnance relative au sénat. — « LOUIS, etc. Nous nous sommes fait représenter l'état des services rendus par les membres qui composaient le sénat, et nous avons reconnu qu'indépendamment de ce qu'a fait le corps entier dans ces derniers temps pour hâter notre retour dans nos états, la plupart de ces membres n'avaient été élevés à la dignité de sénateurs qu'à titre de retraite, et pour des services distingués rendus dans la carrière civile et militaire. Nous n'entendons pas qu'aucun d'eux perde la récompense de ses travaux, et nous avons résolu de leur garantir indistinctement, à titre de pension et leur vie durant, le traitement dont ils jouissent aujourd'hui. Notre sollicitude s'est étendue jusque sur leurs veuves, afin que l'avenir ne soit, pour ceux qui ont peu de fortune, le sujet d'aucune inquiétude, et que tous ressentent complétement les effets de notre bienveillance royale.

« A ces causes, nous avons déclaré et déclarons, ordonné et ordonnons ce qui suit :

« Art. 1er. La dotation actuelle du sénat et des sénatoreries est réunie au domaine de la couronne ; elle y demeurera incorporée quoique distincte, après en avoir distrait les propriétés particulières acquises par voie de confiscation, lesquelles seront rendues aux anciens propriétaires dans l'état où elles se trouvent, et sans aucune espèce de restitution de fruits.

« 2. Les membres du sénat nés Français conserveront une pension annuelle de 36,000 francs, et leurs veuves une pension de 6,000 francs, après toutefois, à l'égard des veuves, que nous aurons reconnu que cette pension leur est nécessaire pour soutenir leur état.

« 3. Les revenus provenant de la dotation actuelle du sénat sont particulièrement affectés aux pensions ci-dessus accordées, à l'acquittement ou à l'achèvement des travaux du Luxembourg, à tout ce qui pourrait être dû aux différens individus employés près le sénat jusqu'à ce jour, ainsi qu'à leurs traitemens ou retraites.

« 4. Au fur et à mesure de la mort de chaque membre du sénat, la portion du traitement qui lui était assignée sera définitivement remise au domaine de la couronne, et confondue avec ce domaine. Dès à présent les fonds provenant de la dotation du sénat seront régis et administrés comme faisant partie de nos domaines. *Signé* Louis. Par le roi, *signé* l'abbé DE MONTESQUIOU. »

Ordonnance relative à la chambre des pairs. — Cette ordonnance affecte le palais du Luxembourg à la chambre des pairs; met sous la direction d'un pair de France la garde du palais, les archives et le service de cette chambre, et en confie la direction à M. le comte de *Sémonville*, avec le titre de *grand référendaire de la chambre des pairs.* — La même ordonnance nomme à la *vice-présidence* de cette chambre M. le comte *Barthélemy.*

Ordonnance relative à la chambre des députés.—La portion du palais Bourbon occupée par le ci-devant corps législatif reste affectée à la chambre des députés, de la manière qui sera déterminée par le roi, de concert avec le prince de Condé (propriétaire dudit palais). — Le traitement dont les anciens députés au corps législatif ont joui jusqu'à présent leur sera continué pendant le temps qui reste à écouler de leurs fonctions à la chambre des députés. — La direction du service de cette chambre est confiée à deux *questeurs*, choisis par le roi sur la présentation de cinq candidats.

M. le chancelier proclame ensuite les noms de *cent cinquante-quatre personnes* que le roi, par une décision de ce jour, a *nommées à vie pour composer la chambre des pairs de France.*

LISTE DES PAIRS NOMMÉS PAR LE ROI.

MM.	MM.
L'archevêque de Reims.	Le duc de Richelieu.
L'évêque de Langres.	— de Rohan.
— de Châlons.	— de Luxembourg.
Le duc d'Uzès.	— de Grammont.
— d'Elbeuf.	— de Mortemart.
— de Montbazon.	— de Saint-Aignan.
— de la Trémouille.	— de Noailles.
— de Chevreuse.	— d'Aumont.
— de Brissac.	— d'Harcourt.

7

MM.

Le duc de Fitz-James.
— de Brancas.
— de Valentinois.
— de Fleury.
— de Duras.
— de la Vauguyon.
— de Praslin.
— de la Lochefoucault.
— de Clermont-Tonnerre.
— de Choiseul.
— de Coigny.
Le prince de Bénévent.
Le duc de Croy.
— de Broglie.
— de Laval-Montmorency.
— de Montmorency.
— de Beaumont.
— de Lorges.
— de Croï d'Havré.
— de Polignac.
— de Lévis.
— de Maillé.
— de Saulx-Tavanes.
— de la Force.
— de Castries.
— de Noailles, prince de Poix.
— de Doudeauville.
Le prince de Chalais.
Le duc de Sérent.
— de Plaisance.
Le prince de Wagram.
Le maréchal duc de Tarente.
— d'Elchingen.
— d'Albufera.
— de Castiglione.
Le mar. comte de Gouvion Saint-Cyr.
Le maréchal duc de Raguse.
— de Reggio.
— duc de Conegliano.
— de Trévise.
Le comte Abrial.
— de Barral, archevêque de Tours.
— Barthélemy.
Le cardinal de Bayanne.
Le comte de Beauharnais.
— de Beaumont.
— Berthollet.
— de Beurnonville.
— Barbé-Marbois.
— Boissy-d'Anglas.
— Bourlier, évêque d'Évreux.
Le duc de Cadore.
Le comte de Canclaux.
— Casa-Bianca.

MM.

Le comte Chasseloup-Laubat.
— Cholet.
— Clément de Ris.
— Colaud.
— Colchen.
— Cornet.
— Cornudet.
— d'Aboville.
— d'Aguesseau.
Le maréchal duc de Dantzick.
Le comte Davoust.
— Demont.
— Decroix.
— Dedeley-d'Agier.
— Dejean.
— Dembarrère.
— Depère.
— Destutt de Tracy.
— d'Harville.
— d'Haubersaert.
— d'Hédouville.
— Dupont.
— Dupuy.
— Emmery.
— Fabre (de l'Aude).
— Fontanes.
— Garnier.
— Gassendi.
— Gouvion.
— Herwyn.
— de Jaucourt.
— Journu Aubert.
— Klein.
— Lacépède.
— de Lamartillière.
— Lanjuinais.
— Laplace.
— de la Tour-Maubourg.
— Lecouteulx-Canteleu.
— Lebrun de Rochemont.
— Legrand.
— Lemercier.
— Lenoir-Laroche.
— de l'Espinasse.
— de Malleville.
— de Montbadon.
— de Montesquiou.
— Pastoret.
— Péré.
Le maréchal comte Pérignon.
Le comte de Pontécoulant.
— Porcher de Richebourg.
— Rampon.
— Redon.

MM.	MM.
Le comte de Sainte-Suzanne.	Le comte Vimar.
— de Saint-Vallier.	— Volney.
— de Ségur.	— Maison.
— de Sémonville.	— Dessolles.
Le maréchal comte Serrurier.	— Latour-Maubourg.
Le comte Soulès.	Le duc de Feltre.
— Shée.	Le comte Belliard.
— de Tascher.	— Curial.
— de Thévenard.	— Vioménil.
— de Valence.	— de Vaudreuil.
Le maréchal duc de Valmy.	Le bailli de Crussol.
Le comte de Vaubois.	Le marquis d'Harcourt.
— Vernier.	— de Clermont-Gallerande.
— de Villemanzy.	Le comte Charles de Damas.

Après cette proclamation, MM. les pairs et MM. les députés sont appelés au serment, qu'ils prêtent entre les mains de S. M.

Le roi donne ensuite aux deux chambres l'ordre de se réunir immédiatement et de se former chacune dans le palais qui lui est affecté. L'assemblée se sépare aux cris de *vive le roi !*

Chambre des pairs. — Le même jour, la chambre a voté une *adresse au roi* qui a été *présentée à S. M. par la chambre entière*, au palais des Tuileries, à dix heures du soir.

Adresse au roi. — « Sire, les fidèles sujets de Votre Majesté formant la chambre des pairs viennent déposer au pied de son trône le tribut de la plus juste reconnaissance pour le double et inappréciable bienfait d'une paix glorieuse à la France et d'une constitution régénératrice. La grande Charte que Votre Majesté vient de faire publier consacre de nouveau l'antique principe constitutif de la monarchie française, qui établit sur le même fondement, et par un admirable accord, la puissance du roi et la liberté du peuple.

« La forme que Votre Majesté a donnée à l'application de cet inaltérable principe est un témoignage éclatant de sa profonde sagesse et de son amour pour les Français. C'est ainsi que la force de la monarchie se développera et s'accroîtra de plus en plus, comme la gloire personnelle de Votre Majesté ; et, après que nous aurons eu le bonheur d'être long-temps gouvernés par elle, la postérité s'empressera d'unir le nom de Louis XVIII à celui de ses plus illustres prédécesseurs.

« Daignez, sire, agréer l'hommage de notre respect, de notre dévouement et de notre fidélité à remplir les obligations que la grande Charte nous impose, en concourant par un zèle invariable au maintien des institutions fortes et généreuses que vient de fonder la prévoyance paternelle de Votre Majesté. »

Réponse du roi. — « Je reçois avec une vive satisfaction l'assurance des sentimens de la chambre des pairs pour moi, ainsi que ses félicitations sur le double événement qui signale d'une manière si heureuse le commencement de mon administration.

« Je compte avec confiance sur le concours des pairs de mon royaume dans tout ce que j'entreprendrai pour le bonheur de mon peuple, qui est et sera toujours le premier ou pour mieux dire l'unique objet de mes vœux. »

— La chambre des députés, après le départ de S. M., s'est formée en séance sous la présidence de M. Félix Faulcon, maintenu par le roi président provisoire. — Sur la proposition de M. de Beaumont, la chambre a confié la rédaction de l'adresse au roi à la commission *nommée au mois de décembre dernier* (1), et s'est ensuite ajournée au lundi suivant.

6. L'adresse de la chambre des députés au roi est adoptée malgré les réclamations de plusieurs membres, et à neuf heures du soir la chambre entière est admise dans la salle du trône, et l'adresse présentée à S. M. par le président.

ADRESSE AU ROI. — « Sire, vos fidèles sujets de la chambre des députés des départemens viennent porter au pied du trône l'hommage de la reconnaissance que la France doit à votre majesté.

« Parmi les sages dont les institutions ont préparé le bonheur des états, l'histoire ne nous en offre pas qui aient réuni plus d'avantages que V. M. pour imprimer aux lois ce caractère qui commande le respect des peuples. La France voit en vous, sire, comme le disait Bossuet du grand Condé, *la France voit en vous ce je ne sais quoi d'achevé que les malheurs ajoutent aux grandes vertus.*

« Au milieu des circonstances merveilleuses qui vous ont replacé, sire, sur le trône de saint Louis et de Henri IV, V. M. aurait pour présenter des lois à son peuple plus d'ascendant que n'en avaient ces anciens, si révérés, dont le génie seul fonda les états les plus libres ; mais V. M. a senti qu'elle imprimerait aux lois de la France un caractère plus irrévocable en sanctionnant le vœu des Français. C'est en effet en accueillant les principales dispositions présentées par les différens corps de l'État, c'est en écoutant tous les vœux que V. M. a formé cette Charte constitutionnelle qui, par le concours de toutes les volontés, raffermit à la fois les bases du trône et de la liberté publique.

« Interrogeant les siècles, V. M. a combiné d'anciens usages avec des mœurs nouvelles et nos institutions se trouvent accommodées aux temps, aux progrès de l'esprit, à l'état de la civilisation, aux rapports des nations entre elles. V. M. a voulu travailler aussi à la restauration de ce peuple dont elle a dit que l'amour l'avait rappelée au trône de ses pères.

« Plus rapprochés des besoins du peuple, selon les paroles de V. M., les députés sont destinés à les lui faire connaître, et à concourir aux moyens de les soulager.

« La Charte ouvre aux accens de la vérité toutes les voies pour arriver jusqu'au trône, puisqu'elle consacre la liberté de la presse et le droit de pétition. Entre les garanties qu'elle donne, la France remarquera la responsabilité des ministres qui trahiraient la confiance de V. M. en violant les droits publics et privés que consacre la Charte constitutionnelle.

« En vertu de cette Charte, la noblesse ne se présentera désormais à la vé-

(1) MM. Raynouard, Lainé, Gallois, Flaugergues, Maine de Biran.

nération du peuple qu'entourée de témoignages d'honneur et de gloire que ne pourront plus altérer les souvenirs de la féodalité.

« Les principes de la liberté civile se trouvent établis sur l'indépendance du pouvoir judiciaire et sur la conservation du jury, précieuse garantie de tous les droits.

« Que si des circonstances malheureuses obligeaient à rétablir les *juridictions prévôtales*, essentiellement temporaires, nous sommes convaincus, d'après les bases consacrées, qu'elles ne seraient formées qu'en vertu d'une loi.

« La publicité des débats, si rassurante pour l'innocence, ne sera restreinte par les tribunaux que dans ces occasions rares qui exigent un sacrifice momentané du droit le plus sacré.

« Enfin, si les droits ou les besoins publics faisaient désirer des améliorations, la Charte constitutionnelle, qui renferme en elle-même les moyens de les accorder, doit rassurer toutes les opinions et dissiper toutes les inquiétudes.

« C'est ainsi qu'après avoir sagement balancé les pouvoirs publics, la Charte constitutionnelle promet à la France et la jouissance de cette liberté politique qui, en élevant la nation, donne plus d'éclat au trône lui-même, et les bienfaits de cette liberté civile qui, en faisant chérir par toutes les classes l'autorité royale qui les protége, rend l'obéissance à la fois plus douce et plus sûre. Aussi avons-nous, sire, l'intime confiance que l'assentiment de tous les Français donnera à cette Charte tutélaire un caractère tout-à-fait national.

« La durée de ces bienfaits, sire, paraît devoir être inaltérable, lorsqu'ils arrivent au moment d'une paix que le ciel accorde enfin à la France. L'armée qui a combattu pour la patrie et pour l'honneur, et le peuple qu'elle a défendu, reconnaissent à l'envi que cette paix, signée dès le premier mois du retour de V. M. dans sa capitale, est due à l'auguste maison de Bourbon, autour de qui la grande famille française se rallie tout entière dans l'espoir de réparer ses malheurs.

« Oui, sire, tous les intérêts, tous les droits, toutes les espérances se confondent sous la protection de la couronne. On ne verra plus en France que de véritables citoyens, ne s'occupant du passé qu'afin d'y chercher d'utiles leçons pour l'avenir, et disposés à faire le sacrifice de leurs prétentions opposées et de leurs ressentimens. Les Français, également remplis d'amour pour leur patrie et d'amour pour leur roi, ne sépareront jamais dans leur cœur ces nobles sentimens, et le roi que la Providence leur a rendu, unissant ces deux grands ressorts des états anciens et des états modernes, conduira des sujets libres et réconciliés à la véritable gloire et au bonheur qu'ils devront à *Louis le Désiré*. »

Réponse du roi. « Je suis profondément sensible aux sentimens que me témoigne la chambre des députés des départemens. Dans tout ce que vous me dites au sujet de la Charte constitutionnelle, je vois le gage de ce concours de volontés entre la chambre et moi qui doit assurer le bonheur de la France. Les derniers mots de votre adresse me touchent vivement. Bien des noms ont été donnés par l'enthousiasme; mais dans celui que le peuple français me décerne aujourd'hui par votre organe, et que j'accepte de tout mon cœur, je vois l'expression des sentimens qui l'unirent toujours à son roi, et qui firent ma consolation dans les temps de ma longue adversité. »

7. *Ordonnance* de police concernant l'observation des dimanches et des fêtes. Les cafés, cabarets, etc....., seront fermés, et il est défendu aux propriétaires de ces établissemens de donner à boire, à manger ou à jouer pendant le temps de l'office divin, depuis huit heures du matin jusqu'à midi ; les travaux seront interrompus, excepté ceux relatifs à l'agriculture que la saison ou les intempéries rendraient urgens. La même tolérance est accordée également à d'autres travaux, en cas de péril imminent, pourvu toutefois qu'on soit muni, pour cette dernière exception, de la permission d'un officier de police (1).

11. *Ordonnance* du roi. « M. *Lainé* est nommé président de la chambre des députés. Les autres candidats étaient MM. *Gallois, Raynouard, Félix Faulcon, Flaugergues.* Une autre *ordonnance* du même jour nomme M. le chevalier *Maine de Biran* et M. le baron *de Calvet Madaillan* questeurs. Les autres candidats étaient MM. le comte *de Canouville*, le comte *de Trion-Montalembert*, *Gourlay* jeune. »

21. *Ordonnance* du roi portant changement de la décoration de la Légion-d'Honneur. D'un côté sera l'effigie d'Henri IV, avec son nom, et de l'autre côté, trois fleurs de lis avec cet exergue : HONNEUR ET PATRIE. La plaque des grands-croix aura trois fleurs de lis surmontées de la couronne royale, avec le même exergue.

— *Ordonnance* du roi portant organisation des corps royaux de cuirassiers, dragons, chasseurs à cheval et chevau-légers lanciers de France. Chaque régiment contiendra 644 hommes.

22. *Ordonnance* du roi : « Jusqu'à ce qu'il ait pu être apporté à l'ordre actuel de l'éducation publique les modifications qui seront jugées utiles, l'université de France observera les règlemens actuellement en vigueur (2). »

25. *Ordonnance* du roi : « Les officiers de tout grade qui ne sont pas compris dans la nouvelle organisation de l'armée se rendront au lieu de leur domicile, où ils recevront, jusqu'au 1er septembre prochain, leurs appointemens d'activité. »

— Le service annoncé pour les généraux Pichegru, *Georges*, Moreau, et les onze personnes qui ont péri avec le général Georges, a eu lieu aujourd'hui dans l'église Saint-Paul. L'assemblée était nombreuse ; elle a assisté à la cérémonie avec un pieux recueillement. *Il n'y a pas eu de prédicateur.* Une quête a été faite par madame de Polignac, accompagnée par M. le marquis de Rivière, que l'on sait avoir échappé au sort des autres victimes.

Le service devait être célébré aux frais des parens du général Georges ; sa majesté l'ayant appris, a désiré témoigner l'intérêt que lui inspirait l'objet de la cérémonie, et elle a fait connaître qu'elle entendait se charger de ces frais.

JUILLET 1ᵉʳ. *Ordonnance du roi qui fixe le service, l'avancement, le traite-ment et le rang des officiers du corps de la marine.* Le corps royal des officiers est ainsi composé : 10 vice-amiraux, 20 contre-amiraux, 40 capitaines de vaisseau de première classe, 60 capitaines de vaisseau de seconde classe, 100 capitaines de frégate, 400 lieutenans de vaisseau, 500 enseignes (1).

5. *Ordonnance du roi concernant le conseil d'état.* — LOUIS, etc. nous avons nommé et nommons :

1º *Conseillers d'état ordinaires.* Les sieurs : *Beugnot, Berenger, Henrion de Pensey, de la Malle, Faure, Begouen, Corvetto,* en obtenant nos lettres de naturalisation ; *Français* (de Nantes), *Pelet* (de la Lozère), *Degèrando, de Colonia, La Bourdonnaye de Blossac, de Balainvilliers, Lambert l'aîné, Laporte-Lalanne, Dupont* (de Nemours), *Anglès, Doutremont, de Malcors, Dupont, Cuvier, Jourdan* (des Bouches-du-Rhône), *Chabrol, de Bourblanc, Fumeron de Verrières.*

2º *Conseillers d'état en service extraordinaire.* Les sieurs : *Pasquier, Duchatel, Bergon, Laumont, Royer-Colard, Becquey, Benoît, Laforest, d'Hauterive, de la Besnardière, Regnard, Durand, de Chabrol, Séguier, Portalis.*

3º *Conseillers d'état honoraires.* Les sieurs : *Joly de Fleury, de Grosbois, Dompierre d'Hornoy, Dulauloy, Frochot, Otto, Caffarelli, de Chauvelin,* le général *Mathieu Dumas,* le chevalier *Gau, Costas, Foullon de Doué, d'Agay, Foullon d'Ecotiers, de Chaumont, Rochefort, Rouillé, Caze, Granvelle, Allent, de Crevecœur, Dorvilliers, Pleuvault de Montdragon, Bourrienne.*

Conserveront le titre d'honoraires jusqu'à ce que nous les appelions en service ordinaire, ceux qui restent de nos conseillers d'état du conseil existant en 1789.

1º *Maîtres des requétes ordinaires.* Les sieurs : *Cromot de Fongy, Gilbert des Voisins, Favard de Langlade, Maillard, Amédée Jaubert, Portal, Pelet fils, Labouillerie, Fréville, Baron Denoyer, Zangiacomi, Malleville, Berard, Froidefond de Bellisle, Joly de Fleury fils, Amiot, Brevannes, Maurice de Gasville, Chambaudouin fils, Camus-Dumartroy, Boissy-d'Anglas, Taboureau, Labourdonnaye de Blossac, Malartic, de Jessaint, d'Espagnac, Lambert, Maurice, Pepin de Bellisle, Saur fils, Pastoret fils, Tabary, Esmangart, Sallier, Didier, Saint-Cricq, Suchet, de Rigny, Auguste le Rebours, Janzé, Jeauffret, Henry de Longuèves, Duhamel, de Blaire, de Crazannes, La Cheze, Delaire, Darlaincourt, Roux, Lechat.*

2º *Maîtres des requétes surnuméraires.* Les sieurs : *Lahaye de Cormenin, Emmanuel Dambray,* fils du chancelier ; *Dormesson,* fils du contrôleur-général *Dormesson ; de Portes, de Forges, Boula du Colombier, d'Argout, O'Donnell, Le Riche de Cheveigné, Brochet de Verigny, Montigny, de Gourgues, Bastard, Leblanc de Castillon, de Sugny, Émile Patry, Frochot fils, Chopin d'Arnouville, Brière, Feutrier, Pavée de Vendœuvres, Paulze d'Yvoy, Galz de Malvirade.*

3º *Maîtres des requétes honoraires.* Les sieurs : *Redon,* le baron *de Breteuil, Guilhermy,* le baron *de Champy,* le comte *La Borde, Belleville, Gasson*

(1) Moniteur, nº 184 (1814).

Reyneval, *Tassin de Nonneville*, *Héron de Villefosse*, *Dupont Delporte*, *Abrial fils*, *Malouet*, *de Rancy*, *Besson*, *d'Arbelles*, *de la Reinthi*.

Conserveront le titre de maîtres des requêtes honoraires, tous ceux des anciens maîtres des requêtes de notre hôtel que nous n'avons pas rappelés en service ordinaire, ou nommés conseillers d'état honoraires. Il en sera de même des maîtres des requêtes du dernier conseil.

Le chancelier de France est chargé de l'exécution des présentes.

Donné à Paris, le 5 juillet 1814.   *Signé* LOUIS.   *Signé* DAMBRAY.

LOUIS..... Notre intention étant de compléter incessamment l'organisation de notre conseil, nous nous sommes faits représenter les réglemens faits par les rois nos prédécesseurs sur cette matière, et nous avons reconnu qu'il serait difficile d'arriver à un meilleur système. Que néanmoins il y aurait de l'avantage à le simplifier, et qu'on ne peut se dispenser de le mettre en harmonie avec les changemens survenus dans la forme du gouvernement et dans les habitudes de nos peuples. A ces causes, nous avons ordonné et ordonnons ce qui suit :

TITRE PREMIER. *Des personnes qui composent notre conseil.* — Art. 1er. Notre conseil sera composé des princes de notre famille, du chancelier de France, des ministres secrétaires d'état, des ministres d'état, de conseillers d'état, de maîtres des requêtes. — 2. Le nombre des conseillers d'état en service ordinaire est, quant à présent, limité à vingt-cinq, sans compter ceux en service extraordinaire et les conseillers d'état honoraires. Nous nous réservons aussi de créer des conseillers d'état d'église et d'épée. — 3. Le nombre des maîtres des requêtes ordinaires n'excédera pas, quant à présent, cinquante. Il y aura en outre des maîtres des requêtes, surnuméraires et des honoraires. — 4. Les conseillers d'état ordinaires et les maîtres des requêtes, lorsqu'ils font des rapports, auront seuls voix délibérative dans les conseils auxquels ils seront attachés. Les maîtres des requêtes feront l'instruction et les rapports, à moins que par des considérations particulières le chancelier ou le secrétaire d'état de la partie ne juge à propos d'en charger des conseillers d'état. Les uns et les autres pourront faire le service dans plusieurs conseils et comités.

TITRE II. *Du service dans notre conseil.* — 5. Pour l'ordre du service, les membres de notre conseil seront classés et distribués ainsi qu'il suit : Le conseil d'en haut ou des ministres actuellement existant. Le conseil privé ou des parties, qui prendra le titre de conseil d'état. Il y aura en outre, 1° un comité de législation; 2° un comité contentieux; 3° un comité de l'intérieur; 4° un comité des finances; 5° un comité du commerce. Ces comités seront placés auprès du chancelier et des ministres secrétaires d'état des départemens auxquels ils se rattachent. — 6. Le conseil d'en haut ou des ministres sera composé des princes de notre famille, de notre chancelier et de ceux de nos ministres secrétaires d'état, de nos ministres d'état et des conseillers d'état qu'il nous plaira de faire appeler pour chaque séance.—7. Le conseil d'en haut ou des ministres délibérera en notre présence sur les matières de haute administration, sur la législation administrative, sur tout ce qui tient à la police générale, à la sûreté du trône et du royaume, et au maintien de l'autorité royale. Nous pourrons y évoquer les affaires du contentieux de l'administration qui se lieraient à des vues d'intérêt général. Les projets de loi, et généralement toutes les affaires qui devront être soumises à notre approbation, et qui ne l'auraient pas reçue dans le conseil d'état, nous seront présentées dans ce conseil ou soumises directement suivant que nous le jugerons convenable. — 8. Le conseil d'état sera composé de nos ministres secrétaires d'état, de tous les conseillers d'état et maîtres des requêtes ordinaires. Il examinera les projets de lois et réglemens qui auront été préparés dans les divers comités. Chacun des ministres y rapportera ou y fera rapporter par un conseiller d'état ou un maître des requêtes qu'il aura choisi, les projets de réglemens et de jugemens qui auront été convenus au comité contentieux et autres comités, pour y être définitivement arrêtés. Il vérifiera et enregistrera les bulles et actes du saint-siége, ainsi que les actes des autres communions et cultes. Il connaîtra des appels comme d'abus. Quand nous ne jugerons pas à propos de faire délibérer ce conseil en notre présence, il sera présidé par notre chancelier, et, en son absence, par celui de nos ministres que nous aurons nommé. Ce conseil aura un secrétaire qui tiendra registre des délibérations, gardera les papiers et minutes, et suivra la correspondance, en délivrera tous extraits, copies ou expéditions. — 9. Le comité contentieux connaîtra de tout le contentieux de l'administration de tous les départemens, des mises en jugement des administrateurs et préposés des conflits. Ses avis seront rédigés en forme d'arrêts de jugemens, qui ne seront définitivement arrêtés, qu'après avoir été rapportés et délibérés dans notre conseil d'état, ou après avoir reçu notre sanction directe. Il sera tenu registre des délibérations de ce comité, qui aura en conséquence un secrétaire-greffier qui gardera les papiers et minutes, et recevra directement, des diverses administrations ou des parties, les affaires qui seront de la compétence du comité. Il sera composé de six conseillers d'état et de douze maîtres des requêtes ordinaires. Il sera présidé par notre chancelier, et, en son absence, par un conseiller d'état vice-président; il pourra être divisé en deux bureaux. — 10. Le comité de législation préparera tous les projets de lois et de réglemens sur toutes matières civiles, criminelles et ecclésiastiques, lesquels projets devront ensuite être délibérés en conseil d'état avant de nous être définitivement soumis. Ce comité sera composé de six conseillers d'état et de douze maîtres des requêtes; il sera présidé par notre chancelier, ou, en son absence, par un ministre d'état que nous aurons nommé. Notre chancelier pourra le diviser en deux bureaux. Il aura un commis-greffier. — 11. Les comités des finances, de l'intérieur et du commerce, d'après les ordres et sous la présidence des ministres secrétaires d'état auxquels ils sont respectivement attachés, prépareront les projets de lois, de réglemens et tous autres relatifs aux matières comprises dans leurs attributions. Ils proposeront en forme d'arrêts des jugemens sur les affaires d'intérêts local ou individuel de leur départemens respectifs, autres que les affaires contentieuses; lesquels arrêts ne seront définitifs qu'après nous avoir été soumis en conseil d'état, ou dans un travail particulier, par le ministre de la partie. — 12. Le comité des finances sera composé de cinq conseillers d'état et de dix maîtres des requêtes; le comité de l'intérieur, de cinq conseillers d'état et de dix maîtres des requêtes; le comité du commerce et des manufactures, de quatre conseillers d'état et de six maîtres des requêtes. Des marchands, négocians, manufacturiers des principales villes de commerce, pourront y être appelés par le ministre de cette partie, et, dans ce cas, ils y auront séance et voix consultative. Dans les affaires qui exigeraient la réunion de plusieurs comités, elle pourra être ordonnée par le chancelier, sur la demande des ministres. — 13. Les directeurs-généraux des diverses administrations, que nous nommerons conseillers d'état en service extraordinaire, pourront, sur la demande de chaque ministre, assister en plus et avec voix délibérative aux divers conseils et comités attachés au département duquel ils dépendent, ils pourront même y présenter des rapports et projets des réglemens. S'ils venaient à quitter les directions générales dont ils sont chargés, ils deviendraient de droit conseillers d'état ordinaires, prendraient leur rang au conseil, du jour de leur nomination comme conseillers d'état, et jouiraient des honneurs et traitemens attachés à ce titre. — 14. Le chancelier de France pourra également nous présenter, pour être attachés aux différens conseils et bureaux, jusqu'à concurrence de six des conseillers d'état, et de douze des maîtres des requêtes auxquels nous aurons conféré le titre d'honoraires ou de surnuméraires.

TITRE III. *Traitemens.* — Les conseillers d'état et maîtres des requêtes en service ordinaire, nommés par nous, reçoivent seuls des traitemens fixes. Les conseillers d'état du dernier conseil qui avaient été nommés conseillers d'état à vie, conserveront cependant, avec le titre de conseiller d'état honoraire, une pension de retraite égale au tiers de celui qui sera ci-après fixé pour nos conseillers d'état ordinaires. — 16. Le traitement fixe des conseillers d'état est provisoirement fixé à 12,000 francs. Celui attaché à chacun des comités dont ils peuvent être membres est de 4000 francs. Ce traitement seul pourra être accordé à ceux des conseillers d'état honoraires qui seraient appelés aux conseils et comités. — 17. Le traitement fixe des maîtres des requêtes ordinaires sera de 4000 fr., et en outre de 2000 fr. par chaque conseil ou comité où ils exerceront leurs fonctions. Lequel traitement de 2000 fr. pourra aussi être attribué aux maîtres des requêtes honoraires ou surnuméraires qui seront attachés auxdits conseils et comités. — 18. Le traitement du secrétaire du conseil d'état est de 15,000 fr., du secrétaire-greffier du comité contentieux, de 10,000 fr.; des commis-greffiers des autres comités, de 5000 fr. — 19. Les attributions de chaque conseil et comité seront fixées par un réglement particulier, ainsi que le mode d'y procéder à la distribution, au rapport et à la décision des affaires. — 20. Jusqu'à ce qu'il en ait été autrement ordonné, on se conformera aux réglemens et usages qui étaient observés au dernier comité contentieux. — 21. Il y aura auprès de nos conseils des avocats, sous le titre d'avocats aux conseils du roi, qui seront chargés de l'instruction et de la défense dans les affaires portées en ses conseils, qui en seront susceptibles. Leur nombre sera ultérieurement déterminé. Donné au château des Tuileries, le 29 juin 1814.

Signé LOUIS. *Signé* DAMBRAY.

11. *Ordonnance* du roi : « La gendarmerie royale est divisée en huit inspections générales, et forme vingt-quatre légions et quatre-vingt-quinze compagnies.

12. EXPOSÉ DE LA SITUATION DU ROYAUME, PRÉSENTÉ A LA CHAMBRE DES DÉPUTÉS PAR M. L'ABBÉ DE MONTESQUIOU, MINISTRE DE L'INTÉRIEUR.

« Messieurs, S. M., en reprenant les rênes du gouvernement, a désiré faire connaître à ses peuples l'état où elle trouvait la France. La cause des maux qui accablaient notre patrie a disparu, mais ses effets subsistent encore; long-temps encore, sous le gouvernement qui ne s'occupera qu'à réparer, la France souffrira des coups que lui a portés un gouvernement qui ne travaillait qu'à détruire. Il faut donc que la nation soit instruite et de l'étendue et de la cause de ses souffrances, pour apprécier et seconder les soins qui doivent les adoucir : éclairée ainsi sur la grandeur et la nature du mal, elle n'aura plus qu'à partager les travaux et les efforts de son roi pour rétablir ce qu'il n'a point détruit, pour guérir des plaies qu'il n'a point faites, et réparer des torts qui lui sont étrangers.

« La guerre a été sans contredit la principale cause des maux de la France; l'histoire n'offrait encore aucun exemple d'une grande nation sans cesse précipitée, contre son gré, dans des entreprises de plus en plus hasardeuses et funestes. On a vu avec un étonnement mêlé de terreur un peuple civilisé condamné à échanger son bonheur et son repos contre la vie errante des peuples barbares; les liens des familles ont été rompus; les pères ont vieilli loin de leurs enfans, et les enfans sont allés mourir à quatre cents lieues de leurs pères : aucun espoir de retour n'adoucissait cette affreuse séparation; on s'est accoutumé à la regarder comme inévitable, comme éternelle, et on a vu des paysans bretons, après avoir conduit leurs enfans jusqu'au lieu du départ, revenir dans l'église de leur paroisse dire d'avance les prières des morts.

« Il est impossible d'évaluer l'effroyable consommation d'hommes qu'a faite le dernier gouvernement : les fatigues et les maladies en ont enlevé autant que la guerre. Ces braves soldats dont la valeur faisait la gloire de la France, qui donnaient sans cesse de nouvelles preuves de leur énergie et de leur patience, qui soutenaient avec tant d'éclat l'honneur national, se voyaient délaissés dans leurs souffrances, et livrés sans secours à des maux qu'ils ne pouvaient plus supporter. Les entreprises étaient si vastes et si rapides que tout était sacrifié au désir d'en assurer le succès; nulle régularité dans le service des hôpitaux, dans l'approvisionnement des ambulances, la bonté française était insuffisante pour suppléer à cette négligence cruelle, et des levées d'hommes, qui autrefois auraient formé de grandes armées, disparaissaient ainsi sans prendre part aux combats.

« De là la nécessité de multiplier ces levées, de remplacer sans cesse par de nouvelles armées des armées presque anéanties. L'état des appels ordonnés depuis la fin de la campagne de Russie est effrayant.

11 janvier 1813.	350,000 hommes.
3 avril, gardes d'honneur.	10,000
Premier ban de gardes nationales.	80,000
Gardes nationales pour les côtes	90,000
24 août, armée d'Espagne.	30,000
9 octobre, conscription de 1814 et antérieures. .	120,000
Conscription de 1815.	160,000
15 novembre, rappel de l'an 11 à 1814.	300,000
Janvier 1813, offres de cavaliers équipés. . . .	17,000
1814, levées en masse organisées.	143,000
Total.	1,300,000

« Heureusement ces dernières levées n'ont pu être complétement exécutées; la guerre n'a pas eu le temps de moissonner tous ceux qui avaient rejoint les drapeaux; mais ce seul exposé des réquisitions exercées sur la population dans un intervalle de quatorze à quinze mois suffit pour faire comprendre ce qu'ont dû être depuis vingt-deux ans les pertes de la nation.

« Plusieurs causes concouraient cependant à réparer ces pertes : le sort des habitans des campagnes amélioré par la division des grandes propriétés, l'égalité de partage dans les successions, et la propagation de la vaccine, ont été sans doute les plus puissantes. C'est à la faveur de ces causes, et en exagérant leurs effets, qu'on a essayé de tromper la nation sur l'étendue de ses sacrifices : plus on enlevait d'hommes à la France, plus on s'efforçait de lui prouver qu'elle pouvait amplement suffire à cette effroyable destruction ; mais quand les tableaux qu'on lui présentait eussent été exacts, il en serait seulement résulté que le nombre des naissances devait faire voir avec indifférence le nombre des morts.

« On a été plus loin : on a voulu voir dans la conscription même la source d'un accroissement de population, source impure qui a introduit le désordre et l'immoralité dans les mariages, conclus avec précipitation et imprudence; de là une foule de ménages malheureux, d'unions ridicules ou indécentes : on a vu même des hommes du peuple, bientôt lassés d'un état qu'ils n'avaient embrassé que pour se soustraire à la conscription, se rejeter ensuite dans les dangers qu'ils avaient voulu éviter, et s'offrir comme remplaçans pour sortir de la misère qu'ils n'avaient pas prévue, ou rompre des liens si mal assortis.

« Comment n'a-t-on pas réfléchi que si la conscription, en multipliant ces mariages déplorables, avait pu accroître le nombre des naissances, elle eu-

levait annuellement à la France une grande partie de ces hommes déjà formés
qui constituent la véritable force d'une nation ? Les faits prouvent évidemment une conséquence si naturelle : la population au dessous de vingt ans
s'est accrue ; au delà de cette limite la diminution est prodigieuse et incontestable.

« Ainsi, tandis que le gouvernement attaquait les sources de la prospérité
nationale, il étalait avec orgueil les restes de cette prospérité qui ne cessait
de lutter contre ses fatales mesures ; il cherchait à déguiser le mal qu'il faisait
sous le bien qui se soutenait encore, et dont il n'était pas l'auteur. Maître
d'un pays où de longs travaux avaient amassé de grandes richesses, où la
civilisation avait fait les plus heureux progrès, où l'industrie et le commerce
avaient pris depuis soixante ans un essor prodigieux, il s'emparait de tous ces
fruits de l'activité de tant de générations et de l'expérience de tant de siècles,
tantôt pour les faire servir à ses funestes desseins, tantôt pour cacher les
tristes effets de son influence. Le simple exposé de l'état actuel du royaume
montrera constamment la prospérité nationale luttant contre un principe
destructeur sans cesse attaqué, souvent atteinte de coups terribles, et puisant
toujours en elle-même des ressources toujours insuffisantes.

MINISTÈRE DE L'INTÉRIEUR.

« L'agriculture a fait en France des progrès réels : ces progrès avaient
commencé long-temps avant la révolution ; depuis cette époque de nouvelles
causes en ont accéléré la marche, et ces causes auraient produit des effets
bien plus importans si des événemens funestes n'en avaient détruit ou diminué
l'influence.

« La propagation des bonnes méthodes de culture par les sociétés savantes,
la résidence d'une foule de riches propriétaires à la campagne, leurs essais,
leurs instructions, leurs exemples, enfin la création des écoles vétérinaires,
qui ont appris à préserver les animaux domestiques du désastre des épizooties,
amenaient dans les diverses branches de l'économie rurale les plus heureux
résultats ; mais les erreurs et les fautes du gouvernement apportaient au
développement de ces causes de continuels obstacles.

« Le système continental a causé aux propriétaires des vignobles des pertes
énormes : dans le midi de la France beaucoup de vignes ont été arrachées, et
le bas prix des vins et des eaux-de-vie a généralement découragé ce genre
de culture.

« La ferme expérimentale de Rambouillet, créée en 1786 par Louis XVI,
avait commencé l'introduction des mérinos en France : un grand nombre de
propriétaires avaient formé des entreprises semblables. En 1799 fut créée la
ferme de Perpignan, que suivirent quelques années après sept établissemens
du même genre. Le nombre des mérinos allait croissant ; nos races s'amélio-
raient chaque jour ; mais le chef du gouvernement, qui aurait voulu soumettre à son inquiète ambition la marche de la nature, se persuada que cette
amélioration n'était ni assez étendue ni assez rapide ; un décret du 8 mars 1811

ordonna la création de cinq cents dépôts de beliers mérinos, de deux cents beliers chacun, et assujétit les propriétaires de troupeaux particuliers à une inspection insupportable. Découragés par tant d'injonctions et de défenses, blessés de cette surveillance continuelle qui les gênait dans leurs affaires et dans le soin de leurs intérêts, les propriétaires renoncèrent bientôt à leurs bergeries; la race, au lieu de s'améliorer plus rapidement, ne tarda pas à se détériorer : les dépenses de la guerre mirent le gouvernement hors d'état de consacrer à ses propres bergeries des sommes suffisantes. Cette imprudente mesure a coûté à la France plus de 20,000,000 fr., qui auparavant étaient employés avec fruit à la propagation des mérinos et à l'amélioration des indigènes.

« Les établissemens de haras ont eu plus de succès. Formés d'abord par l'ancien gouvernement, ils avaient été détruits par la révolution, et n'ont été complétement rétablis qu'en 1806 : alors furent organisés six haras, trente dépôts d'étalons et des haras d'expérience. A la fin de 1813 ces établissemens renfermaient treize cent soixante-quatre étalons; mais dans le courant de cette même année quatre-vingt mille chevaux ont été requis sans ménagement et sans choix, et des états approximatifs évaluent la perte faite en chevaux depuis le 1er janvier 1812 à deux cent trente mille. Les remontes coûtaient en général au gouvernement de 400 à 460 fr. par cheval; ce qui porte la perte en argent à environ 105,200,000 fr.

« Les mines ont reçu en France une augmentation notable; notre territoire offre maintenant quatre cent soixante-dix-huit mines de toutes sortes en exploitation; ce qui emploie dix-sept mille ouvriers, et rapporte à la France un produit brut de 26,800,000 fr., et à l'état une redevance de 251,000 fr. Cette redevance était affectée au paiement de l'administration des mines, mais ce fonds spécial, qui se montait au 1er janvier dernier à 700,000 fr. a été employé par le gouvernement aux dépenses de la guerre, et tout le corps des mines a été privé d'appointemens. C'est au milieu de ces vexations continuelles, de cette législation changeante et tyrannique, de cet appauvrissement général que nos terres ont été cultivées, nos mines exploitées, nos troupeaux même en partie conservés et améliorés. Certes rien ne prouve mieux l'industrie de notre nation et ses heureuses dispositions pour le premier de tous les arts, que les progrès de son agriculture sous un gouvernement si oppressif. C'est peu d'avoir fatigué le laboureur de cette tyrannie active qui pénétrait jusqu'à sa dernière chaumière; de lui avoir enlevé ses bras, ses capitaux; de l'avoir condamné à racheter ses enfans pour les lui ravir encore; des réquisitions, qu'on peut appeler la plus savante découverte du despotisme, lui ont enlevé à la fois tous les fruits de son labeur. La postérité croira-t-elle que nous avons vu un homme s'ériger en maître absolu de nos propriétés et de nos subsistances, nous condamner à les porter dans les lieux où il daignait nous les ravir; toute la population sortie de ses foyers avec ses bœufs, ses chevaux, ses greniers, pour livrer sa fortune et ses ressources à ce maître nouveau? Heureux encore lorsque ses agens n'ajoutaient pas à nos misères un trafic infâme! Mais jetons le voile sur ces indignités, et oublions les excès de la tyrannie pour admirer les dons que nous a faits l'auteur de la nature. Quelle autre terre aurait pu résister à tant de calamités? Mais telle est la supériorité de notre sol et l'industrie de nos cultivateurs, que l'agriculture sortira avec éclat de ses ruines, et doit se montrer plus brillante que jamais sous le régime paternel qui est venu finir ses misères.

« L'industrie manufacturière a besoin de retrouver la même liberté. La mécanique et la chimie, enrichies d'une foule de découvertes, et habilement appliquées aux arts, lui avaient fait faire des progrès rapides. Le système continental, en forçant les manufacturiers à chercher sur notre territoire des ressources jusque là inconnues, a amené quelques résultats utiles; mais les obstacles qu'il a opposés à l'entrée d'un grand nombre de matières premières, et le défaut de concurrence qui en a été la suite, ont élevé hors de mesure le prix de la plupart des denrées de fabrication française, et porté ainsi une atteinte funeste aux droits et intérêts des consommateurs. Quelques uns de ces obstacles sont déjà levés : des lois raisonnables sur l'importation et l'exportation concilieront désormais les intérêts des consommateurs et ceux des manufacturiers; intérêts qui ne sont opposés que lorsque les prétentions sont exagérées de part ou d'autre.

« Si l'on en croit les rapports des fabricans, les manufactures de coton occupent maintenant 400,000 ouvriers, et un capital de 100,000,000 fr. Les manufactures de Rouen ont déjà repris une grande activité.

« Les fabriques de toiles de Laval et de Bretagne ont beaucoup souffert par la guerre avec l'Espagne, où elles trouvaient leur principal débouché.

« Les fabriques de soie ont éprouvé le même sort. L'Espagne était la route par laquelle leurs produits passaient en Amérique et aux colonies : les fabricans ont reporté leur activité vers le nord de l'Europe; mais cette ressource leur a bientôt été ravie : l'Italie seule leur est restée. Il est vrai que notre consommation intérieure en étoffes de soie s'est accrue; mais que ne gagnerons-nous pas à la liberté des communications avec l'Europe entière, nous dont la supériorité dans ce genre de fabrication est si incontestable!

« En 1787 la fabrique de Lyon avait jusqu'à quinze mille métiers en activité; pendant la dernière guerre ce nombre a été réduit à huit mille. Déjà la fabrique se relève, et la ville de Lyon a reçu des commandes très considérables.

« Les manufactures de draps, de cuirs, etc., ont également souffert de l'interdiction des communications avec l'étranger. En général l'industrie n'a cessé de lutter contre la funeste influence du système continental et des lois qui y étaient associées : ses tentatives n'ont pas toujours été infructueuses, mais elles ont prouvé en même temps l'absurdité de ce système. Si, au lieu de se consumer en efforts continuels pour atténuer les effets de mauvaises lois, cette industrie avait pu déployer librement ses forces, que n'aurait-on pas dû en attendre! Et que ne pourra-t-on pas en espérer dès que les lois, au lieu de lui imposer des chaînes, ne feront que lui prêter des appuis!

COMMERCE.

« Les lois prohibitives ont fait encore plus de mal au commerce qu'à l'industrie. Si la difficulté des communications extérieures rétrécissait le marché de nos manufacturiers, du moins dans celui qui leur restait ouvert leurs denrées n'avaient-elles pas à craindre la concurrence des denrées étrangères; et si ce défaut de concurrence nuisait aux intérêts des consommateurs, du moins une certaine classe de citoyens était-elle appelée à en profiter.

« Mais le commerce a besoin d'un champ plus vaste et plus libre : réduit à des spéculations étroites et peu avantageuses, dès qu'il essayait de les étendre, il se trouvait livré aux incertitudes d'un gouvernement qui voulait le soumettre à ses caprices et à ses calculs. Le système des licences a ruiné ou découragé un grand nombre de négocians, en les abusant par des espérances que détruisait en un instant la volonté qui les avait fait naître. Des spéculations nécessairement hasardeuses ont besoin que la stabilité des lois prête son secours à la prévoyance des hommes; et ce passage brusque et continuel du régime des licences au régime absolument prohibitif a causé au commerce des pertes immenses. Quelle tranquillité pouvaient avoir d'ailleurs des négocians qui voyaient dans leur gouvernement un rival aussi avide que puissant, et toujours attentif à se réserver l'exploitation exclusive du domaine qu'il leur interdisait? Une longue paix et des lois stables et libérales rendront seules aux commerçans assez de confiance pour qu'ils puissent se livrer sans crainte à leurs utiles travaux.

« Telle est en abrégé la situation actuelle de l'activité agricole, industrielle et commerciale de la nation. Cette activité, qui n'avait besoin que de liberté et d'encouragement, a été sans cesse entravée et ralentie par l'influence d'un gouvernement qui, en voulant tout maîtriser ou tout faire, détruisait d'avance le bien qu'il prétendait protéger.

« Si nous passons de là aux objets dépendans du ministère de l'intérieur, qui tenaient immédiatement au gouvernement lui-même, et sur lesquels il exerçait une action directe, leur situation paraîtra encore plus déplorable.

ADMINISTRATION GÉNÉRALE DE L'INTÉRIEUR.

« Le budget du ministre de l'intérieur, c'est-à-dire la réunion de tous les fonds affectés aux différens services de ce ministère, s'élevaient :

« En 1811, à . . . . 143,000,000 fr.
« En 1812, à 150,000,000
« En 1813, à 140,000,000

« Le trésor public n'a jamais contribué à cette masse de fonds que pour 58, 59 ou 60,000,000 fr.; le surplus provenait de droits et prélèvemens spéciaux établis pour subvenir à telles ou telles dépenses qui étaient successivement rejetées du budget de l'état, ou que nécessitaient des besoins nouveaux qui n'avaient pas été prévus dans ce budget.

« Lors du gouvernement consulaire, presque toutes les dépenses des ministères entraient, comme cela doit être, dans les états généraux des budgets de l'état, soumis au corps législatif ; mais lorsqu'on eut entrepris des guerres ruineuses il devint si difficile de subvenir à ces dépenses, malgré l'énorme augmentation des contributions, que les ministres, et principalement celui de l'intérieur, n'eurent d'autre ressource que de proposer des taxes, des centimes additionnels ou perceptions spéciales, à l'effet de couvrir des dépenses auxquelles ne suffisaient plus les crédits qui leur étaient accordés sur les fonds généraux de l'état.

« Par ce moyen les départemens et les communes, après avoir payé les contributions ordinaires, n'obtenaient presque rien dans la répartition du produit général de ces contributions, et se trouvaient encore réimposés en centimes additionnels pour les routes, prisons, canaux, casernes, frais d'administration, tribunaux, bâtimens, service du culte, dépôts de mendicité, secours, etc. C'est ainsi que les départemens ont été conduits à payer, terme moyen, 45 centimes par franc ; quelques uns même ont été taxés à 62 et jusqu'à 72 centimes additionnels.

« Un tableau du produit annuel de ces contributions extraordinaires, en n'y comprenant même que ce qui a été régulièrement consenti par le gouvernement, en fera connaître l'étendue.

« Bien que ces fonds spéciaux fussent exclusivement affectés au paiement des dépenses qui les avaient fait établir, le trésor ne les délivrait pas toujours à l'ordonnateur selon ses besoins ; ainsi une grande partie de ces produits, versée à la caisse du trésor public et à la caisse d'amortissement pour le compte du ministère de l'intérieur, se trouve perdue par l'épuisement de ces caisses : on peut évaluer à 60,000,000 fr. ce qui est ainsi enlevé aux dépenses de l'administration intérieure sur les deux exercices de 1812 et 1813. Ainsi les provinces, appauvries par ces charges additionnelles, ne jouiront que d'une faible partie des établissemens, constructions et autres travaux utiles dont l'espérance avait pu du moins alléger le poids de leurs sacrifices.

ADMINISTRATION DES COMMUNES ET HOSPICES.

Communes.

« Le désir de connaître et de surveiller tous les revenus de la France pour s'en emparer un jour, a été la principale cause du mode adopté pour l'administration des biens des communes. Par un arrêté du 4 thermidor an x, les communes furent divisées en deux classes : dans la première on plaça celles dont les revenus s'élevaient au-dessus de 20,000 francs ; dans la seconde, celles dont les revenus étaient inférieurs à cette somme : des budgets où tous les revenus étaient bien établis, où toutes les dépenses étaient déterminées d'avance, étaient soumis par les communes de première classe au ministre de l'intérieur, par celles de seconde classe aux préfets.

« Un nouvel arrêté obligea toutes les communes dont les revenus s'élevaient au-dessus de 10,000 francs à faire régler leurs budgets par le gouvernement : de là naquirent des retards, souvent funestes, dans la marche de l'administration municipale. Les charges nouvelles sans cesse imposées aux communes multipliaient encore les affaires ; de simples travaux d'entretien qui s'élevaient au-dessus de 3oo francs nécessitaient des devis particuliers qui devaient être vérifiés et approuvés par le ministre. Ainsi ce mode d'administration, qui, adopté avec mesure et resserré dans de justes limites, aurait eu l'avantage d'introduire dans l'administration municipale plus de régularité et d'exactitude, a entraîné dans cette administration des lenteurs interminables, et en a souvent paralysé les ressorts.

« D'ailleurs les budgets des communes, qui aura'ent dû se borner aux dépenses vraiment municipales, ont été successivement chargés de dépenses qui auraient du être prélevées sur les fonds généraux de l'état, ou sur les fonds départementaux ; telles sont les allocations des commissaires de police, les bâtimens et lits militaires, les dépôts de mendicité, les prisons, etc. De là est résultée une augmentation des tarifs de l'octroi qui en a rendu la perception vexatoire ; le taux moyen des octrois s'élève à 7 francs 24 centimes par tête d'habitant, et dans quelques villes il a été porté à 17 francs 37 centimes.

« Enfin le décret du 30 mars 1813 ordonna la vente de tous les biens affermés que possédaient les communes ; il importe beaucoup de liquider la rente annuelle qui doit leur être payée en raison du produit de ces ventes, afin qu'elles retrouvent du moins le revenu des biens qu'elles ont perdus.

« Quand cette rente sera exactement payée ; quand les communes ne seront plus surchargées d'une foule de dépenses qui doivent être à la charge du trésor public ; quand une administration à la fois régulière et prompte leur aura rendu plus d'activité en leur laissant plus de liberté ; quand la confiance dans un gouvernement équitable aura guéri les citoyens de la crainte de se voir enlever des fonds dont l'emploi devait leur appartenir, la fortune communale ne tardera pas à renaître, et les communes se soumettront sans peine à une surveillance sans laquelle leurs finances retomberaient dans le désordre où elles ont été pendant la révolution.

Hospices.

« L'administration des hospices est dans une situation encore plus fâcheuse. Cette administration avait cependant reçu depuis 1789 des améliorations de la plus grande importance, soit dans l'emploi des fonds, soit dans le régime intérieur ; mais déjà en 1811 l'état des finances empêcha le gouvernement d'assigner à ce service les sommes qui devaient y être consacrés ; le décret du 19 janvier 1811 n'accorda que 4,000,000 pour la dépense des enfans trouvés de tout le royaume, dépense qui s'élève annuellement à 9,000,000. Les hospices de Paris avaient déjà, au commencement de 1813, un déficit présumé de 210,000 francs, et ce déficit s'est prodigieusement accru depuis cette époque par le placement des malades militaires dans les hôpitaux civils, et le non paiement des journées de ces malades. Le ministère de la guerre doit aux hôpitaux de Paris, pour ce seul objet, une somme de de 1,395,365 francs 60 centimes. Les magasins, les pharmacies, etc., sont épuisés; les fonds de réserve des établissemens en meubles, linges, etc., sont usés ou perdus; la valeur de ces pertes n'a pu être encore calculée, mais elle s'élève à plusieurs millions.

TRAVAUX PUBLICS.

« Après ce tableau de l'administration générale, les travaux publics doivent fixer notre attention. De grandes entreprises ont été formées; quelques unes par des motifs de véritable utilité, beaucoup d'autres par ostentation, ou dans des vues où n'entraient pour rien le bonheur de la France. Tandis que des routes magnifiques s'ouvraient sur nos frontières, les routes de l'intérieur étaient négligées; et les chemins vicinaux, abandonnés aux communes, qui n'avaient pas assez de fonds pour les entretenir, se sont détériorés. Les fonds spéciaux votés par les départemens pour les travaux des routes ont été détournés de leur usage; 15,500,000 francs déposés à cet effet à la caisse d'amortissement en ont été détournés; un arriéré de plus de 28,000,000 existe aux ponts et chaussées, et cependant cette administration se trouvera chargée de tous les travaux extraordinaires qu'occasionneront les désastres de la dernière campagne : trente ponts ont été rompus ou brûlés; une réparation provisoire, et seulement en bois, coûtera 1,800,000 francs. On ne peut connaître encore l'étendue des dégradations qu'ont essuyées les routes, et le montant des sommes qu'il faudra y consacrer pour les remettre en état, mais on peut assurer d'avance que cette dépense sera très considérable.

« Les canaux sont en meilleur état, mais les travaux qui y ont été entrepris ne sont point terminés. Le canal de jonction du Rhône au Rhin a déjà coûté 12,000,000, il en faut encore 5 pour en finir les réparations; cette entreprise et celle du canal de Saint-Quentin méritent des éloges. Le canal de l'Ourcq, entrepris sur un plan trop dispendieux, exige encore une dépense d'au moins 18,000,000.

« Les travaux de Paris ont été l'objet particulier des soins du gouvernement, parce qu'il y trouvait un moyen d'étaler une grande magnificence et de se rendre populaire. Quelques uns de ces travaux, comme les cinq abattoirs, la halle aux vins et les marchés, seront véritablement utiles. La dépense des abattoirs seuls était évaluée à 12,800,000 francs; il a déjà été payé 7,680,000 francs; il reste donc encore à payer, pour les terminer, 5,120,000 francs. Quant aux marchés, il ne faut plus que 1,200,000 francs pour les finir.

« D'autres travaux destinés à l'embellissement de la capitale n'offrent que des avantages moins directs : ils ne doivent pas cependant être tous abandonnés. La dépense totale en a été évaluée à 53,510,000 francs; la dépense déjà faite est de 24,191,000 francs, sur lesquels on doit encore 2,000,000 : la dépense qui reste à faire, y compris cette dette, est donc encore de 31,319,000 francs. A la vérité une partie de cette dépense doit être supprimée ou peut être ajournée.

« Le trésor public ne concourait presque jamais à ces immenses entreprises; les bienfaits du gouvernement se réduisaient à autoriser les départemens à s'imposer des centimes additionnels pour fournir aux constructions décrétées. Quand il leur permettait des supplémens, ces supplémens n'étaient pas pris sur les fonds généraux de l'état; ils étaient dérobés aux communes sur leurs coupes extraordinaires de bois, ou sur leurs fonds libres déposés à la caisse d'amortissement. C'est ainsi que 11,000,000 ont été fournis pour les prisons, et 5,000,000 pour les dépôts de mendicité : cette institution des dépôts de mendicité exigera encore, pour être complétée, une dépense d'environ 8,800,000.

« On voit, d'après cet exposé rapide et nécessairement incomplet, quelle est la situation du ministère de l'intérieur considéré dans ses diverses attributions. L'arriéré de ce ministère ne peut encore être évalué avec exactitude; les renseignemens demandés aux préfets ne sont pas tous arrivés : une estimation générale fixe cet arriéré entre 40 et 50,000,000. Les entreprises commencées et maintenant suspendues exigeraient pour être terminées une somme encore plus considérable. De grandes réformes ont déjà été faites, on en verra la preuve dans le budget proposé pour cette année; mais leur effet ne peut se faire encore sentir; et telle est notre situation, que les funestes conséquences des opérations du dernier gouvernement se développent maintenant dans toute leur étendue, tandis que les résultats salutaires des opérations nouvelles tarderont encore long-temps à se manifester.

MINISTÈRE DE LA GUERRE.

« Nous ne pouvons présenter sur le ministère de la guerre que des résultats approximatifs dont l'exactitude ne saurait être garantie. Là était le principe du mal; de là est venu le désordre qui s'est étendu à toutes les parties de l'administration : on sent que ce désordre devait être plus grand encore dans le ministère qui en était pour ainsi dire le centre et le foyer. Les désastres des trois dernières campagnes ont plongé dans le cahos cette administration, déjà si compliquée : des commissaires liquidateurs ont été chargés d'examiner les pertes faites dans ces campagnes, et les dettes qui en sont résultées; mais tous les matériaux nécessaires à ce travail ne sont pas encore retrouvés, et l'on ne peut y suppléer que par des évaluations plus ou moins incertaines.

« L'état de la force armée de terre que possédait la France au mois de mai dernier s'élevait à plus de cinq cent vingt mille hommes, en y comprenant la gendarmerie, les vétérans, les invalides, et les canonniers gardes-côtes; indépendamment de cette force, il existe cent vingt-deux mille cinq cent quatre-vingt-dix-sept militaires de tout grade jouissant de la solde de retraite ou du traitement de réforme.

« Cent soixante mille prisonniers nous reviennent de Prusse, d'Autriche, d'Angleterre et de Russie.

« L'état-major de l'armée, y compris le corps des ingénieurs-géographes, des inspecteurs aux revues et des commissaires des guerres, se compose de dix-huit cent soixante-quatorze individus.

« La solde d'activité de la masse d'ordinaire, des supplémens d'étape et des indemnités de tout genre, devait s'élever pour 1814 à   202,000,000 fr.

« Les soldes de retraite et traitemens de réforme devaient coûter. . . . . , . . 34,000,000

Total. 236,000,000

« La guerre de 1812 et 1813 a détruit, en effets d'artillerie et d'approvisionnemens de guerre de tout genre, un capital de 250,000,000.

« Depuis 1814 l'entretien des places de guerre de l'ancienne France a coûté 55,000,000, et celui des places de guerre situées dans les pays auxquels la France renonce aujourd'hui s'est élevé à 115,000,000.

« En résumé, le budget du ministère de la guerre proprement dit avait été fixé pour tous les services réunis, pendant l'exercice de 1814, à 360,000,000.

« On sait que depuis quelques années ce ministère était divisé en deux parties, le ministère de la guerre et celui de l'administration de la guerre. Les dépenses de ce dernier ministère ont été portées,

En 1812, à. 238,000,000
En 1813, à. 374,000,000
En 1814, elles devaient s'élever à. 380,000,000

« Ce qui aurait fait pour l'année 1814, entre les deux ministères de la guerre, une dépense de 740,000,000.

« Aussi l'arriéré de ces deux ministères est-il énorme; celui du ministère de la guerre se monte, d'après les états présentés, à. 104,000,000

« Et celui de l'administration de la guerre à. 157,000,000

Total. 261,000,000

« Mais ces états ne sont point complets; les créances dont ils se composent ne sont liquidées qu'en partie: l'arriéré des armées pendant les années 1811, 1812, 1813 et 1814 est encore inconnu. Enfin on n'y a pas compris plus de 100,000,000 qui ont été ordonnancés par les deux ministères, que par conséquent ils ne comptent plus dans leur dette, mais que le trésor n'a pu payer.

« Ajoutons qu'il faut aussi comprendre dans les dépenses occasionées par la guerre ces réquisitions dont nous avons déjà parlé, et plusieurs autres objets qui, pour n'avoir pas été à la charge du trésor, n'ont pas moins pesé sur la nation: telle a été la dépense des gardes d'honneur et des offres de cavaliers montés et équipés, dépense qui s'est élevée pour les départemens de l'ancienne France à 15,611,041 francs.

MINISTÈRE DE LA MARINE.

« La marine militaire s'est successivement affaiblie par les moyens mêmes qui depuis quatorze ans ont été employés pour lui donner l'apparence de la force.

« Faire sur toutes les côtes l'étalage d'une puissance factice, paraître méditer des projets gigantesques, tandis que les moyens dans leur exagération même étaient insuffisans; ne voir dans les hommes de mer que des recrues éventuelles pour l'armée de terre, voilà le système constamment suivi par le gouvernement qui vient de finir, système qui a amené l'anéantissement de la population maritime et l'entier épuisement de nos arsenaux. Les représentations des hommes les plus sensés, des marins les plus expérimentés, l'évidence matérielle même, furent toujours vaines pour arrêter ces folles entreprises, ces mesures violentes, qui appartenaient à un plan de domination oppressive dans toutes ses parties.

« C'est ainsi qu'en 1804 on annonça fastueusement le projet d'une descente en Angleterre. Aussitôt un port où l'on ne devait jamais voir que des barques de pêche et des paquebots est converti en un vaste arsenal maritime; on fait des travaux hydrauliques immenses sur une plage que les vents et les marées couvrent sans cesse de sable; on élève à de grands frais des forts, des batteries, des ateliers, des magasins; des milliers de bâtimens sont mis en construction, sont achetés sur toutes les côtes de l'Océan, dans l'intérieur des rivières, sans considérer s'ils pourront parvenir au lieu marqué pour leur réunion; Paris même voit dans ses murs se former un chantier naval; les bois, les approvisionnemens les plus précieux sont consacrés à construire, à armer ces bateaux de différentes espèces, qui n'avaient pas même l'avantage de convenir à leur destination; et que reste-t-il aujourd'hui de tous ces armemens? des débris de quelques barques, de déplorables comptes qui attestent que, pour créer et voir détruire successivement cette flotille monstrueuse, plus de 150,000,000 ont été sacrifiés depuis 1803 jusqu'à ce jour.

« Tout ce que le talent des ingénieurs, la persévérance courageuse des marins pouvaient faire, on l'avait obtenu sur l'Escaut; en peu de temps une escadre nombreuse navigue facilement sur un fleuve que l'on croyait inaccessible à de grands bâtimens de guerre; de nombreux équipages formés par les soins d'un amiral habile secondent quand il faut les opérations de l'armée de terre, et tout récemment on les a vus défendre avec une rare bravoure l'arsenal d'où leur flotte était sortie.

« Mais ce genre de succès ne suffit pas à l'orgueil de la puissance; c'est l'espoir de vaincre la nature qui peut seul le flatter, et aussitôt les bords de l'Escaut se couvrent de chantiers que toutes les forêts voisines n'auraient pu alimenter si l'activité de ces constructions eût dû se prolonger. C'est en vain que l'on représente qu'il peut suffire d'un hiver rigoureux pour changer le gisement des bancs et fermer les passes que des vaisseaux de premier rang auraient à franchir; que chaque année, à l'approche des glaces, les équipages viennent se renfermer dans des bassins où ils perdent en peu de mois ce que leurs officiers leur ont si péniblement enseigné pendant la belle saison : rien n'est écouté, et les trésors de la France sont prodigués pour parvenir à un but qu'il était impossible d'atteindre.

« L'expérience constate que l'emploi des approvisionnemens n'est jamais plus économique et mieux surveillé que lorsque l'on concentre sur un seul point les plus grandes et les plus petites constructions ; mais il faut en imposer, et sous prétexte de procurer du travail aux ouvriers marins, de mettre en œuvre les bois existans sur les lieux, on entreprend des constructions dans des ports envasés, sans rade, sans mouillage sûr et protégé, exposés pendant l'hiver à l'effet des débacles, ou dont l'entrée est fermée par une barre difficile à franchir.

« De là des états-majors nombreux et une administration considérable et dispendieuse.

« Les grands travaux exécutés à Cherbourg avec tant de succès, la belle escadre de Toulon, présentent seuls des résultats utiles.

« Tous nos arsenaux sont entièrement démunis : on a dissipé cet immense mobilier naval que Louis XVI avait soigneusement fait préparer lors de la paix de 1783, et depuis quinze ans la France a perdu en expéditions mal conçues, mal combinées, quarante-trois vaisseaux, quatre-vingt-deux frégates, soixante-seize corvettes, et soixante-deux bâtimens de transports, que l'on ne remplacerait pas avec 200,000,000.

« Le port de Brest, le plus beau, le meilleur peut-être de l'Europe, où des flottes immenses peuvent être réunies en sûreté, où il existe de vastes et magnifiques établissemens, a été entièrement délaissé.

« Si les arsenaux sont épuisés et sans munitions, les vaisseaux sont encore plus dépourvus de véritables hommes de mer.

« La perte de nos colonies, les mesures arbitraires qui tourmentaient sans cesse le commerce, les vexations exercées sur les pêcheurs, la longue durée de la guerre, les revers éprouvés par nos flottes, auraient suffi pour anéantir la population maritime ; mais, par une autre cause encore, le dernier gouvernement en avait pour ainsi dire prononcé la perte absolue.

« Nos équipages, que l'extinction de la race des gens de mer ne permettait plus de recruter qu'avec des conscrits, ont reçu l'organisation des régimens de ligne, et l'on a vu plusieurs de ces équipages courir de leurs vaisseaux dans les champs de l'Allemagne et dans les montagnes des Asturies : commandés par des chefs valeureux, ils ont concouru à soutenir l'éclat des armes françaises, mais ils perdaient dans les camps toutes les habitudes de la mer.

« Cette double gloire avait dû séduire beaucoup d'officiers de la marine ; le désir d'avoir toujours avec eux les mêmes compagnons leur semblait se justifier par l'espérance d'une plus forte discipline ; mais il échappait à ces officiers que la guerre ne pouvait pas être perpétuelle ; qu'en temps de paix l'état ne pouvait garder sous son pavillon cette foule de matelots-soldats ; que ce régime était exclusivement opposé aux goûts et aux usages des marins; qu'il tendait surtout à les retenir dans un célibat funeste pour la marine et pour le royaume.

« Il importe donc de faire cesser un régime qui présente aussi le grave inconvénient de faire trop reposer les intérêts pécuniaires du matelot entre les mains de ses officiers, pour lesquels rien ne doit altérer son respect et sa confiance.

« Le tableau ci-joint fera connaître l'état actuel de nos forces navales (1).

« La dette totale de la marine se monte à 61,300,000 francs.

MINISTÈRE DES FINANCES.

« L'exposé de la situation du ministère des finances doit offrir l'explication de celle de tous les autres ministères; mais ici se concentrent les réslutats : avant de les faire connaître il importe d'expliquer de quelle manière l'ancien gouvernement était parvenu à les cacher.

« Au premier coup d'œil le système de finances de l'ancien gouvernement se présente avec une apparence d'ordre et d'exactitude.

« Avant le commencement de chaque année le ministre des finances devait réunir les demandes des ministres pour les dépenses de l'année, et en former le budget des dépenses.

« Il devait également former par aperçu l'état du produit des impôts et revenus, et en déduire le budget des recettes.

« Ces deux tableaux, mis en balance, composaient le budget général de l'état, et semblaient promettre qu'on pourrait pourvoir aux dépenses de tous les services en réalisant tous les revenus.

« Mais cet équilibre n'était que fictif, et le budget, soit des recettes, soit des dépenses, était altéré par une foule d'inexactitudes et même de faussetés.

« Les fonds dits spéciaux, objet de plus de 100,000,000 par an, n'étaient pas compris dans le budget; beaucoup de dépenses extraordinaires n'étaient portées à aucun ministère.

« Les dépenses de la guerre étaient calculées sur un effectif très inférieur à l'effectif réel; une ou plusieurs conscriptions étaient levées, des remontes, des approvisionnemens et des travaux étaient ordonnés dans le cours d'une année sans que les crédits fussent augmentés proportionnellement. Les crédits devenaient donc nécessairement insuffisans, et un arriéré considérable se formait et s'accroissait chaque jour.

« La plupart des produits présumés portés au budget étaient de plus ou éventuels, ou exagérés; on ne pouvait les réaliser, ou l'on obtenait qu'une somme inférieure à leur évaluation. Ainsi les budgets de 1812 et 1813 offrent encore un déficit de 312,032,000 francs.

---

(1) Il résultait de ce tableau que, sans y comprendre les bâtimens non armés, en réparation ou en construction, la France possédait au 1er avril 1814, soit en mer, armés ou en armement : 1° deux cent quarante-deux bâtimens, dont *vingt-neuf vaisseaux;* le reste en frégates, corvettes, bricks, flûtes, etc.; 2° les *deux tiers* des forces navales conservées dans le port d'Anvers, et comprenant dix-sept bâtimens, dont *dix vaisseaux.* (Ces deux tiers lui étaient accordés par le traité du 30 mai 1814.)

« Le chef du gouvernement n'ignorait pas ces déficits ; mais il espérait toujours les combler, soit par ces tributs de l'étranger que lui avaient valu ses premières campagnes, soit en puisant des ressources dans les fonds spéciaux, dans le domaine extraordinaire, dans la caisse d'amortissement, dans la caisse de service, etc. C'est ainsi que presque tous ces fonds, qui n'étaient pas destinés aux dépenses de la guerre, y ont été employés, et de là est né dans les finances un arriéré considérable, dont nous allons faire connaître l'étendue.

1° Il a été enlevé aux fonds spéciaux, et employé aux dépenses du budget, une somme de. . . . .   53,580,000 fr.

2° Il a été prélevé sur les caisses du domaine et de la couronne.   236,550,000

3° La caisse de service et celle du trésor ont avancé et consommé   162,014,000

4° Il a été détourné de la caisse d'amortissement, et employé aux dépenses   275,825,000

5° Il faut ajouter à ces sommes l'arriéré existant dans les dépenses à la charge particulière du ministère des finances, puisque le paiement n'en a été refusé ou retardé que parce que les fonds en avaient été employés à d'autres dépenses ; cet arriéré, en y comprenant 12,000,000 dus pour la solde de retraite, est de.   77,500,000

Ainsi le total des anticipations, ou fonds détournés et dévorés à l'avance par l'ancien gouvernement, est de. . .   805,469,000

« Ajoutons maintenant à cette somme l'arriéré des divers ministères, que l'on ne connaît pas encore avec exactitude, mais que l'on ne peut guère évaluer à moins de 500,000,000, en y comprenant 150,000,000 ordonnancés par ces ministères dans les premiers mois de 1814, mais non acquittés par le trésor, la somme totale des anticipations et de cet arriéré s'élèvera à 1,305,469,000 francs.

« Si l'on y ajoute enfin la création de 17,000,000 de rentes perpétuelles, représentant un capital de 340,000,000, dont la moitié à la vérité a été employée au paiement des dettes antérieures à l'an 8, on aura pour montant de l'accroissement des dettes de l'état, pendant le cours de treize années, la somme d'un milliard six cent quarante-cinq millions quatre cent soixante-neuf mille francs, ci. . . . .   1,645,469,000 francs.

« Ce calcul est effrayant sans doute ; il ne faut cependant pas en considérer les résultats comme un mal sans remède. Le ministre des finances vous expliquera quelles sont les sommes immédiatement exigibles, celles qui ne peuvent être exigées qu'à des époques encore éloignées, et celles qui doivent se résoudre en une simple charge d'intérêts. Pour nous, appelés uniquement à vous présenter l'exposé de la situation actuelle du royaume, nous avons dû nous renfermer dans cette pénible tâche : nous n'avons rien dissimulé ; les tableaux ci-joints renferment le détail et la preuve des faits que nous vous avons sommairement rapportés. Ces détails vous montreront à la fois le mal et l'espoir de la guérison ; vous y verrez quelle force de vie toujours agissante a constamment soutenu et renouvelé la France au milieu de ses pertes, quelles ressources ont lutté sans relâche contre des désastres toujours renaissans ; vous vous étonnerez de voir si fertiles et si bien cultivées ces campagnes si long-temps exposées à tous les genres de dévastation. Effrayés de la dette du gouvernement, vous apercevrez d'un autre côté entre les mains des particuliers de nombreux capitaux prêts à se verser dans des entreprises utiles. Loin de désespérer alors de la prospérité nationale, en considérant tout ce qu'a souffert la France, et tout ce qu'elle a supporté, vous jugerez tout ce qu'elle doit se promettre d'elle-même sous un gouvernement dont elle n'aura plus qu'à seconder les bienfaisantes intentions.

« Mais les soins de ce gouvernement ne se borneront pas au rétablissement d'une prospérité purement matérielle ; d'autres sources de bonheur et de gloire ont été cruellement attaquées. La morale, comme la richesse publique, ne saurait échapper à l'influence funeste d'un mauvais gouvernement. Celui qui vient de finir a comblé dans ce genre les maux qu'avait causés la révolution : il n'a rétabli la religion que pour en faire un instrument à son usage ; l'instruction publique, soumise à la même dépendance, n'a pu répondre aux efforts du corps respectable qui la dirige ; ces efforts ont été sans cesse contrariés par un despotisme qui voulait dominer tous les esprits, pour asservir sans obstacle toutes les existences ; l'éducation nationale a besoin de reprendre une tendance plus libérale, pour se maintenir au niveau des lumières de l'Europe, en revenant à des principes trop long-temps oubliés parmi nous.

« Que ne peut-on rendre aussi tout d'un coup à la France ces habitudes morales et cet esprit public que de cruels malheurs et une longue oppression y ont presque anéantis ! Les sentimens nobles ont été comprimés, les idées généreuses ont été étouffées. Non content de condamner à l'inaction les vertus qu'il redoutait, le gouvernement a excité et fomenté les passions qui pouvaient le servir ; pour éteindre l'esprit public il a appelé à son aide l'intérêt personnel ; il a offert ses faveurs à l'ambition pour faire taire la conscience ; il n'a plus laissé d'autre état que celui de le servir, d'autre espérance que celle qu'il pouvait seul réaliser ; aucune ambition n'était indiscrète, aucune prétention ne semblait exagérée : de là cette continuelle agitation de tous les intérêts et de tous les désirs ; de là cette instabilité dans les situations qui ne laissait presque à personne les vertus de son état, parce que chacun ne songeait qu'à en sortir ; de là enfin des attaques sans cesse livrées à tous les genres de probités par des séductions dont les caractères les plus généreux pouvaient à peine se défendre.

« Ce sont les tristes effets de ce système corrupteur que nous avons aujourd'hui à combattre. Ne nous en dissimulons pas l'étendue ; il est des époques où les peuples, comme les rois, ont besoin d'entendre la vérité, dût-elle même paraître triste et sévère : nous n'avons pas craint de vous la dire. Les embarras du moment sont pénibles, les difficultés sont grandes; il y aura beaucoup à attendre du temps; la nation sentira que le concours de son zèle est nécessaire pour hâter le retour de son propre bonheur; sa confiance dans les intentions de son roi, les lumières et la sagesse des deux Chambres, rendront la tâche du gouvernement moins longue et plus légère. Si quelque chose pouvait empêcher que ces espérances se réalisassent promptement, ce serait cette turbulence inquiète qui veut jouir sans retard des biens qu'elle entrevoit; mais votre prudence saura nous en préserver. Si les impôts n'étaient pas payés les dettes s'accroîtraient, et l'insuffisance des ressources ne permettrait pas de diminuer les contributions. Si l'union générale ne secondait pas les vues bienfaisantes de notre roi, des entreprises utiles seraient arrêtées, d'importantes améliorations seraient suspendues, et l'impossibilité de faire le bien accroîtrait le mal déjà fait.

« En regrettant les biens qui doivent encore se faire attendre, jouissons de ceux qui nous sont offerts. Déjà la paix rouvre nos ports; la liberté ramène le négociant à ses spéculations et l'ouvrier à ses travaux; un principe de vie circule dans tous les membres du corps politique; chacun voit la fin de ses maux et entrevoit ses heureuses destinées. Pourrions-nous être indifférens à ce repos de l'avenir après avoir vécu si long-temps de tourmens et d'inquiétudes! Vous n'y serez point insensibles, messieurs; le roi se confie également à ses peuples et à leurs députés, et la France attend tout de leur généreux accord. Quelle circonstance plus heureuse que celle d'une assemblée qui a si bien mérité de la patrie, et d'un roi qui veut en être le père! Jouissez, messieurs, de cette heureuse réunion; voyez ce que la France en espère, ce que vous avez déjà fait pour elle : que ces heureux commencemens vous encouragent dans votre carrière, et que la reconnaissance de nos derniers neveux soit à la fois votre émulation, votre gloire et votre récompense! »

— Ce rapport sur la situation de la France doit être considéré comme un document historique de la plus grande importance. L'immense partie des assertions qu'il contient sont incontestables. Cependant il est à regretter qu'elles soient trop souvent empreintes de partialité et d'esprit de parti; car si la France eut à gémir du despotisme et de l'ambition de Bonaparte, il ne faut pas moins lui tenir compte de ce qu'il a fait de bien. Cet homme extraordinaire était en effet un grand chef d'empire. La critique amère que fait M. l'abbé de Montesquiou de l'ancien gouvernement doit être considérée comme un engagement formel de remédier aux maux dont il vient de retracer le triste tableau, et comme le présage assuré d'une foule d'améliorations. Mais ces vœux de nos rois et l'espoir de la France ne se réaliseront que faiblement. Le 29 et le 30 du même mois, la chambre des pairs et la chambre des députés présentèrent chacune au roi une adresse en remerciement de cette communication sur la situation du royaume; en voici le contenu :

Adresse de la chambre des pairs. — « Sire, vos fidèles sujets composant la chambre des pairs de France apportent au pied du trône de votre majesté leurs respectueux remerciemens pour la situation actuelle du royaume ; ils reconnaissent, avec les ministres de votre majesté, que la plus grande partie des maux qui ont pesé sur la France avaient leur source dans le despotisme du dernier gouvernement, dans la passion effrénée de la guerre, dans le mépris de la constitution, des lois, des traités, des droits même de chaque citoyen, enfin dans l'abus désastreux de forces que ce gouvernement n'avait pas créées et de ressources qui n'étaient pas son ouvrage.

« C'est aux lumières du siècle, Sire, c'est au patriotisme des meilleurs citoyens que la nation a dû le premier germe des bienfaits dont on a tant abusé. L'agriculture soulagée du fardeau de la dîme et de celui des droits féodaux ; la législation politique et civile, administrative et financière, ramenée à l'uniformité ; les corporations, les villes, les provinces, faisant à la loi commune le sacrifice de leurs priviléges, l'accroissement du nombre des propriétaires, la création de nouveaux produits et de nouvelles richesses, l'accélération du mouvement des capitaux, voilà ce que l'on a vu naître au milieu des orages de la révolution. Les richesses que vingt-cinq années de calamités n'ont pu entièrement épuiser suffisent encore pour placer la France au rang des états où les finances offrent le plus de ressources.

« Elles n'étaient pas détruites ces richesses au moment où s'éleva ce gouvernement dont le principal talent consistait à placer toujours la nation dans ces positions critiques où un effort appelait un autre effort, où le patriotisme était contraint de seconder la tyrannie, où l'honneur national n'avait à choisir qu'entre l'oppression étrangère et l'oppression domestique.

« Qu'a-t-il fait de l'autorité suprême celui qui ne s'est pas contenté de la part qu'il avait à la gloire nationale ? De tous côtés il va conquérir la haine, amasser des vengeances, prodiguer le sang et les trésors, et contraindre les puissances rivales à découvrir dans leur propre sein des forces qu'elles ne se connaissaient pas. Dès lors le destin des combats est abandonné à la puissance du nombre : on voit des multitudes s'entrechoquer, les peuples tout entiers précipités les uns sur les autres ; et lorsqu'enfin l'Europe désespérée conjure contre son oppresseur et le nôtre, ses ennemis l'accablent à son tour sous le poids énorme des masses qu'il leur apprit à soulever.

« A cette époque mémorable, il a été donné au monde un spectacle jusqu'à présent sans exemple dans l'histoire des nations. L'aspect, Sire, de vos longs malheurs supportés avec tant de courage, l'opinion de vos grandes lumières qui se sont perfectionnées dans la retraite, le respect qui suit les vertus constamment pratiquées, ont rendu les ennemis d'un gouvernement qui n'est plus allié de votre majesté ; c'est à ce titre, Sire, qu'ils ont traité avec vous ; et l'on a vu votre majesté, encore entourée de leurs nombreuses armées, imprimer aux négociations le double caractère de la modération et de la fermeté.

« Vous êtes rendu à la nation, Sire, et la nation vous est rendue ; qui pourrait douter désormais du salut de la patrie ? Dès que votre majesté a saisi les rênes du gouvernement qui venait de succomber sous l'excès de son despotisme, elle a sagement organisé les contre-poids des pouvoirs ; et lorsque, consultant l'esprit des peuples, l'état actuel des sociétés, le vœu des hommes éclairés, votre majesté se lie à ses sujets par une constitution, dont les principes étaient déjà dans toutes les bouches et dans tous les cœurs, la nation entière se presse autour de cette charte sacrée, et vous jure amour et fidélité. C'est dans cette charte, Sire, qu'est votre force et la nôtre ; elle rend à l'esprit public son énergie, elle réalise pour nous cette salutaire division des pouvoirs qui les modère l'un par l'autre, qui prévient les imprudences, qui pèse les mesures, et juge avec maturité les moyens. Là sont les germes réparateurs de toutes les infortunes passées, et toutes les sources de la prospérité future.

« Le prompt développement des principes constitutionnels par des lois nécessaires, la marche régulière des autorités, le raffermissement de la religion et de la morale rallieront tous les intérêts, feront taire toutes les passions, et fonderont la confiance publique sur des bases inébranlables.

« La nation, instruite par les plus grands événemens, est digne de s'associer à vos hautes pensées, et de concourir à l'œuvre de son bonheur.

« Les révolutions qu'elle a subies n'ont pas altéré son caractère. Un peuple agricole, actif et industrieux, un peuple qui a reçu de la nature une vive sensibilité, un haut courage, qui s'enflamme pour la gloire, et préfère la mort à la honte, sera toujours respecté des autres nations et toujours digne de vous.

« Aux derniers jours d'une lutte terrible, nos braves armées, affaiblies et dispersées, combattaient encore avec un courage héroïque pour l'honneur et pour la patrie.

« Sire, un peuple qui a déployé tant de grandeur dans l'adversité, saura, pour s'assurer les premiers bienfaits que nous devons à votre majesté, faire de grands efforts et de généreux sacrifices. Votre cœur ne les ordonnerait point, la seule autorité royale ne suffirait pas à les effectuer ; mais votre peuple va au-devant de ces sacrifices ; il inspirera à ses représentans les sentimens d'amour, de respect et de fidélité qui l'animent. Votre majesté imprimera à ses conseils le sceau de son caractère. Vos ministres seront responsables devant vos peuples du dépôt d'autorité qui leur est confié ; ils le seront envers vous de la conformité de leurs actes avec vos intentions paternelles.

« Sire, dans l'exposé de la situation du royaume, vos ministres ont dit qu'il serait impossible de faire le bien, si l'union générale ne secondait pas vos vues bienfaisantes : la chambre des pairs n'oubliera jamais qu'elle doit donner l'exemple de cette union. — Les président et secrétaires, signé, *Dambray*, comte *de Pastoret*, le duc *de Lévis*, le comte *de Valence*, le maréchal duc *de Tarente, Macdonald.* »

Le roi a répondu : « Je reçois avec satisfaction l'adresse de la chambre des pairs. J'ai exposé avec pleine confiance l'état critique de la France ; j'ai envisagé les principales ressources dans l'union parfaite des Français avec moi et j'en reçois avec un grand plaisir le gage dans l'assurance que me donne aujourd'hui la chambre des pairs. »

Adresse de la chambre des députés. — « Sire, en faisant présenter aux deux chambres l'exposé de la situation du royaume, et en appelant ainsi les repré_ sentans de la nation à concourir à la réparation de tant de malheurs, votre majesté a bien présumé de son peuple. Vos fidèles sujets de la chambre des députés des départemens, Sire, vous remercient de n'avoir pas désespéré du salut de la France.

« Ce tableau, tout affligeant qu'il est, ne nous a causé aucune surprise. Quand tous les pouvoirs étaient confondus, tous les droits méconnus, lorsque tout accès était fermé à la vérité, c'était de l'excès des maux seul qu'on pouvait attendre le remède.

« Sous un roi juste et pacifique, ce tableau ne nous inspire pas de crainte. Encouragés par le généreux dévouement de votre majesté, rassurés par des institutions, fruits de sa profonde sagesse, ranimés par son impartiale tendresse pour tous ses enfans, les Français se signaleront par une noble émulation de sacrifices maintenant destinés au bonheur public. Sire, il n'est pas en France de maux irréparables quand le monarque, les grands corps de l'état, toutes les classes de la société n'aspirent, par un vœu commun et avec une confiance réciproque, qu'à l'affermissement du trône et au rétablissement de la patrie.

« Désormais libres et protégés, vos sujets trouveront dans l'exercice de leur industrie des moyens de fournir des ressources à l'état. C'est sans doute vers le plus utile des arts, l'agriculture, que se tourneront d'abord leurs efforts et leurs capitaux ; mais pour que ce beau sol, arrosé de leurs sueurs, puisse mieux se fertiliser et leur suffire, ils espèrent que la bonté de votre majesté leur facilitera ces secours que donnent à un grand peuple les manufactures et le commerce. En reportant à nos colonies, replacées sous votre sceptre, la paix et l'abondance, nous en recevrons un accroissement de richesse que le nouveau génie de la France dirigera vers les améliorations de l'intérieur.

« Les puissances voisines s'attendent, Sire, à voir l'esprit de la nation se porter vers ces grands objets ; elles seront entièrement rassurées lorsque les bras d'un peuple guerrier s'emploieront aux arts de la paix, qui lient les nations entre elles. Elles savent que votre majesté et la France ne veulent dans ces avantages, communs à tous les peuples, que cette part réservée par la Providence à notre position géographique.

« C'est ainsi qu'une nouvelle vie se répandra par le travail dans toutes les branches de l'économie publique, et portera l'aisance et le goût du bien dans toutes les conditions. Ce bonheur, Sire, sera l'effet des méditations de votre majesté et du concours de tous les Français à seconder ses intentions paternelles. La chambre des députés aussi ne manquera ni à l'attente du trône ni à l'espoir de la nation ; elle unira ses efforts à ceux de son roi pour faire disparaître, s'il se peut, jusqu'au souvenir de nos infortunes. »

Le roi a répondu : « Je reçois avec plaisir l'adresse de la chambre des députés ; les sentimens qui l'ont dictée sont aussi ceux qui m'animent. J'ai exposé avec franchise la situation du royaume, parce que c'est le seul moyen de communication entre un bon père et ses enfans. Je vois avec une douce satisfaction l'union qui existe entre la chambre des députés, la nation et moi. C'est ainsi que nous panserons les plaies de l'état, et qu'en faisant fleurir les grandes sources de la prospérité publique, l'agriculture, le commerce et les arts, nous rendrons à la France ce bonheur qui est le plus cher objet de mes vœux.»

15. RÈGLEMENT CONCERNANT LES RELATIONS DES CHAMBRES AVEC LE ROI, ET ENTRE ELLES. — LOUIS, par la grace de Dieu, roi de France et de Navarre, à nos amés et féaux les membres de la chambre des pairs et les membres de la chambre des députés, salut : voulant pourvoir aux relations que lesdites chambres doivent avoir avec nous, ainsi qu'à celles qu'elles peuvent avoir entre elles, avons arrêté et arrêtons, ordonné et ordonnons ce qui suit :

TITRE PREMIER. *Ouverture de la session.* — Art. 1er. La convocation des deux chambres est faite par une proclamation qui fixe le jour de l'ouverture de la session. Tous les députés sont tenus de se rendre. Les pairs sont convoqués par des lettres closes du roi, contre-signées par le chancelier de France. Les députés des départemens sont convoqués par des lettres clauses du roi, adressées à chacun des députés, et contre-signées par le ministre de l'intérieur. — 2. Le jour de l'ouverture de la session, les pairs et les députés se réunissent dans la même enceinte. — 3. Une députation de douze pairs et de vingt-cinq députés va recevoir le roi au pied du grand escalier, et le conduit jusque aux marches du trône. — 4. Lorsque le roi est assis et couvert, il ordonne aux pairs de s'asseoir, et les députés attendent que le roi le leur permette par l'organe de son chancelier. — 5. Nul n'est couvert en présence du roi. — 6. Quand le roi a cessé de parler, le chancelier prend ses ordres et annonce que la session est ouverte. — 7. Le roi est accompagné à sa sortie par les mêmes députations et jusqu'aux mêmes lieux.

TITRE II. *Des proclamations du roi portées aux deux chambres.*—Art. 1er. Les proclamations du roi sont portées aux deux chambres par des commissaires. — 2. Ces commissaires seront reçus au haut de l'escalier, et introduits, par le grand référendaire, dans la chambre des pairs ; les questeurs reçoivent et introduisent de même les commissaires envoyés à la chambre des députés. — 3. Les proclamations sont remises par les commissaires au président, qui en fait lecture, toute affaire cessante. — 4. La chambre se sépare à l'instant, si la proclamation ordonne la clôture de la session, l'ajournement ou la dissolution de la chambre. — 5. Les commissaires du roi se placent sur des siéges qui leur sont réservés vis-à-vis le bureau.

TITRE III. *Des messages du roi, de la forme des lois proposées par le roi, et de l'acceptation des chambres.* — Art. 1er. Les messages du roi contenant les propositions de lois sont portés aux chambres par ses ministres qui pourront être assistés de commissaires envoyés par le roi.— 2. La loi proposée est rédigée en forme de loi, signée par le roi, contre-signée par un ministre, et adressée à la chambre à qui le roi l'envoie. — 3. Les chambres ne motivent ni leur acceptation ni leur refus; elles disent seulement : La chambre a adopté, ou la chambre n'a point adopté. — 4. La loi qui n'est point adoptée ne donne lieu à aucun message ni à aucune mention sur les registres de la chambre. — 5. La chambre qui adopte une proposition de loi en fait dresser la minute signée de son président et de ses secrétaires, pour être déposée dans ses archives, et en adresse au roi une expédition signée de même, et qui lui est portée par le président et les secrétaires de la chambre. — 6. Lorsqu'une chambre supplie le roi de proposer une loi, elle en donne connaissance à l'autre chambre; et si la demande y est également adoptée, elle adresse un message au roi, par la voie de son président et de ses secrétaires.

TITRE IV. *De la sanction et de la publication des lois.* — Art. 1er. Le roi refuse sa sanction par cette formule, *le roi s'avisera*, et s'il n'adopte point les propositions et suppliques qui lui sont faites, il dit : *Le roi veut en délibérer.* — 2. Cette délibération des volontés du roi est notifiée à la chambre des pairs par le chancelier, et à celle des députés par une lettre des ministres adressée au président. — 3. Le roi sanctionne la loi qu'il a proposée en faisant inscrire sur la minute que ladite loi, *discutée, délibérée et adoptée*, par les deux chambres, sera publiée et enregistrée pour être exécutée comme loi de l'état. — 4. Les lois proposées par le roi, sur la demande des deux chambres, sont publiées et sanctionnées dans la même forme que celles *proposées* de propre mouvement.

TITRE V. *Communication des chambres avec le roi et des chambres entre elles.* — Art. 1er. Le roi communique avec la chambre des pairs, et cette chambre communique avec le roi par le chancelier, et en son absence par le vice-président. — 2. Les communications du roi avec la chambre des députés se font par la voie des ministres, et celles de la chambre avec le roi par l'intermédiaire du président de la chambre ou des vice-présidens. — 3. Les chambres communiquent entre elles par l'intermédiaire de leurs présidens, dont les lettres sont portées par des messagers d'état, précédés par deux huissiers. — 4. Ces messagers sont reçus au bas de l'escalier et introduits dans la chambre par des huissiers; ils remettent leurs lettres aux secrétaires, qui les transmettent au président, et ils se retirent avec les mêmes honneurs, après avoir reçu acte de leur message. — 5. Les chambres ne peuvent jamais se réunir. Toute délibération à laquelle un membre d'une autre chambre aurait concouru est nulle de plein droit.

TITRE VI. *Des adresses.* — Art. 1er. Les adresses que les chambres font au roi doivent être délibérées et discutées dans les formes prescrites pour les propositions des lois. — 2. Ces adresses sont portées au roi par une grande ou par une simple députation, selon qu'il plaît au roi. — 3. La simple députation est composée du président et de deux secrétaires; vingt-cinq membres de la chambre, y compris le président et les secrétaires, forment la grande députation. — 4. Aucune chambre ne peut, dans aucun cas, faire des adresses au peuple.

TITRE VII. *Dispositions générales.* — Art. 1er. La chambre des pairs, ni celle des députés, ne se montrent jamais en corps hors du lieu de leurs séances. — 2. Elles n'envoient de députation qu'au roi, et avec sa permission expresse ; elles peuvent députer vers les princes et princesses de la famille royale, lorsqu'elles y sont autorisées par le roi. — 3. L'habit de cérémonie des pairs, et celui des députés, seront réglés par une disposition particulière. — 4. Le présent règlement sera porté à la chambre des pairs par notre chancelier, et à celle des députés par notre ministre de l'intérieur. Donné à Paris le vingtième jour du mois de juin, l'an de grâce 1814, et de notre règne le vingtième.

Signé LOUIS. Signé l'abbé de Montesquiou.

Le présent règlement discuté, délibéré et adopté dans les deux chambres, sera publié et enregistré pour être exécuté comme loi de l'état.

Signé LOUIS. Signé l'abbé de Montesquiou.

— *Ordonnance du roi.* Le conseil du sceau des titres est remplacé par une commission de trois conseillers d'état et de trois maîtres des requêtes (1). — Le préambule de cette ordonnance est ainsi conçu : « Voulant procurer à nos sujets les moyens de jouir des avantages qui leur sont assurés par l'article 71 de la Charte constitutionnelle, désirant en même temps maintenir et encourager une institution qui a été favorablement accueillie, et dont les produits peuvent nous offrir des ressources pour secourir les personnes que leur dévouement et leurs sacrifices ont réduites à une honorable indigence, sans que ces secours accroissent en aucune manière les charges de l'état. » — Trois ordonnances royales en date de ce jour rétablissent : 1° la compagnie des gardes de la porte, 2° celle des cent-suisses, 3° celle des grenadiers à cheval. — Une autre ordonnance fixe l'organisation de deux compagnies des gardes-du-corps de MONSIEUR, frère du roi (2).

16. *Ordonnance du roi* portant que toutes les gardes nationales mobiles sont dissoutes, et qu'il n'y a plus en France que des gardes nationales sédentaires : elles sont divisées en gardes urbaines et rurales ; les premières seront composées de cohortes formées dans les villes, et les secondes de cohortes formées dans les campagnes. *Tous les officiers seront à la nomination du roi.* Cette ordonnance, qui conserve l'esprit du sénatus-consulte du 24 septembre 1805 et du décret du 12 novembre 1806, modifie considérablement l'organisation primitive des gardes nationales constitutionnelles (3).

19. *Ordonnance du roi qui reconstitue la légion-d'honneur.* Art. 1er. Nous avons approuvé et confirmé, approuvons et confirmons l'institution de la légion-d'honneur, dont nous nous déclarons, *pour nous et nos successeurs, chef souverain et grand-maître...* — Art. 6. La décoration de la légion-d'honneur portera à l'avenir d'un côté l'effigie de notre aïeul Henri IV, de glorieuse mémoire, avec cet exergue, *Henri IV, roi de France et de Navarre*, et de l'autre côté trois fleurs de lys, avec cet exergue, *Honneur et patrie...* — Art. 13. L'établissement de la maison d'éducation d'*Écouen* pour les filles des membres

(1) Moniteur, n° 198 (1814). — (2) Bulletin des lois, n° 28 (1814). — (3) Id., n° 29 (id.)

de la légion-d'honneur, est réuni à la maison de Saint-Denis. A l'avenir le nombre des élèves ne pourra excéder celui de quatre cents... — Art. 18. Les établissemens formés à *Paris* aux *Barbeaux* et aux *Loges sont supprimés* (1). La protection spéciale que Louis XVIII a l'intention d'accorder à la légion-d'honneur en prenant le titre de chef souverain et de grand-maître de cet ordre ne produit pas **sur** l'opinion publique tout l'effet qu'on aurait pu en attendre. D'autres dispositions de cette ordonnance restreignent ce bienfait : c'est ainsi que les ministres interprètent les volontés augustes de Louis XVIII. M. de Blacas-d'Aulps, qui a contresigné cette ordonnance, amalgame un acte de haute politique avec une disposition d'une parcimonie misérable.

20. *Traité de Paris entre la France et l'Espagne.* Les rapports entre les deux états seront les mêmes que ceux qui existaient au 1er janvier 1792. — Les propriétés des habitans des deux pays seront rendues.

30. *Ordonnance du roi.* « Ayant reconnu qu'une seule école militaire pourrait suffire aux besoins du service, désirant en outre récompenser les services des *officiers généraux* et *supérieurs de nos armées, et faire jouir la noblesse de notre royaume* des avantages qui lui ont été accordés par l'édit de notre aïeul, du mois de janvier 1751, relatif à la fondation de l'école royale militaire, ordonnons :... Les trois écoles militaires *actuellement existantes* sous la dénomination d'*École militaire de Saint-Cyr*, d'*École militaire de Saint-Germain* et de *Prytanée militaire de La Flèche* sont supprimées. — L'*École royale militaire, créée par édit du mois de janvier 1751, sera rétablie*, etc. etc. Cette ordonnance est contre-signée par le comte général Dupont.

AOUT 2. Près du pont Royal à Paris des plongeurs trouvent dans la Seine les diamans qui, dans le courant d'avril précédent, avaient été voles à l'épouse de Jérôme Bonaparte. On porte la valeur de ces diamans à 1,800,000 francs.

4. *Louis XVIII convoque le conseil d'état et reçoit le serment de chacun de ses membres.* Le roi prononce le discours qui suit : « Messieurs, j'ai voulu réunir tous les membres de mon conseil pour recevoir moi-même leur serment, et donner plus de solennité à la cérémonie religieuse qui vous attache à mon service et à celui de l'état. Redoublez donc de zèle, messieurs, joignez vos efforts aux miens ; je compte sur vos lumières et sur votre expérience pour m'aider à rendre mes peuples heureux. » Le chancelier a ensuite pris la parole et a dit « Messieurs, il est digne d'un monarque qui veut que la justice préside à toutes ses décisions, de s'environner de conseils sages et vertueux. Il a beau réunir aux lumières les plus étendues la science si rare de faire un bon usage des connaissances acquises par le travail et la méditation ; si un génie supérieur suffit pour ordonner de grandes choses, il est impossible de suffire aux détails sans conseils. Il faut que des hommes éclairés, et surtout des hommes vertueux, disent et préparent toutes les matières, recueillent toutes les plaintes, examinent toutes les réclamations, soumettent à l'autorité

(1) Moniteur, n° 201 (1814).

et lui proposent des avis , parmi lesquels elle puisse choisir avec sûreté. La fortune des états , la gloire des souverains , le bonheur des peuples dépendent souvent de la sagesse des conseils. Vous êtes appelés, messieurs, à faire aimer et respecter l'autorité du roi, sans jamais chercher à l'étendre, à conserver sa puissance, sans travailler à l'accroître. Le roi veut que votre expérience et vos lumières ajoutent à la force comme à la sécurité de ses ministres, en les garantissant des surprises qu'on pourrait faire à leur religion, en les éclairant sur les erreurs involontaires qui pourraient leur échapper; en préparant les lois et les règlemens dont l'exécution leur est confiée. Le but de votre institution n'est pas, et votre nom l'indique assez, de former un conseil qui prononce, mais un conseil qui dirige; vous n'êtes pas appelés à administrer, mais à éclairer l'administration. Les assemblées générales du conseil seront par là même assez rares, et c'est dans les comités particuliers qu'on éprouvera votre salutaire influence. Celui de législation préparera les diverses lois civiles et criminelles dont sa majesté jugera à propos de lui confier la rédaction ; il examinera les bulles et les actes du saint-siége , et les actes des autres communions qui doivent être soumis à l'approbation du roi. Le comité connaîtra des affaires qui étaient portées à la commission qu'il remplace, des conflits entre les autorités administratives et judiciaires, des pouvoirs contre les décisions des conseils de préfectures et autres administrations; dans les cas déterminés par la loi. Les actes interprétatifs et explicatifs des lois et des règlemens seront préparés par le comité que la matière concerne , chaque ministre y renverra les affaires qu'il trouvera utile de lui soumettre. Les actes de ces divers comités seront rédigés en forme de lois ou d'arrêtés , mais n'en recevront le caractère que de l'approbation que sa majesté leur aura donnée sur la proposition des différens ministres , qui , jusqu'à ce qu'il en soit autrement ordonné, pourront seuls les rendre exécutoires par leur signature. Telle sera la marche provisoire des différens comités , en attendant que le travail y soit déterminé par un règlement général. C'est à ces comités que les membres du conseil vont être distribués : que l'amour du bien y soit leur premier guide; qu'ils y marchent constamment avant l'amitié, la haine, l'intérêt personnel. N'y proposez jamais au roi, messieurs, que ce qui vous paraîtra juste ; que le désir même de lui plaire fasse place à celui de le servir; ne lui conseillez que ce qui peut le conduire à la seule gloire qu'il ambitionne, à celle de rendre ses peuples heureux. Donnez enfin par vos vertus privées , par la sagesse de votre conduite, par la modération de vos principes , une haute opinion de la capacité de vos conseils. Vous offrirez ainsi au meilleur comme au plus juste des rois la plus forte preuve de votre attachement et de votre fidélité , et vous verrez se fortifier chaque jour vos droits à l'estime publique , qui se mesure moins sur l'éclat que sur l'utilité des travaux. » Le chancelier a lu ensuite la formule du serment dont la teneur suit : « Vous jurez devant Dieu de bien et fidèlement servir le roi en l'état et charge de conseiller d'état et maître des requêtes, garder ses édits et ordonnances, et les règlemens de son conseil, tenir secrètes et ne révéler à personne les délibérations d'icelui et les affaires qui vous seront communiquées concernant son service ; avertir sa majesté de tout ce que vous connaîtrez importer son honneur, sa personne et son service, et faire tout ce qu'un homme de bien aimant son roi doit faire pour la décharge de sa conscience et le bien des affaires de sa majesté. » Tous les membres du conseil ont répondu : *Je le jure.*

5. *Ordonnance du roi.* « La garde nationale de Paris est appelée à faire seule près du roi le service militaire le 3 mai de chaque année. » Ce jour est l'anniversaire de l'entrée du roi à Paris.

7. *Bulle du pape Pie VII portant rétablissement des jésuites.* Le saint père dit qu'ayant été sollicité par l'empereur *Paul* de Russie et par le roi *Ferdinand* de Naples pour rétablir cet institut dans leurs états respectifs, il avait acquiescé à leurs humbles prières par ses brefs du 7 mars 1801 et du 30 juin 1804, et qu'aujourd'hui il répandait sur l'univers ce bienfait, si judicieusement apprécié par les esprits éclairés. « ..... LE MONDE CATHOLIQUE, annonce sa sainteté, DEMANDE, D'UNE VOIX UNANIME, LE RÉTABLISSEMENT DE LA COMPAGNIE DE JÉSUS, ET NOUS RECEVONS CHAQUE JOUR, A CET EFFET, DE PUISSANTES SUPPLICATIONS DES ARCHEVÊQUES ET ÉVÊQUES... » Elle termine ainsi : « Nous ordonnons que les présentes lettres soient invariablement observées, suivant leur forme et teneur, dans tous les temps à venir, qu'elles obtiennent leur plein et entier effet, qu'elles ne soient JAMAIS SOUMISES AU JUGEMENT OU A LA RÉVISION D'AUCUN JUGE, QUELLE QUE SOIT L'AUTORITÉ DONT IL SE TROUVE INVESTI... SI QUELQU'UN ESSAYAIT D'ENFREINDRE QUELQUE PARTIE DE CETTE ORDONNANCE, OU DE S'Y OPPOSER PAR UNE AUDACIEUSE TÉMÉRITÉ, QU'IL SACHE QUE PAR LA IL ENCOURRA L'INDIGNATION DU DIEU TOUT-PUISSANT ET DES SAINTS APÔTRES PIERRE ET PAUL. » Le pape qui fait entendre ces paroles hardies et qui menace ainsi les chefs des états et les peuples, est ce même évêque d'Imola dont les discours républicains avaient autrefois étonné l'Italie. Lorsqu'il n'était encore que le cardinal Chiaramonti, à l'époque où Bonaparte recevait à Paris les hommages et l'encens du directoire au milieu de la cour du Luxembourg, il prononça, dans la Romagne, une homélie que l'histoire a recueillie, et dans laquelle on trouve les expressions suivantes : « OUI, MES TRÈS CHERS FRÈRES, SOYEZ BONS CHRÉTIENS ET VOUS SEREZ D'EXCELLENS DÉMOCRATES. *Siate buoni christiani e sarete ottimi democratici...* LES VERTUS MORALES RENDENT BONS DÉMOCRATES... LES PREMIERS CHRÉTIENS ÉTAIENT ANIMÉS DE L'ESPRIT DE DÉMOCRATIE... » Nous devons rappeler ici que le parlement de Paris, en bannissant les jésuites, le 6 août 1762, avait déclaré dans son arrêt leur institut inadmissible, par sa nature, dans tout état policé, comme contraire au droit naturel, attentatoire à toute autorité spirituelle et temporelle, et tendant à introduire dans l'église et dans les états, sous le voile spécieux d'un institut religieux, non un ordre qui aspire véritablement et uniquement à la perfection évangélique, mais plutôt un *corps politique,* dont l'essence consiste dans une activité continuelle pour parvenir, par toutes sortes de voies directes ou indirectes, sourdes et publiques,

d'abord à une indépendance absolue, et successivement à l'usurpation de toute autorité.

21. *Ordonnance du roi* portant que toutes les inscriptions sur les listes d'émigrés, et encore subsistantes à défaut d'élimination ou de radiation, ou à quelque titre que ce soit, sont abolies depuis la promulgation de la charte.

29. *Le corps municipal de la ville de Paris donne une fête magnifique à Louis XVIII et aux membres de son auguste famille.* Cette fête a été favorisée par un temps très beau : au dehors, la population entière de la ville de Paris y a pris la part la plus vive ; et dans l'intérieur de l'Hôtel-de-Ville, l'éclat et la magnificence de cette fête dans son ensemble, l'élégance et le goût qui ont présidé à ses détails, l'ont rendue digne de son objet. Des témoignages nombreux et sincères de respect et d'amour ont été prodigués au roi et aux princes de sa famille. L'histoire doit recueillir les paroles pleines de bonté que sa majesté a prononcées en réponse au discours que lui adressa M. de Chabrol, préfet de Paris : « Je suis aussi touché des sentimens que vous m'exprimez, que de ceux dont je viens de recevoir le témoignage en traversant ma bonne ville de Paris. J'avais le plus grand empressement de me trouver réuni à ma grande famille ; mais j'ai dû attendre que je puisse être entouré de celle-ci (*montrant de la manière la plus touchante les princes qui l'entouraient*). Ils ont fait ma consolation dans mon adversité, et ils font encore aujourd'hui mon bonheur. Ils m'ont donné la preuve qu'ils partageaient toutes mes intentions pour votre félicité ; je puis donc désormais fermer paisiblement les yeux, puisque je suis sûr qu'ils hériteront de tous mes sentimens pour la France. » L'émotion que ces paroles répandirent parmi les auditeurs éclata par les transports de la joie la plus vive.

SEPTEMBRE 9. *Ordonnance du roi* établissant dans les prisons un régime tendant à réformer les habitudes vicieuses des criminels condamnés aux fers.

18. *Proclamation de Christophe, Henri Ier, roi de Haïti.* Cette proclamation est un manifeste par lequel ce chef des noirs déclare qu'il a l'intention la plus formelle de s'opposer à toute tentative de la France sur son île. Il finit en disant qu'il ne consentira jamais à des traités qui pourraient compromettre l'honneur, la liberté et l'indépendance du peuple Haïtien.

23. *Budgets de 1814 et de 1815.* La présentation en fut faite par le baron Louis dans la séance de la chambre des députés du 22 juillet. « L'évaluation des besoins et des moyens ordinaires, dit le ministre, eût été facile à établir après un service uniforme de plusieurs années de paix. L'expérience du passé en pareil cas est un guide peu trompeur pour l'appréciation de l'avenir. Ce guide nous manque, et il a fallu chercher dans notre situation présente des documens qui nous éclairassent assez pour établir le moins imparfaitement possible les probabilités de notre position future. » Après ce préambule son excellence passe au tableau du désordre des finances à l'époque de la restauration et des moyens que le gouvernement du roi a l'intention d'employer pour y mettre un terme. Déjà l'économie et l'impulsion progressive donnée aux recettes ont produit d'heureux résultats, et ces données suffisent pour

justifier les prévisions du ministre. Le système qu'il développe annonce des dispositions loyales, mais les événemens des cent jours étant venus bouleverser la France de nouveau le plan du ministre n'a pu être réalisé ; cette circonstance nous dispense d'en faire l'examen.

Au 1ᵉʳ avril 1814 l'arriéré général est évalué à.	1,308,000,000
Sur lequel l'arriéré exigible est évalué à.	759,000,000 (1)
Les dépenses pour l'exercice de 1814 sont évaluées à	827,415,000
Les recettes à.	520,000,000
Les dépenses pour 1815 sont évaluées à.	547,700,000
Les recettes à.	618,000,000

Principaux détails sur les recettes et les dépenses pour le budget de 1815.

Recettes.

Contributions directes.	340,000,000
Enregistrement, domaines et bois.	120,900,000
Direction des contributions indirectes.	130,000,000
Recettes diverses, postes, loteries, etc.	28,000,000
Total.	618,000,000

Dépenses.

Liste civile.	25,000,000
Famille royale.	8,000,000
Chambres législatives.	7,200,000
Justice.	20,000,000
Affaires étrangères.	9,500,000
Intérieur.	85,000,000
Guerre.	200,000,000
Marine.	51,000,000
Police.	1,000,000
Finances.	23,000,000
Dette publique.	100,000,000
Intérêts des cautionnemens.	8,000,000
Frais de négociations.	10,000,000
Total.	547,700,000

Excédant des recettes affecté au paiement de l'arriéré.	70,300,000
Somme pareille aux recettes précédentes. . . .	618,000,000

26. *Ordonnance du roi.* Les villes et communes de France reprendront les

---

(1) Le 23 décembre 1815 le comte Corvetto, alors ministre des finances, a déclaré à la tribune qu'il y avait eu erreur dans cette évaluation, et que cet arriéré n'était que de 593,000,000.

armoiries qui leur ont été attribuées par les rois de France, à la charge de se pourvoir à cet effet pardevant la commission du sceau.

27. *Ordonnance du roi* révoquant quelques dispositions de celle du 19 juillet, et portant que les établissemens formés à *Paris* aux *Barbeaux* et aux *Loges* pour l'éducation des orphelines de la légion-d'honneur, resteront affectés à cette destination. Des pétitions à la chambre des députés ont rendu nécessaire cette modification de l'ordonnance déjà citée.

Octobre 1. *Ordonnance du roi* portant qu'un aumônier sera attaché à chacun des hôpitaux militaires.

5. *Ordonnance du roi autorisant les archevêques et évêques à établir dans chaque département une école ecclésiastique.* « Louis... ayant égard à la nécessité où sont les archevêques et évêques de notre royaume, dans les circonstances difficiles où se trouve l'église de France de faire instruire dès l'enfance des jeunes gens qui puissent ensuite entrer avec fruit dans les grands séminaires, et désirant leur procurer les moyens de remplir avec facilité cette pieuse intention, ne voulant pas toutefois que les écoles de ce genre se multiplient sans raison légitime, sur le rapport de notre ministre secrétaire-d'état de l'intérieur, nous avons ordonné : Art. 1. Les archevêques et évêques de notre royaume pourront avoir, dans chaque département, une école ecclésiastique, dont ils nommeront les chefs et les instituteurs, et où ils feront élever et instruire dans les lettres des jeunes gens destinés à entrer dans les grands séminaires. — 2. Ces écoles pourront être placées à la campagne et dans les lieux où il n'y aura ni lycée ni collège communal. — 3. Lorsqu'elles seront placées dans des villes où il y aura un lycée ou un collège communal, les élèves, après deux ans d'étude, seront tenus de prendre l'habit ecclésiastique ; ils seront dispensés de fréquenter les leçons desdits lycées et colléges. — 4. Pour diminuer autant qu'il sera possible les dépenses de ces établissemens, les élèves seront exempts de la rétribution due à l'université par les élèves des lycées, colléges, institutions et pensionnats. — 5. Les élèves qui auront terminé leur cours d'études pourront se présenter à l'examen de l'université pour obtenir le grade de bachelier ès-lettres ; ce grade leur sera conféré gratuitement. — 7. Les écoles ecclésiastiques sont susceptibles de recevoir des legs et des donations, en se conformant aux lois existantes sur cette matière. — 8. Sont seulement rapportés tous les articles desdits décrets et règlemens contraires à la présente. Signé, *Louis ;* contre-signé l'abbé *de Montesquiou.* » Cette ordonnance donnera lieu aux plus graves abus. Les archevêques et les évêques, malgré les lois et arrêts qui ont banni de France l'institut des *jésuites*, introduiront en France cette société perturbatrice, et lui confieront l'éducation des enfans ; peut-être ces honorables prélats se sont-ils crus autorisés par la bulle du pape du 7 août précédent (*voyez cette date*) à interpréter ainsi cette ordonnance. Ce n'est pas ici le lieu de rapporter tout ce qu'aura de funeste cette mesure de l'abbé de Montesquiou. Nous signalerons ces fâcheux effets dans leur ordre chronologique. (*Voyez* 16 *juin* 1828, et la *Table analytique*, à l'article *Jésuite.*)

12. Ordonnance du roi. — « Louis, etc. Sur le compte qui nous a été rendu par notre amé et féal chevalier, chancelier de France, le sieur Dambray ; — Voulant récompenser la fidélité et le dévouement à notre personne de feu *Georges Cadoudal*, et donner à sa famille un témoignage durable de nos sentimens ; — Nous avons anobli et anoblissons, décoré et décorons le sieur *Joseph Cadoudal*, son père, du titre et qualité de noble, pour jouir à perpétuité, par lui et ses descendans en ligne directe, des droits, honneurs et prérogatives attachés à ce titre. Il se retirera pardevant notre chancelier pour qu'il lui soit délivré des lettres patentes sur ce nécessaires. (*Voyez* le 25 juin 1814.)

21. Loi sur la liberté de la presse. — « Louis...

A tous ceux qui ces présentes verront, salut (1).

Nous avons proposé, les deux chambres ont adopté, nous avons ordonné et ordonnons ce qui suit :

Titre Ier. — *De la publication des ouvrages.* — Art. 1er. Tout écrit de plus de vingt (2) feuilles d'impression pourra être publié librement, et sans examen ou censure préalable. — 2. Il en sera de même, quel que soit le nombre de feuilles, 1° des écrits en langues mortes et en langues étrangères ; 2° des mandemens, lettres pastorales, catéchismes et livres de prières ; 3° des mémoires sur procès, signés d'un avocat ou d'un avoué près les cours et tribunaux ; 4° des mémoires des sociétés littéraires et savantes, établies ou reconnues par le roi ; 5° des opinions des membres des deux chambres (3). — 3. A l'égard des écrits de vingt feuilles et au dessous, non désignés en l'article précédent, le directeur général de la librairie, à Paris, et les préfets dans les départemens, pourront ordonner, selon les circonstances, qu'ils soient communiqués avant l'impression. — 4. Le directeur général de la librairie fera examiner par un ou plusieurs censeurs, choisis entre ceux que le roi aura nommés, les écrits dont il aura requis la communication, et ceux que les préfets lui auront adressés. — 5. Si deux censeurs au moins jugent que l'écrit est un libelle diffamatoire, ou qu'il peut troubler la tranquillité publique, ou qu'il est contraire à *l'article 2 de* (4) la charte constitutionnelle,

(1) Ce projet avait un préambule ; la suppression en fut demandée par la chambre des pairs et consentie par le roi. Ce préambule portait :

« Voulant assurer à nos sujets les bienfaits de la Charte constitutionnelle, qui leur garantit le droit de publier et de faire imprimer leurs opinions en se conformant aux lois qui doivent réprimer les abus de cette liberté, nous avons pensé que notre premier devoir était de leur donner sans « retard les lois que la constitution ne sépare point de la liberté même, et à défaut desquelles le « droit accordé par la Charte constitutionnelle resterait sans effet. A ces causes, etc. »

(2) Cet article portait *trente feuilles*. C'est d'après les réclamations de quelques députés, et avant l'adoption de la loi, que le ministère consentit à réduire ce nombre à *vingt*.

(3) Cette exception fut consentie par le ministère avant l'adoption de la loi. En l'accordant, M. de Montesquiou dit (séance du 11 août) : « Il est un amendement dont je ne vous parle qu'à regret, « celui qui concerne les opinions des membres de cette chambre. On n'avait pas cru, je vous l'avoue, qu'il fût nécessaire de marquer une telle exception dans la loi ; cependant, si vous le voulez... » — *Non, non*, s'écrièrent quelques membres ; d'autres : *Oui, oui*, et l'exception fut acceptée.

(4) Ces mots : *l'article 2 de...* ont été supprimés par amendement de la chambre des pairs.

ou qu'il blesse les bonnes mœurs, le directeur général de la librairie pourra ordonner qu'il soit sursis à l'impression. — 6. Il sera formé, au commencement de chaque session des deux chambres, une commission composée de trois pairs, trois députés des départemens, élus par leur chambre respective, et trois commissaires du roi. — 7. Le directeur général de la librairie rendra compte à cette commission des sursis qu'il aura ordonnés depuis la fin de la session précédente (1), et il mettra sous ses yeux l'avis des censeurs. — 8. Si la commission estime que les motifs d'un sursis sont insuffisans ou qu'ils ne subsistent plus, il sera levé par le directeur de la librairie. — 9. Les journaux et écrits périodiques ne pourront paraître qu'avec l'autorisation du roi. — 10. Les auteurs et imprimeurs pourront requérir, avant la publication d'un écrit, qu'il soit examiné en la forme prescrite par l'article 4 ; s'il est approuvé, l'auteur et l'imprimeur sont déchargés de toute responsabilité, si ce n'est envers les particuliers lésés.

TITRE II. — *De la police de la presse.* — 11. Nul ne sera imprimeur ni libraire s'il n'est breveté par le roi et assermenté. — 12. Le brevet pourra être retiré à tout imprimeur ou libraire qui aura été convaincu, par un jugement, de contravention aux lois et réglemens. — 13. Les imprimeries clandestines seront détruites, et les possesseurs et dépositaires punis d'une amende de 10,000 fr. et d'un emprisonnement de six mois. — Sera réputée *clandestine* toute imprimerie non déclarée à la direction générale de la librairie, et pour laquelle il n'aura pas été obtenu de permission. — 14. Nul imprimeur ne pourra imprimer un écrit avant d'avoir déclaré qu'il se propose de l'imprimer, ni le mettre en vente ou le publier, de quelque manière que ce soit, avant d'avoir déposé le nombre prescrit d'exemplaires, savoir, à Paris au secrétariat de la direction générale, et dans les départemens au secrétariat de la préfecture. — 15. Il y a lieu à saisie et sequestre d'un ouvrage, 1° si l'imprimeur ne représente pas les récépissés de la déclaration et du dépôt ordonnés en l'article précédent ; 2° si chaque exemplaire ne porte pas le vrai nom et la vraie demeure de l'imprimeur ; 3° si l'ouvrage est déféré aux tribunaux pour son contenu. — 16. Le défaut de déclaration avant l'impression, et le défaut de dépôt avant la publication, constatés comme il est dit en l'article précédent, seront punis chacun d'une amende de 1,000 fr. pour la première fois, et de 2,000 fr. pour la seconde. — 17. Le défaut d'indication de la part de l'imprimeur de son nom et de sa demeure sera puni d'une amende de 3,000 fr. L'indication d'un faux nom et d'une fausse demeure sera punie d'une amende de 6,000 fr., sans préjudice de l'emprisonnement prononcé par le code pénal. — 18. Les exemplaires saisis par simple contravention à la présente loi seront restitués après le paiement des amendes. — 19. Tout libraire chez qui il sera trouvé, ou qui sera convaincu d'avoir mis en vente ou distribué un ouvrage sans nom d'imprimeur, sera

---

(1) Il y avait dans le projet : *depuis l'ouverture de la session précédente jusqu'à l'ouverture de la session actuelle, etc.*

condamné à une amende de 2,000 fr., à moins qu'il ne prouve qu'il a été imprimé avant la promulgation de la présente loi. L'amende sera réduite à 1,000 fr. si le libraire fait connaître l'imprimeur. — 20. Les contraventions seront constatées par les procès-verbaux des inspecteurs de la librairie et des commissaires de police. — 21. Le ministère public poursuivra d'office les contrevenans pardevant les tribunaux de police correctionnelle, sur la dénonciation du directeur général de la librairie, et la remise d'une copie des procès-verbaux. — 22. Les dispositions du titre premier cesseront d'avoir leur effet à la fin de la session de 1816, à moins qu'elles n'aient été renouvelées par une loi, si les circonstances le faisaient juger nécessaire (1). »

Cette loi est celle que la chambre de 1814 a discutée avec le plus d'intérêt. Cependant, malgré le développement que divers orateurs donnèrent à cette grande question, la chambre ne sortit point dans cette occasion de la sphère de médiocrité dans laquelle elle avait agi. Les hommes de talent et les hommes dévoués à leur patrie, qui composaient cette législature, n'étaient qu'en très petit nombre. Cette loi, qui violait grossièrement la charte un mois après sa promulgation, et qui compromettait à cette époque la considération du roi aux yeux d'un peuple si souvent dupé, obtint le suffrage de 137 votans sur 217. Les orateurs qui parlèrent en faveur de cette loi, et qui doivent en partager particulièrement le blâme avec le ministère imprudent qui la présenta, sont : MM. *Fleury, Goulard, de Prunelé, Motheux, Avoyne-Chantereine, Laborde, Faget de Baure, Lahary, Challan, Godailh.* Les orateurs qui parlèrent contre la loi sont : MM. *Raynouard, Durbach, Dumolard, Louvet de la Somme, Fornier de Saint-Lary, Delhorme, Chabaud-Latour, Lemortreux, Bedoc, Flaugergues, Soucque du Loiret, Lefèvre-Gineau, Jalabert.* La loi primitive fut légèrement modifiée ; la chambre des pairs y fit ensuite quelques amendemens que le roi consentit, et que la chambre des députés adopta. Nous ne présenterons pas un résumé de la discussion ; nous nous bornerons seulement à donner un extrait de l'exposé des motifs par M. l'abbé de Montesquiou, et à faire connaître le rapport remarquable que fit M. Raynouard sur cette grande question constitutionnelle. Le ministre Montesquiou, après avoir fait un éloge obligé des avantages de la presse, dit dans son exposé des motifs que c'est l'amour de la vérité qui a dicté la loi. « Son véritable objet est de rendre utile et durable cette liberté vainement publiée jusqu'à nos jours, et qui semble comme tous les autres biens de l'humanité ne pouvoir être départie aux peuples que lorsqu'elle est maintenue dans les bornes que la raison lui prescrit... La liberté de la presse, souvent proclamée en France depuis vingt-cinq ans, y est toujours devenue elle-même son plus grand ennemi... Elle a prêté à la démence toutes ses forces, et n'a jamais pu fournir à la raison de suffisans moyens de défense... La cause en était dans l'effervescence des passions

____

(1) L'article 22 du projet, modifié par le ministère lui-même, était ainsi conçu :

« 22. La présente loi sera revue dans trois ans, pour y apporter les modifications que l'expérience aura fait juger nécessaires. »

populaires, dans le peu d'habitude qu'avait la nation des affaires publiques... Ces causes ont-elles déjà disparu ? peut-on se flatter qu'elles n'agiront plus désormais... La servitude silencieuse qui a succédé à la turbulence des premières années de la révolution ne nous a pas mieux formé à la liberté : les passions qui n'ont pu se manifester durant cet intervalle éclateraient aujourd'hui fortifiées de passions nouvelles. » L'orateur ajoute que la loi actuelle est une barrière destinée à protéger la liberté actuelle de ses propres écarts, et qu'elle n'est rien de plus. « Les petits volumes, continue-t-il, étant les seuls qui, faciles à répandre avec profusion, puissent troubler la tranquillité publique, doivent en conséquence être soumis à la censure... Comme on n'avait d'autre intention que de prévenir les dangers brusques et inattendus dont il est impossible de se défendre, on n'a accordé à la censure qu'un droit de suspension provisoire. Chaque année, une commission formée de trois pairs, de trois députés, élus par leurs chambres respectives, et de trois commissaires du roi, examinera les motifs des sursis ordonnés par le directeur général de la librairie... Notre caractère aussi bien que notre situation s'opposent à l'établissement d'une liberté indéfinie : la nature a réparti ses dons entre les peuples comme entre les individus ; la diversité des institutions a fortifié ces différences primitives ; nous avons reçu en partage une vivacité, une mobilité d'imagination qui ont besoin d'être contenues : gardons-nous de nous en plaindre ; n'envions pas à une nation voisine des avantages d'un autre genre ; les nôtres nous ont valu assez de bonheur et de gloire pour que nous puissions nous en contenter. Nous leur devons cette élégance de goût, cette délicatesse de mœurs qui s'irritent du moindre oubli des convenances, et qui ne nous permettent pas de les violer sans tomber aussitôt dans une licence effrénée... » Voilà tout l'esprit et l'ensemble de l'exposé des motifs de son excellence. M. de Montesquiou a tant de confiance dans le dévouement et la docilité de cette chambre, qu'il dédaigne d'entrer dans de plus grands détails sur toutes les parties de cette loi. Le même ministre, dans le cours de la discussion, prétend que la censure ne pouvait jamais être funeste aux lettres, ni pénible pour ceux qui les cultivent. Enfin il affirme que *prévenir* les abus c'est les *réprimer*. Voyons maintenant le rapport que fit M. Raynouard sur le projet.

« Messieurs, dit-il, avant que des lois solennelles eussent proclamé en France la liberté de la presse, une juste et sage tolérance y favorisait la publication des écrits qu'eût repoussés la sévérité de la censure, ou dont les auteurs refusaient de comparaître a son tribunal. Le gouvernement ne faisait que céder à la force irrésistible de l'opinion publique, et la condescendance des ministres du roi était un hommage rendu aux progrès des lumières et à l'autorité de la raison... Après les traverses et les orages de plusieurs révolutions politiques, qui ont laissé du moins aux Français les conseils de l'expérience et la leçon du malheur, Louis le Désiré, rappelé au trône de ses pères, a reconnu le vœu de la nation, qui réclamait la liberté de la presse comme l'une des bases sur lesquelles devait s'appuyer désormais l'édifice social. Le roi, jugeant le plan de constitution qui lui était proposé, a prononcé que l'une des garanties de la constitution libérale qu'il était résolu d'adopter serait :

« La liberté de la presse respectée, sauf les précautions nécessaires à la tranquillité publique. L'article 8 de la charte constitutionnelle a déclaré en conséquence : « Les Français ont le droit de publier et de faire imprimer leurs opinions, en se conformant aux lois qui doivent réprimer les abus de cette liberté... » La faculté de penser est le plus noble attribut dont l'homme ait été doué par le Créateur. Mais cette précieuse faculté resterait imparfaite si l'homme n'avait le pouvoir et le droit d'énoncer sa pensée, de l'agrandir et de la perfectionner en la communiquant. Il la communique ou par les sons fugitifs qui constituent la parole, ou par les signes permanens qui constituent l'écriture. Ainsi, parler et écrire ne sont que l'exercice et le développement d'une même faculté, l'usage d'un don naturel. Une charte peut reconnaître et respecter le droit qu'ont tous les citoyens de communiquer par l'écriture leurs opinions et leurs sentimens, ainsi qu'ils les communiquent par la parole ; mais une charte ne confère pas ce droit ; il vient de plus haut et de plus loin, comme le droit de penser, de parler et d'agir. La loi ne condamne les paroles et les actions des citoyens qu'autant qu'elles offrent au magistrat un délit à réprimer et à punir ; de même, dans l'exercice de la faculté d'écrire, la loi ne doit rechercher et condamner que l'abus de cette faculté. Où se montre un délit, là seulement commence l'autorité du magistrat. Avant l'invention de l'art de l'imprimerie, aucune loi n'a jamais interdit ni gêné la multiplication et la circulation des écrits ; cependant la profession de copiste était si commune qu'il devenait facile de reproduire en très grand nombre les exemplaires d'une diatribe ou d'une satire. Des gouvernemens sévères auraient pu exercer envers les copistes une surveillance directe ; mais l'injure produite par un écrit était punie sans qu'on osât prendre des précautions pour empêcher d'écrire, comme l'injure produite par la parole était punie sans qu'on prît des précautions pour empêcher de parler. Depuis l'invention de l'imprimerie, le moyen heureux qui multiplie les écrits exigeant un grand appareil mécanique, et l'emploi d'un nombre considérable d'ouvriers, les opérations de cet art restent sous l'œil et sous la main de la police ; et parce qu'alors il est devenu facile d'arrêter la communication de la pensée, les gouvernemens ont cru qu'ils pouvaient s'en arroger le droit... Aujourd'hui, la liberté de la presse n'eût-elle pas été proclamée par notre charte, il serait aussi juste qu'indispensable de l'accorder. Oui, messieurs, en tout pays où la liberté politique et la liberté civile sont établies sur des lois fondamentales, sur un droit public, les citoyens doivent nécessairement jouir de la liberté de la presse, qui en est la première et la plus sûre garantie. On conçoit la liberté de la presse existante dans un pays qui n'a pas de constitution écrite ; cette liberté y supplée ; mais conçoit-on l'existence et la durée d'une constitution, le maintien d'une charte, l'inviolabilité des droits publics, sans la liberté de la presse ? Non, messieurs ; les agens de l'autorité se font toujours une sorte de devoir d'agrandir et d'étendre le pouvoir du maître ; ils espèrent ainsi affermir leur propre autorité. Cet excès de dévouement menace sans cesse les droits d'une nation. Quel sera le moyen de le contenir dans les limites que la loi a posées ? Il n'en est qu'un, il est prompt, il est efficace ; c'est la liberté de la presse, qui tout à coup avertit, sans danger et sans secousse, et le monarque et la nation ; qui cite au tribunal de l'opinion publique l'erreur d'un ministre, la prévarication d'un agent, et réprime ainsi le mal naissant en appelant l'attention sur le mal plus grand qui en serait la suite. On nous dit que le zèle assidu des grands corps de l'état empêchera la violation des droits publics ; mais ces corps ne sont pas toujours rassemblés pour exercer cette utile surveillance. Que faire pendant l'intervalle des sessions ? Comment arrêter une grande injustice avant qu'elle soit consommée, une mesure funeste ou coupable avant qu'elle soit exécutée ? N'est-ce pas en donnant à de justes et sages réclamations cette publicité soudaine qui dénonce le danger au monarque et à la nation ? Lorsque ces grands corps, ces gardiens des droits publics sont assemblés, n'est-ce pas surtout par l'exercice de la liberté de la presse qu'on peut leur soumettre des opinions utiles, et souvent même leur faire connaître la vérité ? Et si ces corps eux-mêmes tombaient dans l'injustice ou dans l'erreur, quelle autre espérance de les ramener aux principes, que l'usage de la liberté de la presse ? Oui, sans doute, nous devons l'invoquer pour nous ; mais nous devons aussi l'invoquer contre nous. Ne redoutons pas son utile surveillance ; c'est à elle de nous seconder dans les efforts que nous ferons pour fonder notre droit public, et pour maintenir l'inviolabilité de notre charte constitutionnelle. Cette charte soumet les ministres à la responsabilité ; mais si l'on ne peut les citer devant la loi que pour de grands attentats, si devant elle ils ne sont responsables ni de leurs erreurs, ni même de leurs injustices, n'est-il pas d'une nécessité rigoureuse que l'on puisse du moins indiquer publiquement ces injustices et ces erreurs à la sagesse du monarque, à la sollicitude des grands corps de l'état et au jugement de l'opinion ? Et comment les citoyens pourraient-ils exercer avec succès le droit de pétition, qui a été reconnu et consacré par la charte, s'ils étaient privés de la liberté de la presse ? Les pétitions ne sont-elles pas, en plusieurs circonstances, le cri des citoyens qui se plaignent de quelque injustice ou de quelque abus d'autorité ? Quels moyens leur resteraient de se faire entendre, d'intéresser en leur faveur l'opinion publique, et d'éclairer les membres des grands corps qui doivent prononcer sur leurs réclamations, s'ils ne pouvaient les répandre par la voie de l'impression ? Le droit de pétition est comme celui de la liberté de la presse ; il appartient à un peuple qui est au rang des nations : mais pour en user utilement il faut que la liberté de la presse soit d'autant plus entière, qu'il serait possible que les pétitions fussent dirigées contre les agens même de l'autorité à laquelle obéiraient les censeurs. Quand les pétitionnaires s'adresseront aux deux chambres, suffira-t-il toujours que leurs réclamations soient légitimes ? Ne peut-il pas se trouver des circonstances où la publicité de leurs pétitions, appelant les regards de la nation entière, forcera les grands corps à ne pas ensevelir ces plaintes légales dans le silence et dans l'oubli ?...

« La commission a décidé, à la simple majorité des voix, que la censure préalable ne pouvait servir de base à la loi. Vous allez entendre les motifs des deux opinions. Les partisans de la censure ont fait valoir les motifs suivans :

« La liberté de la presse a été accordée par la charte, mais n'a-t-elle pas été soumise à des conditions ? Il eût été inutile et dérisoire de réserver ces conditions si les citoyens avaient dû jouir d'une liberté illimitée. La censure proposée est soumise elle-même à un jugement sévère et national, et n'est pas incompatible avec la liberté promise. Indépendamment du droit qu'a le gouvernement, d'après la charte, d'établir des restrictions à la liberté illimitée ; indépendamment de son devoir d'en prévenir les abus, les circonstances sont si graves qu'elles exigent de sages précautions pour écarter les périls imminens dont nous menace l'usage illimité de la liberté de la presse. Combien de mécontens et d'agitateurs sont à surveiller et à contenir ! Laisser aux journaux et aux pamphlets la facilité d'exciter la fermentation en faisant circuler les mensonges et les calomnies contre le gouvernement, les corps et les particuliers, c'est nous rejeter volontairement dans les troubles et les malheurs dont nous avons eu si long-tems à gémir ; c'est hasarder le sort de la patrie , et priver le monarque des moyens de faire tout le bien que son cœur désire, et pour lequel chacun de nous doit le seconder. Que propose le ministre ? une loi qui serait revue dans trois ans , et même plus tôt s'il le fallait. Le gouvernement ne demande que la suspension d'un droit qui ne pourrait aujourd'hui être exercé sans danger. Les journaux et les pamphlets furent la principale cause de nos premières infortunes et de nos troubles civils : la même cause produirait encore le même effet. Pourquoi ne ferions-nous pas au bien public et à la tranquillité du royaume le sacrifice passager de l'exercice d'un droit qui ne peut et ne doit jamais être exercé au préjudice de la société entière ? Quand le bien général exige le sacrifice d'un droit particulier, la société ne peut-elle pas modifier ou suspendre l'exercice de ce droit ? Pourquoi la liberté de la presse serait-elle exempte de cette obligation sociale ? Les Anglais, quand les circonstances l'ont exigé, n'ont-ils pas suspendu l'acte d'*habeas corpus* ? N'ont-ils pas aussi suspendu pendant long-tems l'usage de la liberté de la presse ? Mais, ajoute-t-on, notre charte décide la question ; elle accorde la liberté à la condition de se conformer aux lois qui doivent en réprimer les abus. Ces lois ne seront pas injustes lorsqu'elles établiront les moyens de prévenir les abus mêmes. S'il n'avait fallu que les punir, il eût été inutile d'insérer une telle clause, puisque les partisans de la liberté de la presse ont toujours reconnu que tout auteur était ou devait être responsable des délits publics ou privés dont il se rend coupable par la publication de son ouvrage. Ainsi, en obligeant les auteurs à se conformer a des lois qui doivent réprimer les abus, la charte n'a pu et n'a dû annoncer que des lois qui procureraient à la fois l'avantage de prévenir les délits et celui de les réprimer... On ne se conforme pas aux lois qui punissent, on est forcé de les subir ; mais on se conforme aux lois qui préviennent les délits, parce qu'on se soumet d'avance aux mesures de prévention que ces lois établissent.

« Il a paru à la majorité de la commission que ces motifs n'étaient pas capables de balancer ceux qui doivent faire rejeter le principe de la censure préalable proposée dans le projet de loi sur lequel vous avez à prononcer. Veuillez bien, messieurs, rappeler à votre esprit quelques observations qui vous ont été déjà présentées. Nous avons une charte constitutionnelle. La liberté de la presse en est et doit en être la principale sauvegarde. Les ministres ne seront peut-être soumis à la responsabilité que pour des cas extraordinaires. La liberté de la presse doit être le supplément de la loi pour les erreurs et les injustices qu'elle ne punirait pas. Les citoyens jouissent du droit de pétition. La liberté de la presse est indispensablement nécessaire à l'exercice de ce droit. Les corps représentatifs ne s'assemblent qu'à des époques éloignées. La liberté de la presse peut seule compenser l'inconvénient et le danger de leur absence. La liberté civile est consacrée par la charte. L'usage de la presse est le plus sûr et le plus prompt moyen de réclamer contre les outrages faits à la liberté civile. Ainsi l'usage libre de la presse est à la fois la sauvegarde de la liberté politique et de la liberté civile. Des avantages si grands, si essentiels, ne devraient donc être sacrifiés que dans des circonstances telles que le salut du trône et de la partie l'exigeassent impérieusement, et encore faudrait-il que ce moyen fût le seul qui nous délivrât du péril reconnu imminent. Mais loin que l'établissement de la censure soit nécessaire ni utile, elle-même menacerait à la fois la liberté politique et la liberté civile. La censure serait-elle confiée à des personnes opposées au gouvernement? elle nuirait aux écrits qui doivent éclairer et diriger l'opinion, augmenter et propager l'amour et le respect des Français envers le monarque. Serait-elle abandonnée à la discrétion d'un ministre? elle pourrait un jour devenir nuisible aux institutions qu'il aurait à redouter, aux magistrats dont le devoir serait de l'accuser ou de le juger à raison de sa responsabilité, à tous les citoyens qui, véritablement attachés au roi et à la patrie, voudraient sans cesse garantir la charte des atteintes qui lui seraient portées, et contenir ou repousser les agens de l'autorité dans les justes limites que la loi leur assigne. Il y a plus; elle serait dangereuse pour les ministres eux-mêmes. Oui, messieurs, celui d'entre eux qui aurait à ses ordres et la censure et les censeurs, et les pamphlets et les journaux, excercerait peut-être un despotisme funeste aux autres ministres, qui, sans cesse attaqués, et ne pouvant employer des armes égales, succomberaient enfin victimes de l'injustice et de la calomnie. Et que deviendrait la publicité de vos séances, la plus noble, la plus utile de vos prérogatives, si, par l'influence exclusive obtenue sur les journaux et sur les écrits, on pouvait jamais dénaturer vos opinions ou les condamner à l'oubli ? Jugez donc quel pouvoir inconcevable la censure met dans les mains d'un seul homme ! Et si cet homme lui-même devenait l'objet de vos inquiétudes, de vos accusations, qu'auriez-vous à opposer aux armes que lui fourniraient contre vous et les pamphlets et les journaux ? De quelque côté qu'on place la censure, le péril est évidemment le même. Elle est essentiellement incompatible avec la liberté politique ; elle n'est et ne peut être qu'un instrument destructeur ; et certes elle ne serait pas moins funeste dans nos propres mains que dans celles d'un ministre. »

22. *Loi*. Le pays de Gex formera un nouvel arrondissement du département de l'Ain.

23. *Ordonnance du roi*. La direction de la librairie demeure placée dans les attributions du chancelier de France.

24. *Ordonnance du roi*. Sont nommés censeurs royaux : MM. *Auger, baron de Barentin ; Bernardi*, membre de l'Institut ; *Campenon, Clavier, Dampmartin*, membre de la chambre des députés ; *Delacroix-Frainville*, bâtonnier de l'ordre des avocats ; *Delasalle*, référendaire de la cour des comptes ; *Deleuze , Delvincourt*, doyen de la faculté de droit de Paris ; *Desrenaudes*, conseiller titulaire de l'université ; *Henri Dillon Fraissinous*, inspecteur de l'université ; *Guizot*, secrétaire général du ministère de l'intérieur ; *Charles Lacretelle*, membre de l'Institut ; *Le Graverend*, directeur des affaires criminelles à la chancellerie ; *Lemontey*, ex-député à l'assemblée législative ; *Quatremere de Quincy*, membre de l'Institut ; *Sylvestre de Sacy*, id. ; *Vanderbourg*, id. Sont nommés censeurs royaux honoraires : MM. *Suard*, secrétaire perpétuel de la deuxième classe de l'Institut ; *Bossu*, curé de Saint-Eustache ; *Hardouin*, conseiller à la cour royale ; *Bosquillon*, professeur au Collége royal ; *Raup de Baptistin de Moulières*, inspecteur de la librairie ; *Mentelle*, membre de l'Institut ; *Tessier*, membre de l'Institut ; *Cadet-Devaux*, *Mauduit*, professeur au Collége royal ; *Coupé , Robin , Pellène , Sauvo , Johanneau , Salgues , Artaud*, secrétaire d'ambassade à Rome ; *Davrigny, Tabaraud, Malherbe*, ancien historiographe des états de Languedoc ; *Demanne*, employé à la Bibliothèque royale ; *Cohen , Bauhard*.

25. *Naissance du duc de Nemours*, fils de monsieur le duc et de madame la duchesse d'Orléans. L'enfant a été tenu sur les fonts par le roi et madame la duchesse d'Angoulême. Le duc de Nemours a été nommé Louis-Charles-Philippe-Raphaël.

NOVEMBRE 1. Un congrès des puissances alliées s'ouvre à Vienne. De grands et graves intérêts en sont l'objet. Voici la liste des plénipotentiaires des puissances réunies à ce congrès :

AUTRICHE , le prince *de Metternich*, président des séances du congrès. — Le baron *de Wessenberg*, envoyé de l'Autriche à Londres.

RUSSIE , le comte *Rasumowsky*, ambassadeur de Russie à Vienne. — Le comte *de Stackelberg*, ministre de Russie à Vienne. — Le comte *Nesselrode*, secrétaire d'état de Russie pour les relations extérieures.

FRANCE , le prince *de Talleyrand*, ministre des affaires étrangères. — Le duc *de Dalberg*, ministre de France. — Le comte *Latour-Dupin*. — Le comte *Alexis de Noailles*.

ANGLETERRE , lord *Cathcart*, ambassadeur à la cour de Russie. — Lord *Clancarty*, ambassadeur à La Haye. — Lord *Stuard*, frère de lord *Castlereagh*, ambassadeur à Vienne.

PRUSSE, le prince *de Hardenberg*, chancelier d'état. — Le baron *de Humboldt*, ministre désigné auprès du roi de France.

SUÈDE, le comte *de Lœwenhielm*, ministre à la cour de Russie.

ESPAGNE, le chevalier *de Labrador*, conseiller d'état au département des affaires étrangères.

PORTUGAL, le comte *Palmella-Sanza-Holstein*, ministre à Londres. — Le comte *Saldanha-de-Gama*, ministre à la cour de Russie. — Le chevalier *Lobo de Silveira*, ministre désigné à la cour de Vienne.

Le comité pour les affaires d'Allemagne est composé comme il suit :

AUTRICHE, le baron *de Wessenberg*.

PRUSSE, le baron *de Humboldt*.

BAVIÈRE, le feld-maréchal prince *de Wrède*.

HANOVRE, le comte *de Munster*. — Le comte *de Hardenberg*.

WURTEMBERG, le comte *de Winzingerode*. — Le baron *de Linden*.

Les actes de ce congrès ont été signés le 9 juin 1815. (*Voyez* cette date.)

6. *Ordonnance du roi* qui accorde un supplément de 200 fr. par an à chaque desservant que son évêque aura chargé provisoirement du service de deux succursales.

8. *Loi relative à la liste civile et à la dotation de la couronne.* Le 27 juin, M. Delhorme avait demandé que le roi fût supplié de fixer sa liste civile. Le 27 août, d'après l'avis d'une commission, la Chambre prit une résolution contenant tous les articles de la loi projetée. Le 15 septembre, la chambre des pairs amenda cette résolution d'une manière encore plus avantageuse à la couronne. Le roi, sensible à la sollicitude de la chambre des députés, lui renvoya son projet rédigé en loi le 26 octobre par M. de Blacas ; et le 28, à la majorité de 180 voix contre 4, la Chambre sanctionna son propre vœu. La loi donnait chaque année au roi vingt-cinq millions, et huit millions aux membres de sa famille ; elle désignait en outre les nombreux domaines composant la dotation de la couronne, conformément à la loi du 1er juin 1791, et aux *senatus-consulte* qui réglaient la dotation de la couronne impériale. La dotation de la couronne se compose, 1° du Louvre, des Tuileries avec leurs dépendances ; 2° des palais, bâtimens, terres, bois, etc., formant les domaines de Versailles, Marly, Saint-Cloud, Meudon, Saint-Germain, Rambouillet, Compiègne, Fontainebleau, Pau, Bordeaux, Strasbourg, etc. ; 3° des pierreries, bijoux, tableaux, statues, pierres gravées et autres monumens des arts, et des bibliothèques qui se trouvent soit dans les palais du roi, soit dans le garde-meuble, ou dans les musées de la couronne. — Les biens composant la dotation sont inaliénables, imprescriptibles, non passibles d'hypothèques, de contributions publiques. — Le roi peut néanmoins acquérir des domaines comme propriété privée et en jouir suivant la loi commune à tous les citoyens français. Ces propriétés supporteront leur part des charges et des contributions publiques.

9. *Loi* relative aux boissons, et qui adoucit l'arbitraire auquel donnait lieu l'impôt établi sur cette consommation.

22. *Loi qui prescrit l'observation extérieure des jours de repos et des fêtes reconnues par le gouvernement.* C'est sur la proposition de M. Bouvier que la Chambre supplia le roi de présenter cette loi. La proposition est du 30 juin; la résolution de la Chambre du 27 juillet; la présentation du projet, faite par M. de Montesquiou, du 8 octobre; l'adoption définitive par la Chambre du 14 du même mois, à la majorité de 139 voix contre 5.

28. *Ordonnance du roi* portant création de l'institution du mérite militaire en faveur des officiers de l'armée de terre et de la marine qui ne professent pas le culte catholique. — Les grands-croix sont au nombre de quatre, les commandans au nombre de huit; les chevaliers sont illimités.

30. MONUMENT DE QUIBERON. La commission du monument de *Quiberon*, réunie le 30 novembre 1814, sous la présidence de M. le maréchal duc de Dalmatie (Soult), gouverneur de la 13ᵉ division militaire (Rennes), a arrêté que le nombre de ses membres serait porté jusqu'à *treize*, et s'est définitivement constituée.

Membres de la commission : M. le maréchal duc de Dalmatie, *président;* MM. le duc *de Rohan*, le duc *de Levis*, le comte *de Damas*, le baron *de Damas*, le vicomte *de Sesmaisons*, le comte *de Botderu*, le comte *de Floirac*, le baron *de Suzannet*, le vicomte *Dubouchage*, le marquis *de la Rochejaquelin*, le comte *Charles d'Autichamp*, le baron *de Beausset*, le chevalier *Henri de Viella*.

La commission, ainsi constituée et réunie, ayant entendu la lecture du programme ci-après, l'a approuvé, et a ordonné qu'il serait publié.

PROGRAMME. — Les peuples civilisés regardèrent toujours comme un devoir sacré les honneurs rendus à la mémoire des guerriers objets de leurs regrets. — Chez les anciens, quelques cérémonies vaines suffisaient pour consoler des mânes affligés; mais la religion chrétienne, toute divine, suit ses enfans bien au delà du tombeau. — Elle met au premier rang de ses affections les victimes qu'une mort glorieuse lui enlève dans les combats livrés pour la défense de l'autel et du trône; aux éloges de la patrie, aux larmes des proches et des amis, elle unit des supplications, et ne cesse de demander une récompense éternelle pour prix d'un sacrifice passager. — Les champs de Carnac, les plages de Quiberon virent tomber des légions entières de ces guerriers chrétiens; en expirant, leurs dernières paroles furent des paroles d'amour pour leur roi et des vœux pour la patrie. — Aujourd'hui le roi après un long exil, la patrie après un long silence, répondent à ces touchans adieux. — La mémoire de ces preux chevaliers retrouve enfin ses honneurs !..... — ...... Pénétrée de ces motifs et de ceux énoncés dans l'*arrêté* du 17 novembre dernier, *de M. le maréchal duc de Dalmatie*, la commission a pris les résolutions suivantes : Il sera élevé un monument pyramidal sur le lieu même où les victimes de Quiberon ont été immolées. — Ce monument doit imposer par un caractère simple et noble. La matière même du pays, le granit, semble par sa dureté exclure toute espèce d'ornemens; des inscriptions doivent seules fixer l'attention..... — .... Un autre monument sera érigé dans la Chartreuse, près d'Auray, où les cendres de ces guerriers ont été transportées. — Cet édifice funéraire sera orné de deux bas-reliefs : l'un représentera la *restauration de la monarchie* et le *rétablissement de S. M. Louis-le-Désiré sur le trône de nos anciens rois ;* l'autre représentera S. A. R. Mgr le duc d'Angoulême faisant rendre les honneurs de la sépulture et les premiers devoirs religieux aux précieux restes de ces guerriers. — Ce mausolée doit également porter un caractère simple..... — ..... L'institution d'utilité publique indiquée par l'art. 3 de l'arrêté précité sera un *collége militaire.* — Le mode d'enseignement, le nombre des élèves et le régime intérieur seront fixés par la commission.... — .....La commission, voulant associer tous les Français à l'exécution d'un aussi noble et utile projet, et leur présenter tous les moyens d'y concourir à raison de leurs facultés, recevra tous les dons qui lui seront offerts ; la somme la plus modique sera acceptée.

On ne peut s'empêcher, en lisant le fait qui précède, de déplorer l'imprudence des ministres de Louis XVIII. Au lieu de chercher à rallier tous les Français au trône des Bourbons pour consolider leur autorité si nécessaire à la France, il semble que ces ministres malhabiles ne cherchent qu'à les diviser, qu'à éterniser les haines en voulant faire élever un monument à la mémoire de nos discordes civiles. Le maréchal Soult a mis le plus grand zèle pour réaliser ce projet au moins intempestif.

DÉCEMBRE 2. La Martinique est évacuée par les Anglais et remise aux Français.

— 3. *Ordonnance du roi.* Le maréchal Soult est nommé ministre de la guerre en remplacement du général comte Dupont. Le comte Beugnot est appelé au ministère de la marine en remplacement du baron Malouet, décédé. M. Dandré est chargé de la direction générale de la police en remplacement de M. Beugnot. L'opinion publique vit avec satisfaction la nomination du comte Beugnot et avec peine celle du maréchal Soult.

5. *Loi qui rend aux émigrés leurs biens non vendus;* proposée le 13 septembre par M. le ministre Ferrand; adoptée le 4 novembre par la chambre des députés, à la majorité de 169 contre 23. — Dans la discussion MM. Lainé et Fourquevaux avaient en vain demandé des indemnités pour les émigrés dont les biens étaient vendus. Lorsque, le 3 décembre, la chambre des pairs eut adopté la loi, M. le duc de Tarente renouvela cette demande, avec une addition qui lui assurait plus de succès. La proposition du maréchal tendait « à accorder, par une mesure générale, des indemnités 1° aux émigrés dont les biens avaient été vendus ; 2° aux militaires qui avaient reçu de l'ancien gouvernement des dotations de 500 à 2000 francs. » Le 28 décembre, attendu sa prochaine séparation, la chambre des pairs ajourna la proposition à la session suivante, suppliant le roi de faire préparer pour cette époque des renseignemens qui la missent à même de statuer sur lesdites indemnités.

7. La Guadeloup est évacuée et remise aux Français.

16. *Ordonnance du roi.* « Les circonstances exigeant impérieusement d'apporter les plus grandes économies dans les dépenses de la guerre, les offi-

ciers généraux, les officiers de tous grades et les administrateurs militaires qui ne seront point employés ne pourront recevoir, à compter du 1er janvier 1815, que le traitement de demi-solde. Cette ordonnance est contre-signée par le maréchal Soult, duc de Dalmatie. » — Une autre ordonnance de ce jour porte une nouvelle organisation de *trois régimens étrangers.*

21. *Loi qui reconnaît comme dettes de l'état, jusqu'à concurrence de trente millions, les dettes contractées par le roi en pays étranger.* — Sur la proposition de M. Fornier de Saint-Lary, le 22 juillet, la chambre, par une résolution du 5 septembre, supplia le roi de présenter l'état de ses dettes en pays étranger. M. de Blacas d'Aulps, ministre de la maison du roi, proposa une loi en conséquence le 29 novembre. Adoptée le 15 du mois suivant, cette loi a réuni 159 suffrages sur 160 votans.

25. A la majorité de 111 voix contre 48, la chambre des députés vote la loi qui réduit le nombre des membres de la cour de cassation à quarante-cinq.

— *Ordonnance du roi* qui établit à Saumur une école d'équitation destinée à former des instructeurs pour tous les corps de cavalerie.

28. Ordonnance du roi portant que l'imprimerie royale cessera d'être régie aux frais de l'état.

30. *Ordonnance du roi qui prononce la clôture de la session des chambres législatives pour l'année* 1814, *et qui les ajourne au 1er mai* 1815. Cette chambre de députés qui est celle de 1812 et de 1813 est regardée jusqu'à cette époque comme la chambre la plus nulle de toutes nos assemblées délibérantes. On attribue cette infériorité au régime impérial. Dans ce temps le corps législatif ou gardait le silence ou approuvait les actes d'un maître impérieux qui ne permettait aucune contradiction. Aussi le rôle que joua la majorité de cette chambre pendant la session de 1814 ne doit-il pas nous étonner. Si dans le nombre de ces députés élus sous l'influence de l'empire nous n'en voyons qu'une très petite portion digne de notre estime et de notre vénération, montrer de l'indépendance et du patriotisme, il est à croire cependant que d'autres causes que celle que nous venons de signaler contribuèrent pour beaucoup à maintenir cette chambre dans la position purement passive dans laquelle elle a vécu sous le régime même de la charte. Plusieurs membres avaient participé activement aux événemens des mois de mars et d'avril, et ce motif puissant enchaînait leur voix quand ils voulaient s'élever contre le système coupable d'un ministère qui était en partie leur ouvrage. D'autres députés honorables, mais faibles et timides, se laissaient circonvenir par d'adroits corrupteurs qui leur recommandaient d'avoir égard à la position peu affermie encore du nouveau gouvernement. Il ne fallait pas leur disait-on trop exiger d'une autorité si nouvelle, et d'un ministère qui malgré les reproches qu'on était en droit de lui adresser n'en était pas moins rempli de bonne volonté. Tels sont à nos yeux les motifs qui expliquent la nullité et l'infériorité de la chambre de 1814. Quelques hommes cependant méritent d'être exceptés de cette foule de députés faibles et serviles, et il en est dont la France ne perd point le souvenir.

Ecrits divers par ordre de publication : *De Buonaparte , des Bourbons et de la nécessité de se rallier à nos princes légitimes pour le bonheur de la France et de l'Europe* , par de Châteaubriand. Cet écrit a eu un supplément peu de jours après la publication du précédent ouvrage. — *Discours sur les avantages et les inconvéniens de la critique*, par Villemain. — *De l'esprit de conquête et de l'usurpation dans leurs rapports avec la civilisation européenne*, par Benjamin de Constant-Rebecque. — *De la nécessité d'une Charte constitutionnelle*, suivie de quelques réflexions sur la constitution décrétée par le sénat, par M. A. P. de Montandré. — *De la Restauration politique de l'Europe et de la France*, par M. de Flassan. — *Opinion sur la conspiration de Moreau, Pichegru et autres*, *sur la non-culpabilité de Moreau, et procès verbal de ce qui s'est passé à la chambre entre les juges relativement à ce général*, par Lecourbe, juge à la cour de justice criminelle de Paris. — *Le Spectateur*, ou Variétés historiques , littéraires et critiques , par Malte-Brun. — Divers articles *sur l'aliénation mentale*, par le docteur Esquirol. — *Astronomie théorique et pratique*, par Delambre. — *Le Château de l'Indolence*, poëme en deux chants , par Thomson, auteur des *Saisons;* suivi de deux autres poëmes traduits de l'anglais , avec le texte en regard, par Lemierre d'Argy. — *La Constitution non écrite du royaume de France*, et les preuves qu'elle n'a jamais cessé un seul instant d'être en vigueur depuis Clovis jusqu'à ce jour ; suivies d'un projet de Charte pouvant former le droit public de France à l'avénement de sa majesté Louis XVIII au trône, par M. C. L. Ducancel. — *Des Dépôts de mendicité*, et de l'influence qu'ils peuvent avoir sur la prospérité publique, par Guinan-Laoureins. — *Quelques idées sur la liberté de la presse*, par F. Guizot. — *Mémoires pour servir à l'histoire de France pendant le gouvernement de Napoléon Buonaparte et l'absence de la maison des Bourbons*, par J.-E. Salgues. — *Nouveau Dictionnaire de la langue française*, par F.-J. Mayeux. — *Réflexions sur les constitutions, la distribution des pouvoirs et les garanties dans une monarchie constitutionnelle*, par Benjamin Constant. — *Histoire des états-généraux ou assemblée nationale en 1789*, par Granié. — *La Paix*, élégie adressée à madame la duchesse d'Angoulême, par C.-L. Mollevaut. — *L'Annotateur judiciaire*, par Debouis, avocat avoué à Rouen. — *Campagne de Paris en 1814*, précédée d'un coup d'œil sur celle de 1813, ou Précis historique et impartial des événemens depuis l'invasion de la France par les armées étrangères jusqu'à la capitulation de Paris, la déchéance et l'abdication de Buonaparte inclusivement, suivi de l'exposé des principaux traits de son caractère et des causes de son élévation, par P.-F.-F.-S. Giraud. — *De la domesticité chez les peuples anciens et modernes*, par Grégoire, ancien évêque de Blois. — *Des lois fondamentales de la France au sujet de la constitution de 1814*, par Ch. Dupin. — *De la liberté des brochures , des pamphlets et des journaux, considérée sous le rapport de l'intérêt du gouvernement*, par Benjamin Constant. — *De la restauration de la monarchie des Bourbons et du retour à l'ordre*, par le comte de Montgaillard. — *Réflexions sur quelques parties de notre législation civile*, envisagée sous le rapport de la religion et de la morale, le mariage, le divorce, les enfans naturels, l'adoption, la puissance paternelle, etc., par Ambroise Rendu, avocat à la cour royale de Paris, inspecteur général et conseiller ordinaire de l'université. — *Description de la Grèce de Pausanias*, traduction nouvelle avec le texte collationné snr les manuscrits de la Bibliothèque du roi, par M. Clavier, membre de l'institut et professeur au collége royal de France : dédiée au roi. — *De la Monarchie française depuis son établissement jusqu'à nos jours*, ou Recherches sur les anciennes institutions françaises, leurs progrès, leur décadence, et sur les causes qui ont amené la révolution et les diverses phases jusqu'à la déclaration d'empire, avec un supplément sur le gouvernement de Buonaparte depuis son commencement jusqu'à sa chute, et sur le retour de la maison de Bourbon, par le comte de Montlosier. — *Le Censeur*, ou Examen des actes et des ouvrages qui tendent à détruire ou à consolider la constitution de l'état, par Comte. — *Répertoire de l'administration de marine*, ou Tables, par ordre de dates et de matières, des lois principales relatives à la marine et aux colonies, depuis leur origine jusqu'à ce jour, par Bajot, chef de bureau des lois au ministère de la marine. — *Histoire de France pendant les guerres de religion*, par Charles Lacretelle. — *Histoire des Cosaques*, précédée d'une introduction, ou Coup d'œil sur les peuples qui ont habité le pays des Cosaques avant l'invasion des Tartares, par Lesur. — *Histoire des Sectes religieuses*, qui, depuis le commencement du siècle dernier jusqu'à l'époque actuelle, sont nées, se sont modifiées, se sont éteintes dans les quatre parties du monde, par Grégoire, ancien évêque de Blois. — *Voyage en Autriche*, ou Essai statistique et géographique sur cet empire, par Marcel-de-Serres. — *Recherches historiques sur la Bretagne*, d'après ses monumens anciens et modernes, par Mandet de Penhouet. — *Recueil de fragmens de sculpture antique en terre cuite*, par feu d'Agincourt. — *Description des nouveaux globes terrestres et célestes*, sphères de Copernic et de Ptolémée, de 18, 14, 10, 7 et 3 diamètres, etc., par Lapie. — *Histoire de J.-B. Bossuet*, évêque de Meaux, composée sur les manuscrits originaux, par L.-Fr, de Bausset, ancien évêque d'Alais. — *Remarques faites dans un voyage de Paris à Munich, au commencement de 1813*, par Depping. — *De la réorganisation de la société européenne*, ou de la nécessité et des moyens de rassembler les peuples de l'Europe en un seul corps politique, en conservant à chacun son indépendance nationale, par le comte de Saint-Simon, et par A. Thierry, son élève. — *Histoire de l'Inde ancienne et moderne*, ou l'Indostan considéré relativement à ses antiquités, à sa géographie, à ses usages, à ses mœurs, à la religion de ses habitans, à ses révolutions politiques, à son commerce et à son état actuel, avec une carte de l'Inde et les subdivisions actuelles de l'Indostan, et des pièces inédites à l'appui, par Collin de Bar. — *Fables et Contes en vers*, suivis des poëmes de *la Lupiade* et *la Vulpiade*, dédiés à Ésope, par N. François de Neuchâteau. — *Élégies*, en trois livres, par Charles Millevoye. Ce volume est le quatrième des poésies de cet auteur. — *Guillaume le Franc-Parleur*, par Jouy. — *Recherches historiques, militaires, géographiques et philosophiques*, d'après Hérodote, Thucydide et Xénophon, avec cartes géographiques, plans de siéges et de batailles, et index des matières pour servir à l'étude approfondie de l'histoire, par J.-B. Gail.

THÉATRE : *Joconde*, par Étienne, musique de Nicolo, opéra représenté le 28 février 1814. — *Les héritiers Michau*, ou *le moulin de Lieursain*, par Planard, musique de Bochsa. — *Les États de Blois*, tragédie en cinq actes et en vers, par Raynouard. — *Le Chien de Montargis*, mélodrame historique en trois actes, par R.-C. Guilbert de Pixérécourt. — *Charles-le-Téméraire*, par Guilbert de Pixérécourt.

NÉCROLOGIE. *Mercier* (Louis-Sébastien), auteur du *Tableau de Paris*, né le 6 juin 1740, est mort à Paris le 25 avril 1814. — *Sonnerat* (Pierre), auteur d'un *Voyage aux Indes-Orientales*, et correspondant de l'institut, est mort à Paris en avril 1814. — *Celerier* (Jacques), architecte distingué, est mort à Paris en avril 1814. — *Delaunay* (Robert), graveur, auteur des portraits qui font suite à la collection de *Fiquet*, est mort à Paris en avril 1814. — *Bastion* (Yves), aumônier du lycée Louis-le-Grand, auteur d'ouvrages élémentaires destinés à l'éducation des enfans, est mort à Paris le 8 mai 1814. — *Cournand* (Antoine), auteur d'une traduction *des Géorgiques de Virgile*, né à Grasse (Provence), est mort à Paris le 25 mai 1814. — *Picquenot* (Michel), habile graveur, est mort à Paris le 1er mai 1814. — *Joséphine*, première femme de *Bonaparte*, est morte à la Malmaison près Paris le 29 mai 1814 — Philippe-Xavier *Leschevin*, homme de lettres, né à Versailles en 1771, est mort à Dijon le 6 juin 1814. — *Palissot* (Charles), auteur de la *Dunciade*, de la comédie *des Philosophes* et *des Mémoires sur notre littérature*, est mort à Paris le 15 juin 1814 ; il était né à Nancy le 3 janvier 1730. — *Despare* (Joseph), homme de lettres, né à Bordeaux, connu par ses *Quatre satires*, est mort à Cussac en Médoc le 15 juin 1814 ; il était âgé de quarante-cinq ans environ. — *Dubois-Crancé*, député à la convention, est mort à Rhetel le 29 juin 1814. — *Dutrone* (Jacques-François), médecin, auteur d'un *Précis sur la canne à sucre*, et d'un ouvrage intitulé : *Vues générales sur l'importance des colonies*. — *Chedeville*, plus connu sous le nom de *Morel*, auteur de plusieurs opéras, tels que *la Caravane*, *les Mystères d'Isis*, *Panurge dans l'île des Lanternes*, est mort à Paris le 13 juillet 1814. — *Rumfort* (le comte de), très connu par des travaux relatifs à l'économie domestique, est mort à sa maison de campagne à Auteuil près Paris le 19 août 1814. — *Rozières* (Jean Réné le Couppey de la), acteur du théâtre du Vaudeville, et auteur de pièces mêlées d'ariettes, est mort à Paris le 20 juillet 1814 ; il était l'un des convives des *dîners du Vaudeville*. — *Baucet* (Joseph), auteur de quelques romans et de quelques pièces de théâtre, est mort à Mayence en 1814. — *Gilibert* (Jean-Emmanuel), auteur de plusieurs ouvrages de médecine et de botanique, est mort à Lyon le 2 septembre ; il était né le 21 juin 1741. — *Mallouet*, ministre de la marine, ancien membre de la constituante, auteur de plusieurs écrits estimés sur les colonies, est mort à Paris le 7 septembre 1814 ; il était né en 1740. — Simon *Chardon de la Rochette*, homme de lettres et helléniste célèbre, est mort à Paris le 18 septembre 1814; il était né à la Rochette en 1752. — *Bourgeat* (Louis-Alexandre-Marguerite), homme de lettres, l'un des rédacteurs du *Moniteur* et du *Mercure*, est mort à Paris le 14 septembre 1814, âgé de vingt-six ans ; il était né à Grenoble. — *Seroux d'Agincourt*, auteur de *l'Histoire de l'art par les monumens*, est mort à Rome le 24 septembre 1814. — *Olivier* (Guillaume-Antoine), membre de l'institut, auteur d'un ouvrage, intitulé : *Voyage en Perse*, est mort à Lyon le 1er octobre 1814 ; il était né en 1756. — Antoine-Jos-Nic de *Rosni*, homme de lettres, est mort à Paris le 21 octobre 1814. — *Bosquillon* (Édouard-François-Marie), médecin, professeur au collége de France, et homme de lettres, est mort à Paris le 23 novembre 1814. — *Moreau* (Jean-Michel), graveur et dessinateur célèbre, est mort à Paris le 30 novembre 1814; il était né en 1741. — *Bres* (Jean-Pierre), auteur de plusieurs romans, est mort à Paris le 29 novembre 1814. — *Parny* (Evariste-Désiré *Desforges*, chevalier de), poëte célèbre, et qu'on a surnommé le Tibulle français, est mort à Paris le 5 décembre 1814, à l'âge de soixante ans ; il était né à l'île Bourbon. — *Charles*, prince de Ligne, célèbre par ses ouvrages, son esprit de société et par ses liaisons avec les personnages les plus remarquables, est mort à Vienne le 13 décembre 1814. — N.-François *Guillard*, auteur des opéras d'*Iphigénie en Tauride*, d'*OEdipe à Colonne*, etc., est mort à Paris le 26 décembre 1814.

ANNÉE 1815.

JANVIER 13. *Ordonnance du roi.* « LOUIS... Nous sommes informés que dans le courant de l'année qui vient de finir, un grand nombre d'habitans de plusieurs villes et communes de notre royaume, égarés par le désir irréfléchi ou par l'espérance mal fondée de voir abolir entièrement le système d'imposition indirecte, précédemment établi sous la dénomination de *droits réunis*, se sont livrés à des excès très repréhensibles en pillant ou détruisant des bureaux de perception, lacérant ou brulant les registres, exerçant des violences ou voies de fait, tant contre la personne des employés que contre les fonctionnaires publics et la force armée chargée de les protéger. Ces mouvemens séditieux et ces désordres ont éclaté principalement à l'occasion des droits établis sur les boissons, les sels et les tabacs, dont la législation vicieuse à certains égards avait excité toute notre sollicitude, et a été depuis modifiée et améliorée de manière à prévenir les abus et vexations qui pouvaient excuser les plaintes des contribuables. — Nous sommes fermement résolus à assurer pour l'avenir la stricte et rigoureuse exécution des lois et règlemens que nous avons rendus sur ces matières de concert avec les deux chambres. Mais si rien ne peut désormais nous porter à adoucir la sévérité des règles nouvellement établies et au maintien desquelles toutes les autorités concourront nous couvrirons le passé de notre indulgence, etc. »

18. *Exhumation* des restes de *Louis XVI* et de *Marie-Antoinette.* L'endroit où ils ont été enterrés est fouillé. Quelques ossemens sont retrouvés.

FÉVRIER 26. Le roi de Naples, Murat, quoique paraissant uni aux confédérés qui l'ont reconnu, a fait demander au Congrès de Vienne le passage de la haute et moyenne Italie sous le prétexte d'envoyer une armée contre la France qui dit-il, veut replacer Ferdinand sur le trône de Naples. Mais son but est de prêter appui à Napoléon dont il connaît les projets et auquel, assure-t-on, il n'a cessé d'être fidèle, quoique, par une politique toute italienne, il eût semblé faire cause commune avec ses ennemis. — L'Autriche lui refuse ce passage.

MARS 1er. *Débarquement de Napoléon au golfe Juan.* Il est parti de l'île d'Elbe avec 900 soldats. Il déclare que la trahison, plus encore que les succès des Alliés, a livré la France à ses ennemis. « Les Français, ajoute-t-il, ne furent jamais sur le point d'être plus puissans, et l'élite de l'armée ennemie eût été perdue sans ressource ; elle eût trouvé son tombeau dans ces vastes contrées qu'elle avait si impitoyablement ravagées. Dans ces nouvelles et grandes circonstances, mon cœur fut déchiré, mon ame resta inébranlable ; je m'exilai sur un rocher au-delà des mers ; ma vie vous était et devait encore vous être utile. Elevé au trône par votre choix, tout ce qui a été *fait* sans vous est illégitime. »

6. Ordonnance de Louis XVIII portant que les Chambres sont convoquées sur-le-champ.

— Louis XVIII déclare Napoléon traître et rebelle. Il invite à lui courir sus et à l'arrêter.

7. Napoléon arrive à Grenoble.

9. Ordonnance de Louis XVIII relative à la mise en activité de la garde nationale. « La charte constitutionnelle, que nous avons promis d'observer et de *faire* observer à jamais, qui est notre ouvrage libre et personnel, le résultat de notre expérience, doit être notre point de ralliement. »

10. Napoléon arrive à Lyon avec 8000 hommes de troupes qui se sont ralliés à son drapeau. Il entre aux acclamations de la population.

11. Le maréchal Soult est remplacé au ministère de la guerre par le général Clarke, duc de Feltre.

13. *Déclaration du Congrès de Vienne.* « En rompant ainsi la convention qui l'avait établi à l'île d'Elbe, Bonaparte détruit le seul titre légal auquel son existence se trouvait attachée. En reparaissant en France avec des projets de troubles et de bouleversemens, il s'est privé lui-même de la protection des lois, et a manifesté, à la face de l'univers, qu'il ne saurait y avoir ni paix ni trève avec lui. Les puissances déclarent, en conséquence, que Napoléon Bonaparte s'est placé hors des relations civiles et sociales, et que, comme ennemi et perturbateur du repos du monde, il s'est livré à la vindicte publique. Elles déclarent, en même temps, que, fermement résolues à maintenir intacts le traité de Paris du 30 mai 1814 et les dispositions sanctionnées par ce traité, et celles qu'elles ont arrêtées ou qu'elles arrêteront encore pour le compléter et le con-

14

solider, elles emploieront tous les moyens et réuniront tous leurs efforts pour que la paix générale, objet des vœux de l'Europe, ne soit pas troublée. »

— *Décret de Napoléon*, daté de Lyon, portant dissolution de la Chambre des pairs et de la Chambre des députés. Bonaparte convoque à Paris les colléges électoraux de département, en assemblée extraordinaire du Champ-de-Mai, pour la modification des constitutions de l'empire, et le couronnement de l'impératrice et du prince impérial.

16. SÉANCE ROYALE. — *Ouverture de la Chambre des pairs et de celle des députés* par Louis XVIII. Dans le discours du roi on remarque ces paroles : « Celui qui vient allumer parmi nous les torches de la guerre civile, y apporte aussi le fléau de la guerre étrangère; il vient remettre notre patrie sous son joug de fer; il vient détruire cette charte constitutionnelle que je vous ai donnée, cette charte, mon plus beau titre aux yeux de la postérité; cette charte que tous les Français chérissent, et que je jure ici de maintenir. » — *Monsieur*, frère du roi, depuis Charles X, ajouta : « Sire, permettez que j'unisse ma voix et celle de votre famille aux sentimens que vous venez d'exprimer. Oui, Sire, c'est au nom de l'honneur que nous jurons tous fidélité à votre majesté et à la charte constitutionnelle, qui assure le bonheur des Français. »

M. Lainé prit ensuite la parole, et, faisant allusion aux propos inconsidérés de quelques ultras, aux défiances qu'ils avaient fait naître, prononça les paroles suivantes dont voici quelques fragmens : « Ce n'est pas le moment de rechercher les fautes, de découvrir les causes de cette agitation inattendue. La France obtiendra bientôt, par ses représentans, justice et réparation. Ce n'est plus de la cour que peuvent venir les inquiétudes sur la liberté et les droits reconnus. Dès que la France sera délivrée, nous aurons toutes les garanties qui assurent à jamais la sage liberté des peuples. Non seulement le roi, mais les princes qui sont sur les marches du trône, ont fait des promesses solennelles. Ils n'auront jamais ni la volonté, ni le pouvoir de les violer. »

17. Manifeste du prince d'Orange qui, en vertu d'une résolution du Congrès de Vienne, se proclame roi des Pays-Bas.

20. Louis XVIII part secrètement de Paris. Ses ministres, en qui il a placé sa confiance, n'ont pas pris les mesures nécessaires pour s'opposer à l'entrée de Napoléon. C'est à minuit un quart que le roi quitte le palais des Tuileries.

— Napoléon arrive au palais des Tuileries à 9 heures du soir. Sa marche de l'île d'Elbe dans la capitale de la France n'a été qu'une course triomphale. Les Parisiens croient que son arrivée n'est qu'un songe, une illusion fantastique. On ne peut croire à une aussi rapide suite de merveilles. Le mépris que les courtisans et les émigrés ont affecté pour la charte a désaffectionné la nation. Napoléon se présente comme un libérateur. On remarque, dans le ministère qu'il forme, Cambacérès et Carnot.

23. Louis XVIII, qui s'était rendu à Lille avec l'intention de s'y *renfermer*, quitte cette ville et se retire en Belgique.

25. Traité de Vienne entre l'Autriche, la Russie, l'Angleterre et la Prusse, qui confirme les traités de Chaumont du 1er mars 1814 et de Paris du 30 mai de la même année. Les puissances déclarent qu'elles prendront tous les moyens

nécessaires pour mettre Napoléon hors d'état de troubler à l'avenir la paix de l'Europe. Elles s'engagent à fournir, chacune dans ce but, cinquante mille hommes et à ne porter les armes que d'un commun accord.

27. Déclaration du Conseil-d'Etat qui relève Napoléon de la déchéance prononcée contre lui par le Sénat.

AVRIL 16. Le duc d'Angoulême a voulu tenter de soutenir, sur les bords du Rhône, la cause de sa famille. Mais il n'est entouré que par des troupes désaffectionnées et il a contre lui des généraux expérimentés. Il succombe et est conduit prisonnier à Cette. Napoléon, considérant ce prisonnier comme un embarras, ordonne qu'il soit conduit hors de France.

22. Acte additionnel aux Constitutions de l'Empire. — Plusieurs articles de cet acte sont empruntés à la Charte de Louis XVIII. — On remarque l'établissement de deux Chambres : une Chambre de pairs héréditaires et une Chambre de représentants élus par le peuple au moyen de deux degrés d'élection. Cette Constitution impériale est accueillie avec défiance.

MAI 12. Rapport publié par ordre du Congrès de Vienne. On y trouve le passage suivant : «La liberté d'une nation, de changer son gouvernement, doit avoir des limites. Si les puissances ne sont pas autorisées à imposer un gouvernement à la France, elles ont le droit de protester contre l'abus qu'elle en pourrait faire, et d'empêcher que, sous le titre de gouvernement, il ne s'y établisse un foyer de désordre et de bouleversement pour les autres Etats. Un tel gouvernement, placé entre les mains de Napoléon, ne serait qu'un état perpétuel d'incertitude, d'anxiété et de danger. »

20. La Diète suisse entre dans la coalition.

— Joachim Murat, qui a opéré une reprise d'armes, le 28 mars précédent, contre diverses provinces italiennes, est dépossédé en faveur du roi Bourbon Ferdinand. Il semble qu'il ait été instruit des projets de Napoléon, et qu'il n'ait pris les armes que pour faire une diversion en sa faveur. La convention qui sanctionne sa défaite, est signée par les généraux autrichiens, un envoyé anglais et le général en chef de l'armée napolitaine.

27. L'empereur d'Autriche, l'empereur de Russie et le roi de Prusse quittent Vienne pour se rendre près de leurs armées, qui marchent contre la France. Ils n'ont voulu entendre à aucune des propositions de Napoléon.

JUIN 1er. *Assemblée du Champ-de-Mai.* Napoléon a réuni au Champ-de-Mars des députés des départements, des gardes nationales et de l'armée. Un autel de la patrie a été élevé au milieu de l'enceinte, et là, après une cérémonie religieuse à laquelle préside l'archevêque de Tours, le serment de fidélité aux constitutions de l'empire et à la dynastie de Napoléon est prononcé. Napoléon prête également serment. Cambacérès déclare que l'acte additionnel a été accepté par un million trois cent mille votans et qu'il n'a été rejeté que par quatre mille deux cents citoyens.

2. Napoléon nomme 118 pairs.

7. *Ouverture des Chambres par Napoléon.* Il pense que cette réunion rendra sa position plus facile; mais la Chambre des représentans, au lieu d'être un appui, lui deviendra un embarras réel. Lanjuinais est élu président

Lafayette, Dupont (de l'Eure), Grenier et Flaugergue sont élus vice-présidens. On remarque cette phrase dans le discours de Napoléon : « Aujourd'hui s'ac-
» complit le désir le plus puissant de mon cœur ; je viens commencer la mo-
» narchie constitutionnelle. »

12. *Napoléon part de Paris* pour se placer à la tête de son armée réunie sur la frontière du nord. La rapidité avec laquelle Bonaparte a réuni les moyens de défense qu'il a déjà dans sa main, étonne l'imagination. Son armée active se compose de 170 mille hommes, et si quelques jours lui étaient laissés elle s'éleverait à 300 mille combattans. Les alliés ont 1,050,000 hommes à lui opposer.

15. *Napoléon entre en Belgique.* Il a avec lui 120 mille hommes ; il établit son quartier-général à Charleroi. Celui des Anglais est à Bruxelles et celui des Prussiens à Namur.

16. Bataille de Ligny. Napoléon bat les Prussiens et les force à se retirer. Ney bat les Anglais et les repousse.

18. *Bataille de Waterloo.* Napoléon n'a sous ses ordres que 69 mille hommes, parce qu'il a détaché Grouchy de l'autre côté de la Dyle avec 35 mille hommes, dans l'espoir qu'il tiendra l'armée prussienne en échec. Il a contre lui le général Wellington, qui se trouve à la tête de 90 mille Anglais, Hollandais et Hanovriens, etc., et le général Bulow qui commande 30 mille Prussiens. Napoléon donne le signal de la bataille à onze heures du matin ; l'action se prolonge jusqu'à sept heures du soir avec une sublime énergie du côté des Français et une constance héroïque du côté des Alliés. L'issue de cette lutte sanglante semble douteuse...., mais tout à coup 30 mille nouveaux Prussiens commandés par Blucher arrivent pour renforcer l'armée ennemie, tandis que Napoléon attend le retour de Grouchy qui n'arrive pas... *Un cri de sauve qui peut* vient ajouter à nos désastres. L'armée française laisse sur le champ de bataille la moitié de ses soldats et le reste ne peut opérer sa retraite avec ordre. L'ennemi a perdu 34 mille hommes, mais c'est sur la France que retombe cette terrible catastrophe, qui a changé la face de l'Europe, et dont les conséquences ont été des révolutions d'empires.

21. *Napoléon arrive à Paris*, il veut tenter un dernier essai... mais la Chambre des représentans n'est plus qu'un embarras pour lui dans la position où le désastre de *Waterloo* a jeté la France. Cette Chambre renferme d'ailleurs de perfides ennemis de Bonaparte, qui songe à la dissoudre.

— Lafayette fait adopter à la Chambre des représentans une motion portant : « que l'indépendance de la nation est menacée, que toute tentative pour dissoudre les Chambres est un crime de haute trahison. » — Cette motion change les desseins de Napoléon.

22. Abdication de l'Empereur. Il proclame son *fils* Napoléon II, Empereur des Français. « En commençant la guerre, dit-il, pour soutenir l'indépendance nationale, je comptais sur la réunion de *tous les efforts, de toutes les volontés*, et sur le concours de *toutes les autorités*. J'ai reconnu que les circonstances étaient changées ! »

— La Chambre nomment un gouvernement provisoire dont Carnot et Fouché, duc d'Otrante, font partie.

25. *Proclamation de Louis XVIII.* « Nous nous hâtons de rentrer dans nos États, pour y rétablir la Constitution que nous avions donnée à la France... Notre intention est de récompenser les bons, et de mettre à exécution les lois existantes contre les coupables. »

27. *Paris est mis en état de siége.*

—*Proclamation de Louis XVIII aux Français, datée de Cambray.* « J'apprends qu'une porte de mon royaume est ouverte, et j'accours pour adoucir les maux que j'avais voulu prévenir, pour me placer, une seconde *fois*, entre les armées alliées et les *Français*, dans l'espoir que les égards dont je puis être l'objet tourneront à leur salut ; c'est la seule manière dont j'ai voulu prendre part à la guerre ; je n'ai point permis qu'aucun prince de ma *famille* parût dans les rangs étrangers... mon gouvernement devait *faire* des *fautes* ; peut-être en a-t-il fait... L'expérience ne sera pas perdue... je veux tout ce qui sauvera la *France.* »

29. Napoléon quitte Paris. — Il se rend à Rochefort.

— Wellington et Blucher sont imprudemment arrivés sous les murs de Paris. Ils ont cru l'armée de Grouchy et celle de Vandamme perdues. Ces deux armées ont, au contraire, opéré leur jonction avec celle de Davoust qui présente au moyen de cette réunion, un effectif de 90 mille hommes.

—L'armée prussienne peut être séparée de l'armée anglaise. Le maréchal Davoust en avait conçu le plan. Napoléon lui-même, quoiqu'en route, en apprenant la position dans laquelle se sont engagés les Alliés, a compris l'avantage qu'on pouvait tirer de cette imprudence. Mais c'est en vain qu'il écrit au *gouvernement provisoire* pour le prier de lui confier le gouvernement de l'armée, non plus comme empereur, mais comme général. Sa demande est rejetée. Le général Davoust cède même aux instances de son conseil de guerre : il renonce à son plan afin de préserver Paris d'une chance possible d'extermination.

JUILLET 3. *Convention de Saint-Cloud* entre le maréchal Davoust et les généraux Wellington et Blucher. « Aujourd'hui, 3 juillet 1815, les commissaires nommés par les commandans en chef des armées respectives, savoir : M. le baron Bignon, chargé du porte-feuille des affaires étrangères ; M. le comte Guilleminot, chef de l'état-major général de l'armée française ; M. le comte de Bondy, préfet du département de la Seine, muni des pleins pouvoirs de S. E. le maréchal prince d'Eckmülh, commandant en chef de l'armée française, d'une part : et M. le général major baron Mufling, muni des pleins pouvoirs de S. A. le feld-maréchal prince Blucher, commandant en chef de l'armée prussienne ; M. le colonel Hervey, muni des pleins pouvoirs de S. E. le duc de Wellington, commandant en chef de l'armée anglaise, de l'autre part ; sont convenus des articles suivans :

» ART. 1er. Il y aura une suspension d'armes entre les armées alliées commandées par S. A. le feld-maréchal prince Blucher et S. E. le duc de Wellington, et l'armée française sous les murs de Paris.

» 2. Demain , l'armée française commencera à se mettre en marche pour se porter derrière la Loire. L'évacuation totale de Paris sera effectuée en trois jours, et son mouvement pour se porter derrière la Loire sera terminé en huit.

» 3. Les propriétés publiques, à l'exception de celles qui ont rapport à la guerre, soit qu'elles appartiennent au gouvernement, soit qu'elles dépendent de l'autorité municipale , seront respectées, et les puissances alliées n'interviendront en aucune manière dans leur administration et dans leur gestion.

» Seront pareillement respectées les personnes et les propriétés particulières ; les habitans de Paris, et en général tous les individus qui se trouvent dans la capitale, continueront à jouir de leurs droits et libertés, sans pouvoir être inquiétés ni recherchés en rien, relativement aux fonctions qu'ils occupent ou auraient occupées, à leur conduite et à leurs opinions politiques. »

6. *Entrée des Alliés à Paris.*

7. *Dans la nuit du 7 au 8 juillet les salles des assemblées législatives sont* FERMÉES. Ce résultat est dû à la nécessité où l'on était de faire entrer le lendemain Louis XVIII à Paris. Dissolution singulière ! Ainsi, cette Chambre des représentans naguère si énergique, devant laquelle Napoléon est tombé, tombe aujourd'hui devant un préfet de police provisoire. Quelques membres font une protestation sans éclat et sans effet ; ils la déposent entre les mains de M. Lanjuinais , leur président.

8. Entrée de Louis XVIII à Paris par le faubourg Saint-Denis. Quelques royalistes lui avaient conseillé de faire son entrée par la barrière de Clichy plutôt que par le faubourg Saint-Denis, qui était habité par un grand nombre de fédérés, et qui, par ce motif, leur inspirait des craintes pour la vie du roi. Louis XVIII, à qui on représentait ce danger, répondit : « Il y a un malheur que je ne redouterai jamais, c'est celui de craindre mon peuple. »

9. *Premier ministère de la deuxième Restauration.* M. le prince de Talleyrand est nommé ministre des affaires étrangères avec la présidence du conseil. — M. Fouché, duc d'Otrante, est nommé ministre de la police. — M. le baron Pasquier, garde-des-sceaux. — Le maréchal Gouvion-Saint-Cyr, ministre de la guerre. — M. le comte de Jaucourt, ministre de la marine. — M. le duc de Richelieu, ministre de la maison du roi — M. le baron Louis , ministre des finances. — Le ministère de l'intérieur n'est point encore pourvu.

15. Bonaparte se rend à bord du vaisseau anglais *le Bellérophon.* « Je viens, dit-il , comme Thémistocle, m'asseoir sur les foyers de mes ennemis. » — Il s'en remet à la générosité du prince régent d'Angleterre..... Le capitaine du *Bellérophon*, Maitland , a déclaré aux envoyés de Bonaparte qu'il ne peut prendre aucun engagement au nom de son gouvernement.

16. *Ordonnance portant organisation d'une nouvelle armée.* A l'avenir l'armée sera composée ainsi qu'il suit : 86 légions de 3 bataillons. — 8 régimens d'artillerie à cheval. — 47 régimens de cavalerie.

17. *Proclamation du maréchal Davoust à l'armée :* « Soldats, complétez votre soumission et votre obéissance. — Arborez la cocarde et le drapeau blanc. Je

vous demande, je le sais, un grand sacrifice; mais l'intérêt de notre patrie le commande. Un soldat sert toujours son pays quelque soit le gouvernement qu'on ait. L'armée ne peut être délibérante. » —L'armée se résigne sans résistance. — Le 11 du même mois le maréchal Davoust avait adressé à l'armée une autre proclamation dans laquelle on remarque les passages suivans : « L'intérêt national doit réunir franchement l'armée au Roi... l'armée subsistante, l'armée unie, deviendra, si nos malheurs s'aggravent, le centre et le point de ralliement de tous les Français. »

20. *Ordonnance du Roi portant rétablissement de la liberté de la presse* (la presse périodique exceptée).

Licenciement des gardes nationales d'élite levées depuis le 20 mars.

24. *Ordonnance royale.* « Louis, etc., voulant, par la punition d'un attentat » sans exemple, mais en graduant la peine et limitant le nombre des coupables, » concilier l'intérêt de nos peuples, la dignité de notre couronne et la tran- » quillité de l'Europe, avec ce que nous devons à la justice et à l'entière sécu- » rité de tous les autres citoyens, sans distinction, avons déclaré et déclarons, » ordonné et ordonnons ce qui suit;

ART. 1er. Les généraux et officiers qui ont trahi le roi avant le 23 mars, ou » qui ont attaqué la France et le gouvernement à main armée, et ceux qui, par » violence, se seront emparés du pouvoir, seront traduits devant les conseils » de guerre, savoir :

« Ney, Labédoyère, les deux frères Lallemant, Drouet d'Erlon, Lefèvre-Des- » nouettes, Ameilh, Brayer, Gilly, Mouton Duvernet, Grouchy, Clausel, La- » borde, Debelle, Bertrand, Drouet, Cambronne, Lavalette, Rovigo.

2. Les individus dont les noms suivent, savoir : Soult, Alix, Excelmans, » Bassano, Marbot, Felix Lepelletier, Boulay de la Meurthe, Méhée, Fres- » sinet, Thibaudeau, Carnot, Vandamme, Lamarque général, Lobau, Harel, » Piré, Barrère, Arnault, Pomereul, Regnault (de Saint-Jean-d'Angely, Arri- » ghi (de Padoue), Dejean fils, Garrau, Réal, Bouvier Dumolard, Merlin (de » Douai), Durbach, Diral, Defermont, Bory Saint-Vincent, Félix Desportes, » Garnier (de Saintes), Mellinet, Hullin, Cluys, Courtin, Forbin-Janson fils » aîné, Lelorgne-d'Ideville, sortiront dans trois jours de la ville de Paris, et se » retireront dans l'intérieur de la France, dans les lieux que notre ministre » de la police-générale leur indiquera, et où ils resteront sous sa surveillance, » en attendant que les Chambres statuent sur ceux d'entre eux qui devront, ou » sortir du royaume ou être livrés à la poursuite des tribunaux.

» Seront sur-le champ arrêtés ceux qui ne se rendraient pas au lieu qui leur » sera assigné par notre ministre de la police-générale.

» 3. Les individus qui seront condamnés à sortir du royaume, auront la fa- » culté de vendre leurs biens et propriétés dans le délai d'un an, d'en disposer » et d'en transporter le montant hors de France, et d'en recevoir pendant ce » temps le revenu dans les pays étrangers, en fournissant néanmoins la preuve » de leur obéissance à la présente ordonnance.

» 4. Les listes de tous les individus auxquels les articles 1 et 2 pourraient être
» applicables, sont et demeurent closes par les désignations nominales con te-
» nues dans cet article, et ne pourront jamais être étendues à d'autres, pour
» quelque cause et sous quelque prétexte que ce puisse être, autrement que
» dans les formes et suivant les lois constitutionnelles auxquelles il n'est ex-
» pressément derogé que pour ce cas seulement. » — « Signé Louis. »

Aout 1er. *Licenciement de l'armée.* Le maréchal Macdonald est chargé de cette
mission. L'armée se sépare avec une résignatiou calme et héroïque.

2. *Le maréchal Brune est assassiné à Avignon.* Il meurt victime d'un attrou-
pement populaire royaliste auquel il a été signalé comme un affreux Jacobin.
Ce crime, malgré les honorables et inutiles *efforts* du préfet et du maire, s'est
accompli au milieu de circonstances atroces. — Son corps est jeté dans le
Rhône.

17. *Le général Ramel est assassiné à Toulouse.* — Cet honorable guerrier est
devoué à la maison de Bourbon, mais il a préservé avec énergie Toulouse
d'une sanguinaire anarchie, et, comme Brune, il tombe sous les coups d'une
populace furieuse; comme l'illustre maréchal il est horriblement mutilé. Les
lois seront long-temps impuissantes pour punir ces horribles attentats.

17. *Ordonnance du Roi* portant nomination de 93 nouveaux pairs de France,

19. *Ordonnance du Roi* portant que la dignité de pair de France est héréditaire dans la même *famille* par ordre de primogéniture.

Septembre 1er. *Ordonnance du Roi* portant création d'une nouvelle garde
composée ds 26,200 hommes.

14. Convention de Vienne qui assure à Marie-Louise et ensuite à son *fils* le
duché de Parme.

26. *Nomination d'un nouveau ministère.* Le duc de Richelieu est nommé président du conseil et ministre des affaires étrangères. — Le comte Barbé-Marbois, garde des sceaux. — Le comte de Vaublanc, ministre de l'intérieur. —
Le duc de Feltre, ministre de la guerre. — M. Dubouchage, ministre de la
marine. — M. Decazes, ministre de la police. — M. Corvetto, ministre des
finances.

26. TRAITÉ DE LA SAINTE-ALLIANCE.

« Au nom de la très-sainte et indivisible Trinité. LL. MM. l'empereur d'Autriche, le roi de Prusse et l'empereur de Russie, par suite des grands événemens qui ont signalé en Europe le cours des trois derni ères années, et principalement des bienfaits qu'il a plu à la divine Providence de répandre sur les
Etats dont les gouvernemens ont placé leur confiance et leur espoir en elle
seule, ayant acquis la conviction intime qu'il est nécessaire d'asseoir la marche à adopter par les puissances, dans leurs rapports mutuels, sur les vérités
sublimes que nous enseigne l'éternelle réligion du Dieu Sauveur;

» Déclarent solennellement que le présent acte n'a pour objet que de manifester à la face de l'univers leur détermination inébranlable, de ne prendre
pour règle de leur conduite, soit dans l'administration de leurs Etats respectifs,
soit dans leurs relations politiques avec tout autre gouvernement, que les pré-

ceptes de cette religion sainte, préceptes de justice, de charité et de paix, qui, loin d'être uniquement applicables à la vie privée, doivent au contraire influer directement sur les résolutions des princes, et guider toutes leurs démarches, comme étant le seul moyen de consolider les institutions humaines et de remédier à leurs imperfections.

» En conséquence, LL. MM. sont convenues des articles suivans :

» Art. 1er. Conformément aux paroles des Saintes-Écritures, qui ordonnent à tous les hommes de se regarder comme frères, les trois monarques contractans demeureront unis par les liens d'une fraternité véritable et indissoluble, et, se considérant comme compatriotes, ils se prêteront, en toute occasion et en tout lieu, assistance, aide et secours ; se regardant envers leurs sujets et armées comme pères de famille, ils les dirigeront dans le même esprit de fraternité dont ils sont animés, pour protéger la religion, la paix et la justice.

» 2. En conséquence, le seul principe en vigueur, soit entre lesdits gouvernemens, soit entre leurs sujets, sera celui de se rendre réciproquement service, de se témoigner, par une bienveillance inaltérable, l'affection mutuelle dont ils doivent être animés, de ne se considérer tous que comme membres d'une même nation chrétienne, les trois princes alliés ne s'envisageant euxmêmes que comme délégués par la Providence pour gouverner trois branches d'une même famille, savoir, l'Autriche, la Prusse et la Russie ; confessant ainsi, que la nation chrétienne, dont eux et leurs peuples font partie, n'a réellement d'autre souverain que celui à qui seul appartient en propriété la puissance, parce qu'en lui seul se trouvent tous les trésors de l'amour, de la science et de la sagesse infinie, c'est-à-dire Dieu, notre divin Sauveur Jésus-Christ, le verbe du Très-Haut, la parole de vie. LL. MM. recommandent en conséquence, avec la plus tendre sollicitude, à leurs peuples, comme unique moyen de jouir de cette paix qui naît de la bonne conscience, et qui seule est durable, de se fortifier chaque jour davantage dans les principes et l'exercice des devoirs que le divin Sauveur a enseignés aux hommes.

» 3. Toutes les puissances qui voudront solennellement avouer les principes sacrés qui ont dicté le présent acte, et reconnaîtront combien il est important au bonheur des nations trop long-temps agitées, que ces vérités exercent désormais sur les destinées humaines toute l'influence qui leur appartient, seront reçues avec autant d'empressement que d'affection dans cette Sainte-Alliance.

» Fait triple, et signé à Paris, l'an de grâce 1815 (26 septembre).

» *Signé* FRANÇOIS, FRÉDÉRIC-GUILLAUME,

ALEXANDRE. »

OCTOBRE. 7. *Ouverture de la session de 1815.*

Discours du Roi. — « Messieurs, lorsque l'année dernière je convoquais pour la première fois les Chambres, je me félicitais d'avoir, par un traité honorable, rendu la paix à la France.

» Elle commençait à en goûter les fruits ; toutes les sources de la prospérité publique se rouvraient.

« Une entreprise criminelle, secondée par la plus inconcevable défection, est venue en arrêter le cours.

» Les maux que cette usurpation éphémère a causés à notre patrie m'affligent profondément; cependant, je dois déclarer ici que, s'il eût été possible qu'ils n'atteignissent que moi, j'en bénirais la Providence.

» Les marques d'amour que mon peuple m'a données dans les momens les plus critiques, m'ont soulagé dans mes peines personnelles; mais celles de mes sujets, de mes enfans pèsent sur mon cœur.

» C'est pour mettre un terme à cet état d'incertitude, plus accablant que la guerre même, que j'ai dû conclure avec les puissances, qui, après avoir renversé l'usurpateur, occupent aujourd'hui une grande partie de notre territoire, une convention qui règle nos rapports présens et futurs avec elles.

» Elle vous sera communiquée sans aucune restriction, aussitôt qu'elle aura reçu sa dernière forme.

» Vous connaîtrez, messieurs, et la France entière connaîtra la profonde peine que j'ai dû ressentir; mais le salut même de mon royaume rendait cette grande détermination nécessaire; et, quand je l'ai prise, j'ai senti les devoirs qu'elle m'imposait.

» J'ai ordonné que cette année il fût versé, du trésor de ma liste civile dans celui de l'État, une portion considérable de mon revenu. Ma famille, à peine instruite de ma résolution, m'a offert un don proportionné.

» J'ordonne de semblables diminutions sur les traitemens et dépenses de tous mes serviteurs sans exception. Je serai toujours prêt à m'associer aux sacrifices que d'impérieuses circonstances imposent à mon peuple.

» Les états vous seront remis, et vous connaîtrez l'importance de l'économie que j'ai commandée dans les départemens de mes ministres et de toutes les parties de l'administration.

» Heureux si ces mesures peuvent suffire aux charges de l'État! Dans tous les cas, je compte sur le dévouement de la nation et sur le zèle des deux Chambres.

» Mais, messieurs, d'autres soins plus doux et non moins importans se réunissent aujourd'hui. C'est pour donner plus de poids à vos délibérations, c'est pour en recueillir moi-même plus de lumière, que j'ai créé de nouveaux pairs, et que le nombre des députés des départemens a été augmenté.

» J'espère avoir réussi dans mon choix, et l'empressement des députés, dans des conjonctures difficiles, est aussi une preuve qu'ils sont animés d'une sincère affection pour ma personne et d'un ardent amour pour la patrie.

» C'est donc avec une douce joie et une pleine confiance que je vous vois rassemblés autour de moi, certain que vous ne perdrez jamais de vue les bases fondamentales de la félicité de l'État, l'union franche et loyale des Chambres avec le roi, et le respect pour la Charte constitutionnelle.

» Cette Charte que j'ai méditée avec soin avant de la donner, à laquelle la réflexion m'attache tous les jours davantage, que j'ai juré de maintenir, et à laquelle vous tous, à commencer par ma famille, allez jurer d'obéir, est sans doute, comme toutes les institutions humaines, susceptible de perfectionnement ; mais aucun de nous ne doit oublier qu'auprès de l'avantage d'améliorer est le danger d'innover.

» Assez d'autres objets importans s'offrent à nos travaux.

» Faire refleurir la religion, épurer les mœurs, fonder la liberté sur le respect dès lois, les rendre de plus en plus analogues à ces grandes vues ; donner de la stabilité au crédit, recomposer l'armée, guérir des blessures qui n'ont que trop déchiré le sein de notre patrie, assurer enfin la tranquillité intérieure, et, par là, faire respecter la France au dehors : voilà où doivent tendre tous nos efforts.

» Je ne me flatte point que tant de bien puisse être l'ouvrage d'une session ; mais si, à la fin de la présente législature, on s'aperçoit que nous en ayons approché, nous devrons être satisfaits de nous ; je n'y épargnerai rien, et, pour y parvenir, je compte, Messieurs, sur votre coopération la plus active. »

29. Loi *portant suppression de la liberté individuelle.* Cette loi est combattue avec éloquence par MM. Roger et de Serre.

Novembre 7. Loi *contre les cris séditieux et les provocations à la révolte.*

12. Le général Lagarde, commandant à Nîmes, est assassiné dans cette ville. Il est assassiné parce qu'il protège, au nom de la loi, le culte des protestans. L'autorité du roi sera méconnue ; les auteurs de ce crime ne seront pas punis.

20. Traité de Paris *entre la France, l'Autriche, l'Angleterre, la Russie et la Prusse.* — « Les demandes, dit M. de Lacretelle, furent réduites à cinq points : 1° une cession de territoire comprenant les places de Condé, Philippeville, Marienbourg, Givet et Charlemont, Sarre Louis, Landau, et les forts de Joux et de l'Ecluse, la cession d'une partie du pays de Gex à la Suisse ; 2° la démolition des fortifications d'Huningue ; 3° le paiement d'une indemnité de huit cent millions ; 4° le département du Mont-Blanc restitué au roi de Sardaigne ; 5° l'occupation pendant sept ans d'une ligne le long des frontières, par une armée de cent cinquante mille hommes aux frais de la France.

» Ou se soumettre à une partie de ces durs sacrifices, ou faire nager la France dans des torrens de sang, en courant le risque d'entraîner la dynastie : telle était l'alternative laissée au ministre du roi. Toujours soutenu par les sentimens d'un auguste ami, l'empereur de Russie, il réussit à diminuer ces sacrifices et surtout à sauver une partie des affronts. Cent millions furent retranchés sur la contribution imposée à la France. Strasbourg, mais non Huningue, fut sauvé de l'injurieuse démolition. Les places importantes de Condé, de Givet et de Charlemont ne furent point comprises dans les cessions territoriales. Ce qui restait de la Savoie à la France fut rendu au roi de Sardaigne. L'occupation des places frontières fut réduit à cinq ans, avec la clause qu'elle pourrait finir au bout de trois. De plus, il fallut reconnaître les dettes contractées par le gouvernement français envers des particuliers dans les vastes conquêtes qui nous étaient ravies, et supporter toutes les exigences d'une liquidation confiée à la victoire. Ce douloureux traité fut enfin signé le 20 novembre de cette année à jamais désastreuse, 1815. »

DÉCEMBRE 7. Mort du maréchal Ney , prince de la Moscowa. — Il a été condamné par la cour des pairs comme accusé du crime de haute trahison, d'après l'ordonnance du 24 juillet. — A neuf heures du matin il est fusillé dans le jardin du Luxembourg. Sur 161 votans, 136 ont voté pour la peine de mort. — C'est en vain qu'il a voulu invoquer pour sa défense la capitulation de Paris et la capitulation de Saint-Cloud. — C'est en vain que le général Davoust fait la déclaration suivante : « J'avais, dit-il, 60,000 fantassins , 25,000 hommes de cavalerie, et 4 ou 5 cents pièces de canon. Si la convention n'eût point été conclue comme on la demandait, j'aurais livré bataille. » Le président de la chambre des pairs, le chancelier Dambray, a, au nom de la cour, après en avoir délibéré, fait la déclaration suivante : « J'interdis aux défenseurs de discuter d'après une convention militaire, à laquelle le roi n'a eu aucune participation , et qui lui est tellement étrangère, que vingt et un jours plus tard, et en présence même des souverains alliés, S. M· a rendu ses ordonnances du 24 juillet. » — Le maréchal Ney était parti pour combattre Napoléon avec une résolution que sa grande ame n'avait pu feindre, mais en présence de Napoléon il se déclara pour lui avec son armée.

—Loi portant rétablissement des juridictions prévôtales. Ces cours jugent sans appel. — Leurs sentences sont exécutées dans les 24 heures. — Elles sont composées de cinq juges. Cette loi doit cesser d'avoir son effet à la fin de la session de 1817. C'est en vain que MM. Royer-Collard, de Serre , Camille Jordan se sont opposés à cette loi. Leurs voix sont impuissantes contre les idées réactionnaires et sanglantes de la Chambre de 1815.

* * *

ANNÉE 1816.

JANVIER 12. LOI D'AMNISTIE. Art. 1er. — Amnistie pleine et entière est accordée à tous ceux qui, directement ou indirectement, ont pris part à la rébellion et à l'usurpation de *Napoléon Bonaparte.*

19. *Loi établissant un deuil public au 21 janvier, en mémoire de la mort de Louis XVI.*

MARS 15. — *Traité de la France avec les cantons suisses* ou capitulation militaire ayant pour objet de faire entrer 12,000 Suisses dans l'armée française.

21. *Ordonnance du roi.* — Les quatre classes de l'Institut sont *transformées* en quatre académies. L'Institut était une qualification de la révolution. Voilà le motif de cette ordonnance.

31. Mort du poète Ducis.

AVRIL 13. Ordonnance du roi portant licenciement de l'Ecole Polytechnique.

28. LOI DE FINANCE. — BUDGET de 1814. Recette : 533, 713, 000 francs; dépenses : 637, 432, 000 francs. Le mode établi relativement à *l'arriéré* sera le

mode employé pour l'excédant des dépenses. — BUDGET de 1815. Recette : 753, 510, 000 francs; dépenses : 883, 940, 000 francs; il sera pourvu à l'excédant des dépenses d'après le moyen ci-dessus indiqué. — BUDGET de 1816. Recette : 570, 454, 940 francs ; dépenses : 548, 252, 525 francs. Indépendamment de ce budget ordinaire, il y a un budget extraordinaire comme conséquence du traité désastreux du 20 *novembre*. Il se compose ainsi qu'il suit: recette extraordinaire : 269, 140, 000 francs ; dépenses extraordinaires: 290, 800, 000 francs.

29. *Clôture de la session.*

MAI 4. *Insurrection de Grenoble.* Le résultat de cette révolte conduit 21 individus à l'*échafaud.*

7. M. Lainé est nommé ministre de l'intérieur en remplacement de M. de Vaublanc. — M. Dambray est nommé garde des sceaux en remplacement de M. Barbé-Marbois,

8. PROMULGATION DE LA LOI QUI ABOLIT LE DIVORCE.

JUILLET 6. *Naufrage de la Méduse* sur le banc d'Arguin , près du Sénégal.

SEPTEMBRE 4. Ordonnance du roi portant rétablissement de l'Ecole Polytechnique.

5. ORDONNANCE DU 5 SEPTEMBRE. Art. 1. Aucun des articles de la Charte constitutionnelle ne sera révisé. — Art. 2. La Chambre des députés est dissoute. — Art. 3. La Chambre des députés des départemens est fixée conformément à l'art. 33 de la Charte, suivant le tableau ci-dessus annexé, etc. — « Ce fut pour la France, dit un écrivain, une époque de résurrection que cette ordonnance du 5 septembre. Les maux soufferts depuis la session de 1815 n'étaient encore rien auprès des maux prévus. Après une expérience funeste , chacun était habile à développer ses craintes par le raisonnement. On retrouvait à droite les abîmes que l'on avait si long-temps traversés à gauche. Si la pente était moins rapide, le gouffre n'était pas moins profond. L'ordonnance du roi nous rendit un plus paisible et plus sûr avenir. La joie fut à la fois profonde , sage et même respectueuse. On ne voulut point tourner le bienfait du roi contre l'autorité royale. »

NOVEMBRE 4. *Ouverture de la session de 1816,* discours du roi.

« La tranquillité règne dans le royaume; les dispositions amicales des souverains étrangers et l'exacte observation des traités nous garantissent la paix à l'extérieur, et si une entreprise insensée a pu causer un instant d'alarme sur notre calme intérieur , elle n'a servi qu'à mieux faire éclater l'attachement de la nation et la fidélité de son armée.

» Mon bonheur personnel s'est accru par l'union d'un des mes enfans (car, vous le savez, ceux des mes frères sont les miens) avec une jeune princesse dont les qualités aimables, secondau' les soins du reste de ma famille, me promettent que ma vieillesse sera heureuse, et qui, je l'espère, donnera à la France de nouveaux gages de prospérité, en affermissant l'ordre légitime de succession, première base de cette monarchie, et sans laquelle aucun Etat ne peut être stable.

» Attachés par notre conduite, comme nous le sommes de cœur, aux divins préceptes de la religion,- soyons-le aussi à cette Charte, qui, sans toucher au dogme, assure à la foi de nos pères la prééminence qui lui est due, et qui, dans l'ordre civil, garantit à tous une sage liberté, et à chacun la paisible jouissance de ses droits, de son état et de ses biens; je ne souffrirai jamais qu'il soit porté atteinte à cette loi fondamentale ; mon ordonnance du 5 septembre le dit assez.

» Enfin, messieurs, que les haines cessent; que les enfans d'une même patrie, j'ose ajouter d'un même père, soient vraiment un peuple de frères, et que de nos maux passés il ne nous reste qu'un souvenir douloureux, mais utile. Tel est mon but, et, pour y parvenir, je compte sur votre coopération, mais surtout sur cette franche et cordiale confiance, seule base solide de l'union si nécessaire entre les trois branches de la législature ; comptez aussi de ma part sur les mêmes dispositions, et que mon peuple soit bien assuré de mon inébranlable fermeté pour réprimer les attentats de la malveillance, et pour contenir les écarts d'un zèle trop ardent. »

—M. le baron Pasquier est nommé président de la Chambre des députés.

ANNÉE 1817.

Janvier 19. M. le baron Pasquier, président de la Chambre des députés, est nommé garde de sceaux en remplacement de M. Dambray remplissant ces fonctions par *intérim*.

22. M. de Serre, député, est nommé président de la Chambre.

Février 5. *Loi electorale.* Elle consacre l'élection directe et l'égalité entre les citoyens admis à exercer le droit électoral.

10. Les puissances étrangères consentent à diminuer l'occupation ; à dater du 1er avril suivant il sera effectué une diminution de 70 mille hommes. — Les 200 mille rations fournies chaque jour sont réduites à 160 mille.

12. Loi sur la liberté individuelle. — L'individu prévenu de complots ou de machinations contre la personne du roi ou la sûreté de l'Etat, et les personnes de la *famille* royale, pourra, sans qu'il y ait nécessité de le traduire devant les tribunaux être arrêté et détenu en vertu d'un ordre signé du président du conseil des ministres et du ministre de la police. — *L'effet* de cette loi cessera au 1er janvier 1818.

28. Loi sur les écrits périodiques. Les journaux et écrits périodiques ne paraîtront qu'avec l'autorisation du roi. *L'effet* de cette loi cessera au 1er janvier 1818.

Mars 25. Loi de finance. 1° dette consolidée et fonds d'amortissement : 157,000,000 de fr. — 2° Dépense ordinaire, 481,345,967. — 3° Dépense extraordinaire, 450,915,859. — Total : 1,069,261,826 fr.

26. *Clôture de la session de 1816.* Dans cette session, la Chambre a fait une bonne loi d'élection et trois lois d'exceptions, que les circonstances difficiles de l'époque expliquent.

Avril 4. Mort du maréchal Masséna, prince d'Esling, à l'âge de 59 ans.

Juin 8. *Troubles aux environs de Lyon.* Ils sont promptement réprimés. Ce sont des malheureux paysans qui ont été égarés et qui comprennent à peine le but de leur sédition. Voici ce qu'en a dit Camille Jordan : « Sur environ 250 révoltés composant les rassemblemens séditieux, plus de 150 individus, parmi lesquels ne se trouvaient pas même les véritables directeurs du mouvement, étaient traduits en jugement ; près de 110, condamnés à des peines afflictives et infâmantes, et la plupart supposés chefs par le titre de leur condamnation elle-même pour un complot évidemment unique, ou au moins étroitement lié dans toutes ses parties. Onze procédures diverses établies multipliaient sans *motifs* les rigueurs par leurs divisions et en prolongeaient la durée par leurs délais. » — Le gouvernement a fait tous ses efforts pour empêcher la publicité de ces malheurs et éviter qu'ils ne se renouvellent sur d'autres points du royaume.

23. *Le maréchal Gouvion-Saint-Cyr* est appelé au ministère de la marine.

Juillet 14. *Mort de madame de Staël,* à l'âge de 53 ans.

16. *Convention entre Louis XVIII et le Pape.* — Les anciens siéges épiscopaux supprimés sont rétablis.

25. *Ordonnance du roi portant établissement de majorats* pour la pairie. — A l'avenir nul ne sera nommé pair sans qu'il ait au préalable créé un majorat. — Ce majorat sera de 30,000 *francs* de revenu net pour un duc, de 20,000 *francs* pour un marquis ou un comte, de 10,000 *francs* pour un vicomte ou un baron.

Septembre 12. *Mouvement ministériel.* M. le maréchal Gouvion-Saint-Cyr est nommé ministre de la guerre en remplacement du duc de Feltre. — M. Molé est appelé au ministère de la marine

20. Renouvellement du premier cinquième de la chambre des députés. Ce renouvellement est d'un bon augure.

Novembre 5. *Ouverture de la session de 1817.* Le roi annonce le terme de l'existence des cours prévôtales et une grande et bonne loi sur le recrutement.

12. M. de Serre est nommé président de la Chambre des députés.

Décembre 30. Les journaux et écrits périodiques ne pourront être publiés qu'avec l'autorisation du roi jusqu'à la fin de la session de 1818.

ANNÉE 1818.

Février 6. *Ordonnance du roi portant que les condamnés à la détention auront des remises ou des commutations de peine, quand ils se seront distingués par leur bonne conduite.*

MARS 10. LOI SUR LE RECRUTEMENT, dite Gouvion Saint-Cyr. — Cette loi est très-remarquable par l'esprit de justice et d'égalité qui a présidé à sa rédaction. — Cette loi fut attaquée par les hommes de l'ancienne majorité de 1815 avec une violence sans égale. « Il existe, disait M. Sallaberry, une conspiration flagrante contre la monarchie, la légitimité et la charte. Ce que la conspiration a obtenu pour le civil, elle le veut aujourd'hui pour le militaire. Il ne manque plus au génie du mal qu'une armée. Il vous la demande aujourd'hui; dès qu'il l'aura obtenue, il s'asseoira sur les débris d'un trône au pied duquel tombera inutilement la fidélité massacrée, rappelée trop tard et trop tard méconnue. » Courvoisier, député, répondit en ces termes à cette violente accusation : « Je repousserai les élans d'une opposition opiniâtre, et j'ose dire funeste, puisque au dehors comme dans cette enceinte ; elle crée, elle propage toutes les autres. Soit qu'elle invoque la liberté, ou qu'elle réclame l'arbitraire, le gouvernement est l'objet de ses emportemens et de ses reproches ; elle l'accuse d'organiser une conspiration contre le trône, quand il se refuse à conspirer avec elle pour creuser un abîme ; elle l'accuse de sacrifier le monarque et la monarchie, parce qu'il refuse de lui livrer les rênes, ou de s'associer à ses complots ; elle l'accuse de chanceler dans sa marche, de varier dans ses plans, parce qu'il ose lui déplaire en s'isolant de ses ambitieux desseins ; elle l'accuse de livrer à la conspiration le militaire, après lui avoir tout livré dans le civil. Quand, depuis deux ans, dans nos provinces, la France, exhérédée par elle, gémit de ne retrouver l'autorité que dans ses mains, elle offre fièrement l'oubli ; elle attend, dit-elle, sur le terrain de la charte, ceux qui voudront y grossir ses rangs. A qui s'adresse ce langage ? Est-ce au gouvernement ? Ce serait audace. Qu'il veuille, et d'un souffle il va dissiper ce faible parti. Est-ce à nous ? Il faut s'entendre. La charte existe depuis quatre ans, et cet espace, l'ordonnance du 5 septembre le divise. Sur quel terrain veut-on nous placer ? Est-ce sur celui de 1815 ? Nous ne voulons ni décimer la France, ni diviser en catégories notre nation.... La France ne se nourrit pas de défiances envers son roi ; mais, plus que jamais, elle est en garde contre les prétentions de caste ; elle s'attache au présent en envisageant le passé. »

Le projet fut adopté par la Chambre des députés à une majorité de cent quarante-sept voix contre quatre-vingt douze ; majorité, cinquante-sept. — Il fut ensuite porté à la Chambre des pairs, où il trouva de grands et d'illustres défenseurs. Il fut appuyé par les maréchaux Macdonald, Oudinot et Victor, les généraux Dessolés, Lauriston et par M. de Laroche-Aymond. M. de Châteaubriand l'attaqua comme chef d'opposition. mais, loin d'attaquer l'armée, il s'exprima ainsi : « J'ai toujours pensé, dit-il, que le soldat français est le premier soldat du monde ; irrésistible dans le succès ; patient, quoi qu'on en ait dit, dans les revers ; plein d'intelligence, de générosité et d'honneur, une marque d'estime suffit pour l'enflammer et le conduire au bout de la terre. Et que serions-nous aujourd'hui, messieurs, sans le courage de notre armée ? Elle a étendu le voile de sa gloire sur le tableau hideux de la révolution ; elle a enveloppé les plaies de la patrie dans les replis de ses drapeaux triomphans ; elle ne participa point à la mort du plus vertueux des rois ; elle refusa de fusiller les émigrés et les Anglais prisonniers : elle ne put, il est vrai, prévenir tous nos excès ; mais du moins elle jeta sa vaillante épée dans un des bassins de la balance pour servir de contre-poids à la hache révolutionnaire. »

25. *Traité signé à Paris entre la France et les puissances alliées* pour régler les sommes dues par la France aux sujets desdites puissances. Une rente de 12 millions 40 mille francs, représentant un capital de 240 millions 8 cent mille francs , est inscrite pour cet objet au grand-livre de France.

— *Traité entre la France et l'Angleterre* pour l'indemnité due aux particuliers anglais. — Une rente de 3 millions de francs, représentant un capital de 60 millions, est inscrite sur le grand-livre.

MAI. 16, *Fin de la session de 1817.* C'est dans cette session particulièrement que les principes constitutionnels ont commencé à s'établir. — Le crédit public a pris un accroissement prodigieux. — Le parti de la modération et de la sagesse contenait dans ses rangs des hommes d'un grand talent et d'un grand dévouement. Ce sont : MM. Royer-Collard, de Serre, Courvoisier, Camille Jordan, Chauvelin, Beugnot, Becquey, Bignon. — Dans le parti *ultra* on remarquait MM. de Villèle, Corbière, Sallaberry.

Aout. 2. *Ordonnance du Roi* fixant la progression de l'avancement dans les corps militaires. — Les maréchaux de France seront au nombre de 12. — En temps de paix les lieutenans-généraux seront au nombre de 80. — Les maréchaux de camp au nombre de 160.

25. Inauguration de le statue de Henri IV sur le Pont-Neuf à Paris.

OCTOBRE. 2. Les souverains alliés décident, sur les instances du duc de Richelieu, l'évacuation de la France par leurs armées. — Le 9, il est arrêté définitivement que l'évacuation s'effectuera le 30 novembre suivant. — Les sommes à payer par la France sont de 265 millions. — 100 millions seront acquittés au moyen d'une inscription de rentes sur le grand-livre. Les autres 165 millions seront acquittés par neuvièmes de mois en mois.

26. Deuxième renouvellement du cinquième de la Chambre des députés. — Les députés forment une majorité constitutionnelle.

NOVEMBRE. 1er. Note adressée à M. le duc de Richelieu par les ambassadeurs de Russie, d'Autriche, d'Angleterre et de Prusse, réunis au congrès d'Aix-la-Chapelle. — « Appelées par l'art. 5 du traité du 20 novembre 1815 à examiner, de concert avec S. M. le roi de France, si l'occupation militaire d'une partie du territoire français, arrêtée par ledit traité, pouvait cesser à la fin de la troisième année, ou devait se prolonger jusqu'à la fin de la cinquième , leurs majestés l'empereur d'Autriche, le roi de Prusse et l'empereur de toutes les Russies, se sont rendues à Aix-la-Chapelle, et ont chargé leurs ministres de s'y réunir en conférence avec les plénipotentiaires de leurs majestés les rois de France et de la Grande-Bretagne, afin de procéder à l'examen de cette question importante. L'attention des ministres et plénipotentiaires a dû se fixer avant tout, dans cet examen, sur l'état intérieur de la France. Elle a dû se porter également sur l'exécution des engagemens contractés par le gouvernement français envers les puissances signataires du traité du 20 novembre 1815. —

16

L'état intérieur de la France ayant été depuis long-temps le sujet des méditations des cabinets, et les plénipotentiaires réunis à Aix-la-Chapelle s'étant mu-
tuellement communiqué les opinions qu'ils s'étaient formées à cet égard, les
augustes souverains, après les avoir pesées dans leur sagesse, ont reconnu avec
satisfaction que l'ordre de choses heureusement établi en France par la restauration de la monarchie légitime et constitutionnelle, et le succès qui a cou-
ronné jusqu'ici les soins paternels de S. M très-chrétienne, justifient pleinement l'espoir d'un affermissement progressif de cet ordre de choses si essentiel
pour le repos et la prospérité de la France et si étroitement lié à tous les graves intérêts de l'Europe, que leurs majestés... (l'exécution des engagemens
n'ayant laissé aucun doute ..) se sont félicitées de n'avoir plus qu'à écouter ces
sentimens et ces vœux personnels qui les portaient à mettre un terme à une
mesure que des circonstances funestes et la nécessite de pourvoir à leur propre sûreté et à celle de l'Europe avaient pu seules leur dicter. En conséquence
les augustes souverains se sont décidés à faire cesser l'occupation militaire du
territoire français, et la convention du 9 octobre a sanctionné cette résolution.
Ils regardent cet acte solennel comme le complément de la paix générale. »

DÉCEMBRE. M. Roy est nommé ministre des finances en remplacement de
M. Corvetto.

10. *Ouverture de la session de* 1818.

18. M. Ravez de Bordeaux est nommé président de la Chambre des députés.

29. *Changemens dans le ministère.* Le général Dessolles est appelé aux affaires
étrangères en remplacement du duc de Richelieu. — M. de Serre est nommé
garde-des-sceaux, en remplacement de M. Pasquier — M. Decazes, ministre de
l'intérieur, en remplacement de M. Lainé — M. Portal, ministre de la marine,
en remplacement de M. Molé. — M. Louis, ministre des finances, en remplacement de M. Roy. — Le maréchal Saint-Cyr conserve le portefeuille de la
guerre. — Il n'y a plus de ministre de la police. — Ce changement de ministère a pour cause un dissentiment qui avait éclaté entre le duc de Richelieu et
le comte Decazes. — Le duc de Richelieu voulait ramener les royalistes ex-
trêmes et modifier la nouvelle loi électorale qui avait fait entrer dans la Chambre quelques libéraux. Il se flattait qu'au moyen du sacrifice de cette loi qu'il
ferait aux royalistes, il les gouvernerait. Le Roi le chargea en effet de composer un nouveau cabinet, mais il ne put y réussir. — Le comte Decazes fut
alors chargé de cette mission.

ANNÉE 1819.

JANVIER. 6. *Ordonnance du Roi* établissant au ministère de l'intérieur une
direction générale de l'administration communale et départementale. — Elle
est confiée à M. Guizot, conseiller d'état.

11. *Loi décernant*, au duc de Richelieu, une récompense nationale —Art. 1er. Il sera érigé en faveur du duc de Richelieu, pair de France, à titre de récompense nationale, pour être attaché à sa pairie et transmissible au même titre, un majorat de 50,000 francs de revenu ; à défaut d'héritiers mâles et légitimes, les biens affectés à ce majorat sont déclarés reversibles à la couronne. — 2. Ce majorat sera composé de biens immeubles, choisis par le Roi parmi les domaines assignés à la liste civile. — Cette loi a été votée par 219 votans contre 124.—Le duc de Richelieu affecte aux hospices de Bordeaux cette récompense nationale!

13. Ordonnance du Roi portant établissement d'une exposition périodique de produits de l'industrie dans le but d'encourager les arts et l'industrie.

Février. 26. Adoption à la Chambre des pairs d'une proposition de M. Barthélemy ainsi conçue : « Le Roi est humblement supplié de présenter un proje de loi tendant à faire éprouver à l'organisation des colléges électoraux les modifications dont la nécessité peut paraître indispensable. » Cette proposition fut accueillie à une majorité de 80 voix contre 53. — (*Voyez le dernier changement ministériel.*)

— La proposition Barthélemy provoqua à la Chambre des députés une discussion animée. Voici l'opinion de M. Royer-Collard : « La loi des élections, dit-il, constitue d'abord le gouvernement représentatif par l'élection directe ; donc elle ne peut être attaquée que l'élection directe ne le soit en même temps, et avec l'élection directe, l'influence prépondérante que l'élection directe attribue à la classe moyenne. Or, messieurs, l'influence de la classe moyenne n'est pas une préférence arbitraire, quoique judicieuse de la loi ; sans doute, elle est avouée par la raison et par la justice ; mais elle a d'autres fondemens encore que la politique respecte davantage, parce qu'ils sont plus difficiles à ébranler. L'influence de la classe moyenne est un fait, un fait puissant et rédoutable ; c'est une théorie vivante, organisée, capable de repousser les coups de ses adversaires. Les siècles l'ont préparée, la révolution l'a déclarée. C'est à cette classe que les intérêts nouveaux appartiennent; sa sécurité ne peut être troublée sans un éminent danger pour l'ordre établi. Or, sa sécurité est troublée si son influence est compromise, si la loi des élections est attaquée. La résolution de la Chambre des pairs attaque la loi des élections ; donc elle est dangereuse, et elle doit être rejetée à ce titre. La proposition adoptée par la Chambre des pairs menace à la fois toutes les transactions et toutes les libertés, parce que la Charte a passé tout entière dans la loi des élections. En effet, détruisez la Chambre élective, la Charte est vaine ; détruisez la loi sur laquelle repose la vérité des élections, vous avez de fausses élections, de faux députés, une Chambre infidèle, car une Chambre peut l'être, et la nation perd la Charte... »

— M. Lainé fut l'adversaire de M. Royer-Collard. Il admettait bien le principe de l'élection directe, mais il condamnait certaines dispositions de la loi. M. de Villèle prit aussi la parole et fit à cette occasion une allusion aux élections du Gard. M. de Saint-Aulaire s'empressa de lui succéder à la tribune; « Vous parlez des élections de 1818, dit l'orateur, et moi je vais parler de celles de 1815 ; elles devaient avoir lieu le 21 ; le 17, treize électeurs protestans

furent égorgés (mouvement d'horreur dans l'assemblée), et les autres se retirè-
rent consternés dans leurs montagnes. Voilà ce qu'on appelle la paix! *Atque
ubi solitudinem fecerunt, pacem appellant.* L'année dernière, les mêmes députés de 1815 se présentèrent encore au collège ; les crimes n'avaient point été
punis et les craintes se réveillèrent ; il fallait que l'administration détruisît ces
craintes... » — La Chambre des députés repousse la proposition à la majorité
de 154 voix contre 150.

Mars. 5. *Crdonnance du Roi* portant nomination de soixante nouveaux pairs
de France. — Il est dérogé en leur faveur à l'obligation de créer des majorats.
— Le ministère est dans la nécessité de se créer une majorité dans la Chambre
haute.

Mai. 17. *Loi sur les crimes et délits de la presse.*

Juin. 9. *Loi sur les journaux et écrits périodiques.*

25. — Ordonnance du roi relative à la garde nationale de Paris. — A
partir du 1er juillet prochain, le service ordinaire de la garde nationale de
Paris se réduira à l'emploi de 400 hommes par jour. — La garde royale, la
gendarmerie et les sapeurs-pompiers seront chargés des autres postes dont on
lui enlève la garde.

Juillet. 14. Finances. Les dépenses sont fixées à 869,516,123 fr. — Le droit
d'aubaine et de détraction est aboli.

Novembre. 19. *Changemens ministériels.* Sont nommés, le baron Pasquier
ministre des affaires étrangères. — Le marquis de Latour-Maubourg, pair de
France, ministre de la guerre. — M. Roy, député, ministre des finances. —
M. Decazes est appelé à la présidence du conseil.

29. *Ouverture de la session de 1819.* On remarque dans le discours du Roi les
paroles qui suivent : « Une inquiétude vague, mais réelle, préoccupe tous les
esprits ; chacun demande au présent des gages de sa durée... Fondateur de
cette Charte à laquelle sont inséparablement liées les destinées de mon peuple et
celles de ma famille, j'ai senti que s'il est une amélioration qu'exigent ces
grands intérêts aussi bien que le maintien de nos libertés, et qui ne modifie-
rait quelques formes réglementaires de la Charte que pour mieux assurer sa
puissance et son action, il m'appartient de la proposer... Le moment est venu
de fortifier la Chambre des députés et de la soustraire à l'action annuelle des
partis, en lui assurant une durée plus conforme anx intérêts de l'ordre public et
à la considération extérieure de l'État.

Décembre. 8. Grégoire, conventionnel régicide, est élu membre de la
Chambre des députés par le département de l'Isère. Les *ultra*-royalistes lui
ont donné leurs voix par opposition au candidat ministériel.

— M. *Ravez* est nommé président de la Chambre des députés.

— Mort du maréchal Davoust, prince d'Eckmulh.

21. Mort du maréchal Serrurier, pair de France, à l'âge de 77 ans.

ANNÉE 1820.

JANVIER. 1er. *Insurrection à Cadix.* Quiroga et Riego s'emparent de l'île de Léon au cri de : *Vive la Constitution !*

29. Mort de Georges III, roi d'Angleterre, à l'âge de 82 ans, après 60 années de règne.

FÉVRIER. 13. *Assassinat du duc de Berry.* — En sortant de l'Opéra, à onze heures du soir, le prince est frappé d'un coup de poignard lorsqu'il reconduit la duchesse de Berry à sa voiture. Son assassin est un ouvrier sellier nommé Louvel. Il se fait gloire de son crime. Les derniers instans de ce prince infortuné sont admirables. — Il ne parle que de grâce et de pardon pour le coupable. — « Je l'ai sans doute offensé ! dit-il. Je recommande à ma femme mes enfans adoptifs, ma fille naturelle, » telles sont les paroles qu'il fait entendre. — « Retire-toi, dit-il, à la duchesse ; tes sanglots ajoutent encore aux maux que j'endure.. Mon frère, en s'adressant au duc d'Angoulême, prends soin de ma famille, je te demande pardon des chagrins que je t'ai causés par nos petites tracasseries. » — A six heures du matin il expire entre les bras de Louis XVIII et de M. Dupuytren. — Il était âgé de 42 ans. — Cet événement amène des conséquences graves dont profitent les adversaires de *l'ordonnance du 5 septembre,* et dont les principales sont la suspension de nos libertés et la chute du ministère Decazes.

14. *Proposition d'accusation de* M. Clausel de Coussergues contre M. le comte Decazes, président du conseil. Dans la séance de la Chambre des députés du 14 février, M. Clausel de Coussergues, après la lecture du procès-verbal, monte à la tribune et formule la proposition suivante : « Messieurs, dit-il, il n'y a point de loi qui fixe le mode d'accusation des ministres, mais il est de la nature d'une telle délibération qu'elle ait lieu en séance publique et à la face de la France ; je propose à la Chambre de porter un acte d'accusation contre M. Decazes, ministre de l'intérieur, comme complice de l'assassinat de monseigneur le duc de Berry, et je demande à développer ma proposition. » Cette proposition est accueillie par un mouvement spontané d'indignation et de *rappel à l'ordre* contre l'odieux accusateur. Au moment de l'effervescence que viennent de causer ces criminelles paroles, le président de la Chambre donne lecture d'une lettre du président du conseil qui annonce officiellement l'attentat du 13 février. M. de Labourdonnaie monte à la tribune et s'écrie que « cet assassin obscur n'est que l'instrument d'une faction scélérate qui, sans haine personnelle comme sans ambition, a porté une main parricide sur le descendant de nos Rois, sur celui qui devait en perpétuer le sang, et cela, dans la vue, hautement avouée, d'en tarir pour jamais la source ; il appelle des mesures propres à détruire dans son germe un si exécrable fanatisme, et à étouffer de nouveau l'esprit révolu-

tionnaire qu'un bras de fer avait long-temps comprimé ; il faut, dit-il, qu'on sévisse contre les écrivains téméraires dont les doctrines impunies provoquent les crimes les plus odieux. » Le mouvement d'horreur causé dans la Chambre par la proposition de M. Clausel de Coussergues est mentionné sur le procès-verbal en termes formels. Le lendemain il demanda que cette mention *fût effacée.* Mais M. de Saint-Aulaire s'écria qu'il n'y avait qu'une réponse à faire à M. Clausel de Coussergue, c'était celle-ci : « *Vous êtes un calomniateur.* »

15. *Projet de loi qui réforme la loi électorale.*

— *Projet de loi qui suspend la liberté individuelle.*

— *Projet de loi qui suspend la liberté de la presse.*

FÉVRIER. 20. CHANGEMENT DE MINISTÈRE. M. le duc de Richelieu est nommé président du conseil en remplacement de M. le comte Decazes, démissionnaire, nommé ambassadeur à Londres. — Le comte Siméon est nommé ministre de l'intérieur. — Le baron Mounier est nommé directeur de l'administration départementale et de la police.

MARS. 7. *Ferdinand VII, roi d'Espagne,* jure d'être fidèle à la constitution promulguée, en 1812, à Cadix.

10. *Rétablissement* de la liberté de la presse en Espagne.

12. Loi qui libère les acquéreurs des domaines nationaux.

31. *Adoption de la loi contre la presse.* Le lendemain une ordonnance du Roi rétablit une commission de censure.

AVRIL. 4. Circulaire de M. le duc de Richelieu, président du conseil des ministres, à MM. les lieutenans-généraux, procureurs-généraux, préfets, pour leur expliquer la nécessité des mesures d'exception que l gouvernement croit devoir demander aux Chambres.

JUIN. 4. *Ordonnance de police* contre les attroupemens.

5. *Ouverture, à la Chambre des pairs, des débats du procès de Louvel.* Il avoue froidement son crime sans que rien puisse faire supposer des complices. — Il est condamné à mort et exécuté le lendemain. — Il était né à Versailles le 7 octobre 1783.

27. ADOPTION *d'une nouvelle loi électorale,* dite du *double vote.*

JUILLET. 5. *Ordonnance du Roi* qui soumet les élèves de l'école de droit et de médecine à des règles qui les rendent très-dépendans du doyen et des professeurs.

23 LOI DE FINANCE. Le budget des recettes pour l'exercice de l'année 1820 est fixé à 877,437,810 *francs.*

AOUT. 19. *On lit dans le Moniteur :* « Un complot (dit-on) a été formé par un certain nombre d'officiers et de sous officiers des corps en garnison à Paris et de la garde royale, qui se proposaient de se rendre aux casernes, de réunir les soldats, de marcher contre les Tuileries, et de proclamer pour souverain un membre de la famille de Bonaparte »

21. Une ordonnance du Roi saisit la Chambre des pairs du complot signalé dans le *Moniteur* du 19.

14. *Révolution en Portugal.* Cette révolution a pour objet de détruire le gouvernement constitutionnel. Elle s'exécute sans effusion de sang.

SEPTEMBRE. 23. Mort du général Kellermann, duc de Valmy, pair de France, à l'âge de 86 ans.

29. Naissance du duc de Bordeaux.

OCTOBRE. 15. Ordonnance du Roi concernant l'armée, qui modifie l'esprit de justice et d'égalité qui avait présidé à l'ordonnance du 2 août 1818.

28. *Congrès de Troppau.* Les empereurs d'Autriche, de Russie et le roi de Prusse établissent des *conférences* dans le but de restreindre les gouvernemens constitutionnels.

NOVEMBRE. 16. Mort de Tallien, ex-conventionnel, à l'âge de 54 ans.

30. Ouverture d'une souscription dont l'objet est d'acquérir le château et domaine de Chambord pour donner comme apanage au duc de Bordeaux.

DÉCEMBRE. 19. *Ouverture de la session.* On remarque dans le discours du Roi les paroles suivantes : « Perfectionner le mouvement des grands corps politiques créés par la Charte, mettre les différentes parties de l'administration en harmonie avec cette loi fondamentale, inspirer une confiance générale dans la stabilité du trône et dans l'inflexibilité des lois qui protégent les intérêts de tous, tel est le but de mes efforts. Tout annonce que les modifications apportées à notre système électoral produiront les avantages que je m'en étais promis. Ce qui acroît la force et l'indépendance des Chambres ajoute à l'autorité, à la dignité de ma couronne. »

16. M. de Corbière est nommé président du conseil de l'instruction publique. Il remplace M. Lainé.

26. Mort de Fouché, duc d'Otrante, à Trieste.

28. *Fin des conférences de Troppau.* On y a arrêté qu'une armée autrichienne occuperait le royaume des Deux-Siciles, où une révolution a éclaté.

ANNÉE 1821.

JANVIER. 27. Explosion, *dite du pétard*, au château des Tuileries. — Louis XVIII qualifie cet attentat d'*insolent*. — On a prétendu que cette explosion était une machination des *ultra-royalistes*, tout-puissans auprès de Monsieur, afin de s'emparer du ministère.

FÉVRIER. 22. Établissement à Paris d'une école des chartes. — Cette école a pour objet de faire connaître aux jeunes gens qui y sont appelés les vieux manuscrits et dialectes français du moyen-âge.

MARS. 5. Acquisition du domaine et du château de Chambord, au prix de 1,547,000 francs.

6. Révolution en Grèce. L'insurrection éclate dans la Valachie et la Moldavie.

23. Le roi de Sardaigne, Victor-Emmanuel, abdique le pouvoir en faveur du prince de Carignan (Charles-Albert), nommé régent du royaume.

Avril. 2. La Faculté de droit de Grenoble est supprimée. Cette Faculté est supprimée à cause des troubles qui ont eu lieu dans cette ville le mois précédent, et auxquels plusieurs étudians ont pris part.

22. Le patriarche Grégoire, appartenant à la religion grecque, vieillard âgé de 74 ans, est pendu aux portes de son église, à Constantinople, en représailles de l'insurrection grecque.

23. Mort du maréchal Beurnonville, pair de France, à l'âge de 69 ans.

25. Ordonnance du Roi portant qu'il sera fait une promotion de lieutenans-généraux et de maréchaux de camp, à l'occasion du baptême du duc de Bordeaux.

Mai. 5. Mort de Napoléon Bonaparte. *à l'île de Sainte-Hélène, à l'âge de 51 ans.* — Il est resté en captivité 5 ans et demi.

12. Congrès de Laybach. — Les empereurs de Russie et d'Autriche qui se sont rendus dans cette ville, en congrès, en vertu de l'acte de la *Sainte-Alliance* y publient une déclaration où ils renouvellent l'assurance de leur intime union pour la *défense* des principes conservateurs des sociétés et des peuples.

14. Entrée du roi des Deux-Siciles à Naples, accompagné d'une armée autrichienne.

19. Mort de Camille Jordan, à l'âge de 50 ans.

23. Mort du comte Corvetto, ancien ministre des finances à Gênes, à l'âge de 65 ans.

Juin. — *Ordonnance du Roi* qui réduit encore le nombre des postes confiés à la garde nationale de Paris. Cette mesure annihile encore l'influence salutaire de cette milice populaire. — La Restauration se sépare toujours de plus en plus de la classe moyenne qui ferait sa force.

Juillet. 16. *Jugement de la Cour des Pairs* concernant la conspiration du 19 août 1820. Trois accusés sont condamnés à mort, six à quelques années de détention, et 23 autres sont acquittés.

19. *Couronnement de Georges IV*, roi d'Angleterre.

26. Prorogation de la loi du 31 mars 1820, sur la presse, jusqu'à la fin du troisième mois qui suivra la session de 1821.

31. *Clôture de la session de 1820.*

Aout. 7. Mort de Caroline-Amélie, reine d'Angleterre, à l'âge de 53 ans. — La célébrité de cette reine est connue par son procès scandaleux avec son mari.

Septembre. 27. Des médecins de Paris partent pour Barcelonne, où la fièvre jaune s'est manifestée avec une violence qui offre peu d'exemples.

— *Ordonnance du Roi* portant qu'il sera établi une armée sur les frontières d'Espagne pour en empêcher l'invasion de la fièvre jaune en France. Cette mesure cache un autre but.

Octobre. 17. Charles-Félix monte sur le trône de Sardaigne.

NOVEMBRE. 5. *Ouverture de la session de 1821.* On remarque dans le discours du Roi les phrases qui suivent :   « Un fléau destructeur désole une partie de l'Espagne ; j'ai prescrit, et je maintiendrai les précautions sévères qui défendent de la contagion nos frontières de terre et de mer.... La prospérité des finances, la clarté des comptes et la fidelité aux engagemens ont affermi le crédit public et accru les ressources de l'Etat.... Les lois sont respectées ; les dépositaires de mon pouvoir se pénètrent chaque jour davantage de leur esprit.... Partout, les passions se calment. les défiances se dissipent.... Persévérons dans les sages mesures auxquelles il faut attribuer de si heureux résultats. » Ce discours du Roi donne lieu à une adresse hostile de la Chambre des députés. Les *ultras* étaient impatiens de saisir le pouvoir. Le côté gauche vota cette adresse avec le côté droit. Le Roi n'admit que la simple députation de la Chambre, et refusa de recevoir la grande deputation. En donnant la réponse du Roi nous faisons connaître l'esprit de cette adresse. Voici cette réponse : « Je connais l'adresse que vous me présentez Les améliorations dont la Chambre retrace le tableau déposent en faveur des actes de mon gouvernement.... Sur le trône, entouré de mon peuple, je m'indigne à la seule pensée que je puisse jamais sacrifier l'honneur de la nation et la dignité de ma couronne. J'aime à croire que la plupart de ceux qui ont voté cette adresse n'en ont pas pesé toutes les expressions. S'ils avaient eu le temps de les apprécier ils n'eussent pas souffert une supposition que , comme roi, je ne dois pas caractériser, que, comme père. je voudrais oublier. » — Cette adresse est le résultat d'une intrigue contre le duc de Richelieu.

DÉCEMBRE. 14. — *Changement de ministère.* M. de Peyronnet est nommé garde-des-sceaux, en remplacement de M. de Serre. — M. le vicomte de Montmorency, ministre des affaires étrangères, en remplacement de M. le baron Pasquier. — M. le duc de Bellune, ministre de la guerre, en remplacement de M. le marquis de Latour Maubourg. — M Corbière, ministre de l'intérieur, en remplacement de M. le comte Siméon. — M le marquis de Clermont-Tonnerre, ministre de la marine, en remplacement de M. Portal — M. de Villèle, ministre des finances, en remplacement de M. Roy. — Le marquis de Law-Lauriston reste au ministère de la maison du Roi. — Nous allons suivre, dans sa marche fatale, ce ministère qui devait creuser le gouffre où la Restauration s'est engloutie !

15. MM. de Serre, Latour-Maubourg, Siméon et Portal sont ministres d'Etat.

20. M. Delavau est nommé préfet de police, en remplacement de M. Anglès, démissionnaire.

25. MM Siméon et Roy sont nommés pairs de France.

ANNÉE 1822.

JANVIER. 1er. Complot de la garnison de Belfort. 44 prévenus sont mis en accusation.

17

3. L'église de Sainte - Geneviève (le Panthéon) est rendue au culte.

INVASION DES EMPLOIS PUBLICS *par la congrégation des jésuites.* — Nous croyons devoir citer ici M. Lacretelle. — « Il fallut voir, dit-il, avec quelle prestesse et quel fin discernement les membres de cette congrégation s'élancèrent sur tous les emplois. Plusieurs sans doute avaient droit d'y prétendre par des actes éclatans de fidélité que relevait une naissance plus ou moins illustre ; mais le public fut stupéfait du nombre immense de noms obscurs que le *Moniteur* proclamait chaque jour. M. Delavau fut chargé de la police de la ville de Paris ; M. Franchet, de celle du royaume. C'était là le poste important. Dieu sait combien de fidèles furent affiliés à la police ainsi sanctifiée! Les postes de premiers commis, de chefs de division dans chacun des ministères furent livrés à l'assaut général de la congrégation; elle ne les obtint pas tous, mais partout elle saisit l'influence principale. Ceux des ministres qui ne lui étaient pas encore dévoués furent bridés et entraînés plus ou moins impérieusement par des commis qui, relevant des jésuites, semblaient posséder un titre supérieur à celui des Excellences ministérielles. »

9. — MM. de Laval-Montmorency. de Doudeauville, de Bonald, de Narbonne-Pelet, sont nommés ministres d'Etat. — M. de Châteaubriand est nommé ambassadeur d'Angleterre, en remplacement de M. le duc Decazes rappelé.

— FÉVRIER. 24. *Conspiration du général Berton.* Ce militaire a long-temps assiégé le gouvernement de ses sollicitations. Irrité, il crée un complot de révolte au moyen d'intelligences qu'il a établies dans les départemens des Deux-Sèvres et de Maine-et-Loire. Aidé d'une poignée d'hommes, il s'empare de Thouars et marche sur Saumur. Mais les élèves de l'école de cavalerie l'obligent à se retirer. Il se replie sur Doué. Un maréchal des logis nommé Wolfel, qui a su capter sa confiance, l'arrète et le conduit prisonnier à Poitiers. — Il est condamné à mort et exécuté dans cette ville, le 5 octobre suivant.

— MARS. 17. Loi sur les journaux et écrits périodiques. — Ils ne pourront être établis à l'avenir, excepté les journaux existans, sans une autorisation du Roi.

LOI DE FINANCE. Le budget des recettes est fixé pour l'exercice 1822 à la somme de 913,327,651 francs.

MAI 1er. *Clôture de la session de 1821.*

4. *Condamnation à mort*, par le jury de Marseille, de Vallé, Caron et Spinola, accusés d'avoir voulu détruire ou changer le gouvernement du Roi. Les deux derniers sont contumaces.

10. Mort de l'abbé Sicard, directeur de l'école des sourds-muets, à l'âge de 80 ans.

11. Le baron Louis est révoqué de son titre de ministre d'Etat pour avoir manifesté des opinions constitutionnelles dans un des collèges électoraux de Paris. Ces opinions ne sont pas en harmonie avec la politique du nouveau ministère, et c'est là son crime. .

17. Mort du duc de Richelieu, président du conseil des ministres, à l'âge de 53 ans. C'est le dernier du nom. C'était un homme animé de bonnes intentions, mais nullement homme d'État.

JUIN 1er. M. l'abbé Frayssinous est nommé grand-maître de l'Université.

4. *Ouverture de la session législative de* 1822.— Voici un fragment du discours du Roi qu'il importe de consigner ici : « J'ai maintenu les précautions qui ont éloigné de nos frontières la contagion qui a ravagé une partie de l'Espagne ; la saison actuelle ne permet pas de les négliger, et je les maintiendrai aussi long-temps que la sûreté du pays l'exigera : *la malveillance seule a pu trouver, dans les mesures que j'ai prises, un prétexte pour les dénaturer...*

SEPTEMBRE. 5. AFFAIRE DITE DE LA ROCHELLE. — Condamnation à mort de Bories, Pommier, Goubin et Raoul, accusés d'un complot tendant à renverser le gouvernement. — Le public a pris un grand intérêt à cette affaire. M. le procureur-général Bellard et M. l'avocat-général Marchangy ont soutenu l'accusation. — Les accusés ont été défendus par MM. Berville, Mérilhou et Coffinière.

6. *L'École normale de Paris est supprimée.*

21. Don Pedro, régent du Brésil, est proclamé empereur constitutionnel du Brésil, sous le nom de *Don Pedro* I*er*.

22. *Ordonnance du Roi portant* que les troupes employées à former un cordon sanitaire sur les frontières d'Espagne, seront employées, à dater du 1er octobre suivant, comme corps d'observation. Cette ordonnance annonce l'invasion de l'Espagne.

OCTOBRE. 2. — Le colonel Caron, condamné à mort par un conseil de guerre, pour crime d'embauchage, est fusillé à Strasbourg. — Il a tenté, avec un nommé Roger, ancien militaire, d'entraîner dans une révolte des sous-officiers et soldats du 46me de ligne et des chasseurs *de la Charente et de l'Allier.*

22. *Ouverture du Congrès de Vérone.* — Les têtes couronnées sont : l'empereur et l'impératrice d'Autriche ; l'empereur de Russie ; le roi de Prusse ; Marie-Louise, duchesse de Parme ; le grand-duc et la grande-duchesse de Toscane.— Y figurent aussi, pour les affaires d'Italie seulement, les rois des Deux-Siciles et de Sardaigne. — Les ministres plénipotentiaires sont : *pour l'Autriche,* M. le prince de Metternich, ministre des affaires étrangères, le baron de Lebzeltern, ambassadeur à la cour de Saint-Pétersbourg; — *pour la Grande-Bretagne,* lord duc de Wellington, lord Strangford ; — *pour la France,* M. le vicomte Mathieu de Montmorency, ministre des affaires étrangères ; le vicomte de Châteaubriand, ambassadeur à Londres ; le marquis de Caraman, ambassadeur à Vienne ; le comte de La Ferronays, ambassadeur à Saint-Pétersbourg ; — *pour la Russie,* M. le comte de Nesselrode, ministre des affaires étrangères; le comte Lieven, ambassadeur à Londres ; le général

comte Pozzo di Borgo, ambassadeur à Paris, et M. de Tatischef, ministre
conseiller privé; *pour la Prusse,* le chancelier prince de Hardenberg, et M. le
comte de Bersntof, ministre d'Etat des affaires étrangères. — Il y avait aussi
des ministres sans portefeuille MM. le comte de Serres, ambassadeur à Naples,
de Rayneval, ambassadeur à Berlin; M de Carneros, chargé d'affaires d'Espagne à Vienne. — On y voyait encore des princesses russes, italiennes et alleman-
des qui ornaient ce brillant cortège. « Jamais, d t un écrivain, la diplomatie
n'avait eu à lutter contre de si puissantes distractions. Joignez-y le concours
de 150 mille personnes accumulées dans une ville qui tout à l'heure paraissait
déserte. C'était un bizarre mélange d'étiquette et de simplicité, de plaisirs et
d'affaires, de gêne et de luxe. La plupart de ces puissances payaient tribut à
des juifs qui avaient retenu tous les appartemens pour les louer; de riches
banquiers se faisaient ouvrir tous les cabinets l'or à la main ; les uns venaient
explorer les secrets de la diplomatie et les autres offrir des emprunts qu'ils se
flattaient de négocier avec un énorme bénéfice. L'Italie se montrait toute en
fêtes devant ces souverains qui avaient décidé son oppression à Laybach... Dans
les bals se produisaient des beautés jalouses d'appeler sur elles d'augustes regards. Cachés au milieu de ces pompes éblouissantes et protégés dans leurs intri-
gues par tout ce fracas, des cardinaux, des prélats et des jésuites représentaient
sourdement une puissance mystérieuse, la congrégation : c'étaient eux qui
faisaient mouvoir les fils les plus déliés et les plus actifs de la diplomatie. En
vain l'empereur Alexandre avait-il chassé les jésuites de ses Etats : il les retrouvait à Vérone, et subissait, sans le savoir, des lois qu'il détestait. » — Ce
Congrès proclame le droit d'intervention à main armée dans les affaires des
autres nations. — *Il accorde de faibles soulagemens à l'Italie.* — *Il rejette les
supplications de la Grèce.* — *Il décide la guerre d'Espagne.*

— DÉCEMBRE. 18. — M. le vicomte de Châteaubriand, pair de France,
est nommé ministre des affaires étrangères en remplacement de M. Mathieu
de Montmorency.

— M. Mathieu de Montmorency est nommé ministre d'Etat et membre
du conseil privé.

ANNÉE 1823.

JANVIER. 8. — *Ordonnance du Roi* qui règle le rang des ecclésiastiques à
la Chambre des pairs. — Art. 1er Les cardinaux pairs du royaume prendront
rang au banc des ducs — Art 2. Les pairs du royaume revêtus de la dignité
d'archevêques et d'évêques, prendront rang au banc des comtes et ils jouiront
des droits, honneurs et prérogatives attachés à ce titre à moins qu'ils ne soient
personnellement pourvus d'un titre de pairie supérieur. — Art. 3. Des lettres
patentes seront expédiées en conformité de ces dispositions.

28. *Ouverture de la session de 1823* Voici ce que le discours du Roi contient de plus important à recueillir : « . . . J'ai tout tenté pour garantir la sécurité de mes peuples, et préserver l'Espagne elle-même des derniers malheurs L'aveuglement avec lequel ont été repoussées les représentations faites à Madrid, laisse peu d'espoir de conserver la paix. J'ai ordonné le rappel de mon ministre : cent mille Français, commandés par un prince de ma famille, par celui que mon cœur se plaît à nommer mon fils, sont prêts à marcher, en invoquant le Dieu de Saint-Louis, pour conserver le trône d'Espagne à un petit-fils de Henri IV, préserver ce beau royaume de sa ruine, et le réconcilier avec l'Europe. Si la guerre est inévitable, je mettrai tous mes soins à en resserrer le cercle, à en borner la durée. Elle ne sera entreprise que pour conquérir la paix, que l'état de l'Espagne rendait impossible. Que Ferdinand VII soit libre de donner à ses peuples les institutions qu'ils ne peuvent tenir que de lui, et qui en assurant leur repos dissiperaient les justes inquiétudes de la France : dès ce moment les hostilités cesseront.... J'ai dû mettre sous vos yeux l'état de nos affaires au dehors C'était à moi de délibérer : je l'ai fait avec maturité. » — Ferdinand VII une fois rétabli sur son trône ne donnera point d'institutions à son peuple.

28. *Entrée dans la Chambre des pairs* de sept archevêques ou évêques.

MARS. 3. Le député Manuel est exclu de la Chambre des députés pour avoir dit à la tribune que la France avait vu le retour des Bourbons avec répugnance. Il ne cède qu'à la force. — 62 députés protestent contre cette exclusion.

14. *Mort du général Dumouriez* à Turvill-Parck à l'âge de 85 ans.

15. *Départ du duc d'Angoulème* pour Bayonne.

17. Loi portant ouverture d'un crédit éventuel de 100 millions. — D'un crédit en rentes 5 pour 100 consolidés de 4 millions de francs.

20. Ferdinand VII part de Madrid avec le gouvernement pour se rendre à Séville.

23. Le duc de Bellune, ministre de la guerre, est nommé major-général de l'armée d'Espagne. — M Dijeon est chargé de son portefeuille pendant son absence.

AVRIL. 6. *Entrée de l'armée française en Espagne.* Le maréchal Moncey occupe la ville et la citadelle de Roses. — Le maréchal Oudinot, Burgos. — Le général Molitor, Saragosse.

9. Le duc d'Angoulème établit son quartier-général à Burgos.
— *Les Français marchent sur Madrid.*
— *Clôture de la session de 1823*

10. Loi DE FINANCE. Le budget des recettes est évalué à 896,334,190 francs.

24. L'armée française et le duc d'Angoulème entrent à Madrid. — Il fait une proclamation. — Toutes ses paroles, tous ses actes portent l'empreinte de la bienveillance, de la modération et de la générosité — Il établit un gouvernement provisoire sous le nom de *régence.* — Cette régence est composée du duc de l'Infantado du baron d'Eroles, du duc de Montemar, de M Calderon et de l'évêque d'Osma. — Elle est reconnue par la France, la Russie, l'Autriche et la Prusse.

27. *Renversement du gouvernement constitutionnel en Portugal.* — C'est le résultat d'une insurrection dirigée par Don Miguel. — Le même jour, Jean VI annonce qu'il abandonne son fils et qu'il le punira comme roi. — Le 3o, il lui décernera des honneurs et proclamera le gouvernement constitutionnel, qu'il a jugé « un système subversif de tout ordre social. »

JUIN 1 . *Les Cortès espagnoles* décrètent le départ du roi de Séville pour Cadix. — Ferdinand VII refuse ; il est déclaré déchu de la couronne. — Il part pour Cadix, et, à son arrivée, on déclare sa déchéance non avenue.

21. *Les Français entrent à Séville.*

— AOUT 2. Mort du lieutenant général Carnot, à Magdebourg, à l'âge de 70 ans.

8. *Ordonnance d'Andujar.* — Le duc d'Angoulême, par cette ordonnance, veut faire cesser les nombreuses arrestations que la régence fait opérer, et mettre un terme à un système violemment réactionnaire.—Mais la modération du prince sera impuissante.

20. *Mort du Pape Pie VII, à l'âge de 82 ans.*

31. *Prise du Trocadero,* par le duc d'Angoulême. Les Espagnols ont eu 15o hommes tués, 25o blessés. — On leur a fait 9oo prisonniers. Ce fait d'armes honorable a été trop loué et trop critiqué.

SEPTEMBRE. 17. Le maréchal Lauriston fait capituler la garnison de Pampelune.

25. Attaque du fort Santi-Petri par le contre-amiral Desrotours. Ce fort capitule.

27. Occupation de Saint-Sébastien par capitulation.

— *Exhaussement à la papauté* du cardinal della Genga. Il prend le titre de Léon XII.

29. Prise du fort de Figuières par le maréchal Moncey. Ce fort a capitulé.

OCTOBRE. 1er. — Ferdinand VII, libre de partir de Cadix, se rend au quartier-général du duc d'Angoulême, à Puerto-Santa-Maria.—Il déclare nuls tous les actes du gouvernement constitutionnel.

9. RÉCOMPENSES MILITAIRES. — Le comte Molitor est élevé par anticipation à la dignité de maréchal de France. —Il est en outre nommé pair.—Les comtes Guilleminot, Bordesoulle, Bourck, de Bourmont, le baron de Damas, sont nommés pairs de France, sans condition de majorat.

17. Le baron de Damas est nommé ministre de la guerre en remplacement du duc de Bellune, qui est nommé ministre d'État et membre du conseil privé.

31. — Le duc d'Angoulême arrive à Madrid.

NOVEMBRE. 4. — Le duc d'Angoulême part de Madrid pour se rendre à Cadix.

4-7. Barcelone et Tarragone se sont rendues par capitulation aux troupes du quatrième corps, commandées par le maréchal Moncey.

— NOVEMBRE. 13. *Entrée de Ferdinand VII* à Madrid. Son char est traîné par des Espagnols. Il entre dans son palais aux acclamations d'une foule immense et aux cris de *Vive le roi absolu !*

— DÉCEMBRE. 2. Le duc d'Angoulême revient à Paris. Il fait son entrée par l'arc de triomphe de la barrière de l'Etoile.

23. *Ordonnance du Roi* portant nomination de 27 pairs de France. — 12 sont pris parmi les députés.

24. *Ordonnance du Roi portant dissolution de la Chambre des députés.*

ANNÉE 1824.

JANVIER. 6. Ordonnance du Roi portant création d'un conseil supérieur et d'un bureau de commerce et des colonies près le ministère des finances.

10. Mort de Victor Emmanuel Ier, ex-roi de Sardaigne, à l'age de 65 ans.

FÉVRIER. 9. Convention entre la France et l'Espagne pour le séjour de nos troupes dans la Péninsule. — Elles seront peu puissantes pour empêcher les violences tyranniques que la contre-révolution exerce dans ce malheureux pays.

10. *Ordonnance du Roi.* Les titres de noblesse accordés par le Roi ne passeront aux descendans de ceux qui les auront obtenus que lorsqu'ils auront été autorisés à constituer un majorat.

21. Mort du prince Eugène de Beauharnais, duc de Leuchtenberg, gendre du roi de Bavière, et fils adoptif de Napoléon.

MARS. 8. Mort à Paris du duc Cambacérès, ex-prince archi-chancelier, à l'âge de 70 ans.

23. *Ouverture de la session législative de 1824.* Les élections, dont la Chambre nouvelle est le produit, ont été, à juste titre, qualifiées de frauduleuses. — Elles étaient le triomphe de la congrégation. — La prépondérance des royalistes fut effacée, et les libéraux furent presque entièrement exclus de cette législature. — On remarque dans le discours du Roi les phrases suivantes : « Le triomphe de la guerre d'Espagne offre à l'ordre social de sûres garanties... Dix années d'expérience ont appris à tous les Français à n'attendre la véritable liberté que des institutions fondées par la Charte. Cette expérience m'a conduit en même temps à reconnaître les inconvéniens d'une disposition réglementaire, qui doit être modifiée pour consolider mon ouvrage. Le repos et la fixité sont, après de longues secousses, le premier besoin de la France. Le mode actuel de renouvellement de la Chambre n'atteint pas ce but : un projet vous sera présenté pour y substituer le renouvellement septennal.... L'union qui existe entre mes alliés et moi, mes relations amicales avec tous les autres Etats, garantissent

une longue jouissance de la paix générale.... Des mesures sont prises pour assurer le remboursement du capital des rentes créées par l'Etat.... Cette opéra-
tion permettra de réduire les impôts et de fermer les dernières plaies de la révolution. »

24. Ordonnance du Roi portant que les papiers qui ont été laissés par le duc
de Cambacérès concernant ses fonctions seront remis entre les mains du
garde-des-sceaux.

31. M. Ravez est nommé président de la Chambre des députés.

Avril. 5. *Projet de loi* portant remboursement du capital et réduction de l'intérêt de la rente. — Ce projet de loi sera adopté à la Chambre des députés à
une majorité de 238 voix contre 145 et repoussé à la Chambre des pairs à une
majorité de 128 voix contre 94.

— *Présentation d'un projet de loi* pour le renouvellement intégral et septennal de la Chambre des députés. Ce projet de loi présenté d'abord à la Chambre
des pairs y est adopté à la majorité de 117 voix contre 67. — Il est aussi adopté
à la Chambre des députés à la majorité de 192 voix contre 87. M. de Châteaubriand était contre le 1er projet de loi, mais il était pour le 2me.

Juin. 6. M. de Châteaubriand est renvoyé du ministère des affaires étrangères. — M. de Villèle est chargé par intérim du portefeuille de ce ministère.
— M. de Châteaubriand se rendait aux Tuileries, lorsqu'on l'informa qu'une dé-
pêche importante l'attendait au ministère. — Il revient sur ses pas en toute
hâte et y trouve sa destitution avec une lettre d'envoi ainsi conçue . « Monsieur
le vicomte j'obéis aux ordres du Roi, et je vous transmets l'ordonnance ci-jointe.
Signé, J Villèle. » — Une heure après, M. de Châteaubriand avait quitté le
ministère et répondu la lettre que voici à M. de Villèle président du conseil :
« Monsieur le comte, j'ai quitté l'hôtel des affaires étrangères; le département
est à vos ordres. »   Cette destitution si insolente dans ses formes contre un
homme d'un grand génie et d'une grande générosité de caractère est considérée,
par l'histoire, comme une des plus grandes fautes de la Restauration, après
celle des *ordonnances de juillet*. — Du moins, c'est la faute la plus capitale de
Louis XVIII.

16. Mort de M. Lebrun, duc de Plaisance, pair de France, membre de l'Institut, à l'âge de 86 ans.

25. *Loi portant adoucissement de notre système criminel.*

Aout. 4. Loi de finance pour l'année 1825. — Les dépenses sont fixées à
898,933,180 francs. — Les recettes à 899,500,583 fr.

— Le ministre des finances est autorisé à créer, pour favoriser le service de
la Trésorerie et les négociations avec la Banque, des bons royaux portant intérêt et payables à l'échéance fixée. — Ils ne pourront excéder 140 millions.

— *Mouvement ministériel.* — M. de Damas passe de la guerre au ministère
des affaires étrangères. — M. de Clermont-Tonnerre passe de la marine au mi-

nistère de la guerre. — M. de Chabrol-Crouzol est nommé ministre de la marine. — M. le duc de Doudeauville est nommé ministre de la maison du Roi, en remplacement de M. Law de Lauriston, nommé grand-veneur.

— *Clôture de la session de 1824.*

15. *Ordonnance du Roi rétablissant la censure.*

26. *Ordonnance du Roi* portant que les affaires ecclésiastiques et de l'instruction publique seront dirigées à l'avenir par un ministre secrétaire d'état, qui prendra le titre de ministre secrétaire d'état du département des affaires ecclésiastiques et de l'instruction publique. — M. le comte de Frayssinous, évêque d'Hermopolis, pair de France, en est nommé titulaire.

— *Ordonnance du Roi* portant organisation du Conseil d'Etat.

SEPTEMBRE 16. LOUIS XVIII, ROI DE FRANCE, *meurt au château des Tuileries, à l'âge de 69 ans.* — Il était né le 16 novembre 1755. Il a porté le sceptre dix années. Il faisait remonter son règne à 29 ans. — Ses restes sont transférés le 23 à l'église de Saint-Denis. — Son frère *Monsieur* lui succède sous le nom de Charles X.

27. ENTRÉE SOLENNELLE DE CHARLES X A PARIS. — Il reçoit les hommages des corps de l'état. — La censure est supprimée. — « Considérant, porte l'ordonnance, qu'il n'y a pas lieu à maintenir plus long-temps la mesure qui a été prise, dans des circonstances différentes, contre les abus de la liberté des journaux, l'ordonnance du 15, relative au rétablissement de la censure, cessera d'avoir son effet. »

DÉCEMBRE. 10. Le général Lafayette est reçu solennellement par le congrès des États-Unis.

22. *Ouverture de la session législative de 1825. — Discours du roi Charles X :* « Le premier besoin de mon cœur est de vous parler de ma douleur et de la vôtre. Nous avons perdu un roi sage et bon, tendrement chéri de sa famille, vénéré de ses peuples, honoré et respecté de tous les gouvernemens étrangers La gloire de son règne ne s'effacera jamais ; non-seulement il a relevé le trône de mes ancêtres, mais il l'a consolidé par des institutions qui rapprochant et réunissant le passé et le présent, ont rendu à la France le repos et le bonheur — Je vous annonce avec plaisir que les dispositions des gouvernemens étrangers n'ont pas éprouvé de changement, et ne me laissent aucun doute sur le maintien des relations amicales qui existent entre eux et moi. — C'est dans ce dessein que j'ai consenti à prolonger encore le séjour en Espagne d'une partie des troupes que mon fils y avait laissées après une campagne que, comme Français et comme père, je puis nommer glorieuse. Le roi mon frère trouvait une grande consolation à préparer les moyens de fermer les dernières plaies de la révolution. . . La situation de nos finances permettra d'accomplir ce grand acte de justice et de politique (*l'indemnité des émigrés,* sans augmenter les impôts »

26 *M. Ravez est nommé président de la Chambre des députés.*

ANNÉE 1825.

JANVIER. 1er. M. Canning, au nom de l'Angleterre, reconnaît l'indépendance des nouveaux États de l'Amérique.

4. Mort de Ferdinand Ier, roi des Deux-Siciles.

15. LOI PORTANT FIXATION DE LA LISTE CIVILE DE FRANCE. — Le Roi recevra 25 millions par an, et la famile royale 7. — Les frais des funérailles de Louis XVIII s'élèvent à 6 millions.

25. Le général Lafayette reçoit une communication du congrès des Etats-Unis portant qu'il lui est accordé en compensation des services qu'il a rendus à l'Amérique une somme de 200, 000 dollars 1,050,000 francs.)

FÉVRIER. 9. John Quincy Adams est élu président des Etats-Unis.

MARS. 14. Le prince de Metternich arrive à Paris.

AVRIL. 17. Ordonnance du Roi qui reconnaît l'indépendance de la colonie de Saint-Domingue au moyen d'une indemnité de 150 millions qui devra être répartie entre les anciens colons.

20. LOI SUR LE SACRILÈGE. Elle a été adoptée à la Chambre des députés par 210 votans contre 75; à la Chambre des pairs, par 127 votans contre 92. Cette loi draconienne où les peines de mort, de la mutilation et des fers sont prodiguées, est une des lois qui ont été le plus funestes à la Restauration.

27. LOI QUI ACCORDE UNE INDEMNITÉ AUX ÉMIGRÉS. « 30 millions de rente, au capital d'un milliard, sont affectés à l'indemnité due par l'Etat aux Français dont les biens-fonds, situés en France, ou qui faisaient partie du territoire de la France au 1er janvier 1792, ont été confisqués et aliénés en exécution des lois sur les émigrés, les déportés et les condamnés révolutionnairement. » La discussion de cette loi a été très-orageuse.

MAI. 1er. Loi sur l'amortissement et la conversion.

21. Ordonnance du Roi qui proroge la session des Chambres au 7 juin.

24. Loi autorisant l'existence légale des congrégations et communautés religieuses de femmes.

29. CHARLES X, ROI DE FRANCE, EST SACRÉ A REIMS. Il prononce le serment suivant : « En présence de Dieu, je promets à mon peuple de maintenir et d'honorer notre sainte religion comme il appartient au roi très-chrétien et au fils aîné de l'Eglise; de rendre bonne justice à tous mes sujets; enfin de gouverner conformément aux lois du royaume et à la Charte constitutionnelle que je jure d'observer fidèlement : qu'ainsi Dieu me soit en aide et ses saints évangiles. »

JUIN. 12. Ordonnance du Roi portant que la session des Chambres de 1825 est et demeure close.

13. Loi portant réglement du budget de 1826. Le total des dépenses s'élève à 914, 504, 499 francs.

JUILLET. 20. Ordonnance du Roi qui fonde à Paris une institution pour les hautes études ecclésiastiques. Si à cette époque une bonne direction eût été donnée au clergé, un pareil établissement eût été favorablement accueilli par l'opinion publique ; mais la mauvaise voie dans laquelle il est dirigé rend cette mesure l'objet de vives critiques.

27. Incendie de Salins (Jura). 327 maisons sont réduites en cendres. La perte est évaluée à près de 7 millions. La France entière souscrit en faveur des victimes.

OCTOBRE. 6. Mort du comte de Lacépède, pair de France, membre de l'Académie des sciences.

NOVEMBRE. 28. Mort du général Foy. Vingt mille personnes ont suivi son convoi.

DÉCEMBRE. 1er. Mort d'Alexandre Ier, empereur de Russie.

24. Manifeste de Nicolas Ier, empereur de Russie, annonçant son avènement au trône.

25. Mort du peintre David.

ANNÉE 1826.

JANVIER 3. Mort du maréchal Suchet, duc d'Albuféra et pair de France
26. Traité de navigation entre la France et l'Angleterre.
31. OUVERTURE DE LA SESSION DE 1826. On remarque, dans le discours du Roi, le passage suivant : « . . . La législation doit pourvoir, par des améliorations successives, à tous les besoins de la société. Le morcellement progressif de la propriété foncière, essentiellement contraire aux principes du gouvernement monarchique, affaiblirait les garanties que la Charte donne à mon trône et à mes sujets. . . Des moyens vous seront proposés pour rétablir l'accord qui doit exister entre la loi politique et la loi civile, et pour conserver le patrimoine de famille, sans restreindre cependant la liberté de disposer de ses biens. . . »

FÉVRIER. 5. M. Ravez est nommé président de la Chambre des députés.

10. Présentation d'un projet de loi sur les successions et sur les substitutions à la Chambre des pairs. (Voyez 17 mai.)

MARS. 4. M. le comte de Montlosier publie un ouvrage intitulé : *Mémoire à consulter sur un système religieux et politique, tendant à renverser la religion, la société et le trône.*

24. Mort de M. le duc Mathieu Laval-Montmorency.

AVRIL 5 Déclaration signée par plusieurs cardinaux, archevêques et évêques de France, concernant l'autorité du pape. Ces prélats déclarent qu'ils reconnaissent que les droits des souverains, leur indépendance pleine et absolue dans l'ordre temporel, ne relèvent ni directement ni indirectement de la puissance ecclésiastique.

15. M. de Tharin, évêque de Strasbourg, est nommé gouverneur du duc de Bordeaux.

27. Ordonnance du Roi portant qu'il sera élevé un monument à la mémoire de Louis XVI.

MAI. 15. Fondation à Paris d'un musée égyptien.

17. *Loi sur les substitutions.* « Les biens dont il est permis de disposer, aux termes des art. 913, 915 et 916 du Code civil, pourront être donnés en tout ou en partie par acte entre-vifs ou testamentaire avec la charge de les rendre à un ou plusieurs enfans du donataire nés ou à naître, jusqu'au 2me degré inclusivement. » Pour l'exécution de cette disposition on se conformera aux art. 1051 et suivans du Code civil, jusques et y compris l'art 1074. Cette loi n'est que la modification d'une loi beaucoup plus grande que le gouvernement avait présentée et dont la Chambre des pairs repoussa les principales dispositions, à la satisfaction de le France entière. Paris fut même à cette occasion subitement illuminée, tant l'allégresse de la population était grande.

— *Loi relative aux douanes.*

JUILLET. 6. Ordonnance du Roi qui prononce la clôture de la session des Chambres pour 1822.

30. M. le comte de Montlosier, dans un Mémoire imprimé, dénonce, à la Cour Royale de Paris, l'existence en France de la corporation des jésuites. Le 18 août suivant, la Cour rend un arrêt par lequel elle déclare que la législation existante s'oppose formellement à l'existence de cette corporation, mais qu'il n'appartient qu'à la haute police du royaume de la dissoudre Elle se déclare incompétente

SEPTEMBRE. 18. M. Canning, premier lord de la Trésorerie, arrive à Paris.

OCTOBRE. 4. Ordonnance du Roi qui approuve un traité de navigation et de commerce entre la France et le Brésil.

19. Mort du célèbre acteur Talma, à l'âge de 63 ans. Plus de 60 mille personnes assistent à son convoi

20. Mort du comte Boissy d'Anglas, pair de France, à l'âge de 70 ans.

29 Ordonnance du Roi qui nomme ministres d'État, membres du conseil privé, MM. les cardinaux de Latil et de Clermont-Tonnerre ainsi que MM. de Brissac, de Pastoret et de Saint-Cricq.

NOVEMBRE. 5. M. de Cheverus, archevêque de Bordeaux, est nommé pair de France.

DÉCEMBRE. 12. OUVERTURE DE LA SESSION DE 1827. Dans le discours du Roi on remarque les phrases suivantes : « J'aurais désiré qu'il fût possible de ne pas s'occuper de la presse ; mais, à mesure que la faculté de publier des écrits s'est développée, elle a produit de nouveaux abus qui exigent des moyens de répression plus étendus et plus efficaces. Il était temps de faire cesser d'affligeans scandales, et de préserver la liberté de la presse elle-même du danger de ses propres excès. »

21. *Ordonnance du Roi* qui nomme M. Ravez président de la Chambre des députés.

30. Projet de loi sur la presse présenté par M. de Peyronnet, garde des sceaux : ce projet de loi, que l'opposition surnomma par dérision *loi de justice et d'amour*, contenait entre autres dispositions l'obligation d'un dépôt de plusieurs jours pour tout écrit au-dessous de vingt feuilles. — Tout écrit de cinq feuilles et au-dessous était assujetti au timbre. — Les imprimeurs étaient civilement responsables. Il ne faut pas perdre de vue que tout journal politique ne pouvait alors être publié sans l'autorisation du Roi. La Chambre des pairs accueillit défavorablement ce projet de loi, et le ministre de la justice fut obligé de le retirer. Des illuminations générales dans tout Paris signalèrent encore cette nouvelle mésaventure ministérielle.

<hr>

ANNÉE 1827.

Janvier. 13. Mort du comte de Lanjuinais, pair de France, à l'âge de 74 ans.

16. L'Académie française adopte une proposition faite par M. Lacretelle jeune qui a pour objet de présenter une adresse au Roi sur le projet de loi relatif à la presse soumis à la Chambre des pairs. 18 voix contre 6 ont été en faveur de la proposition. Par suite, M. Michaud ne fera plus partie des lecteurs du Roi, et MM. Lacretelle et Villemain seront révoqués de leurs fonctions, le premier de celles de censeur, et le second de celles de maître des requêtes au conseil d'État. Une lettre du premier gentilhomme de service au château annoncera que le Roi ne recevra pas la députation de l'Académie.

18. La Chambre des pairs passe à l'ordre du jour sur une pétition de M. le comte de Montlosier contre les jésuites sur les trois premières questions ; mais elle vote le renvoi du 4e paragraphe au président du conseil des ministres. Le ministère ne donnera aucune suite à ce vote non équivoque de la Chambre des pairs.

Février. 19. Mort du lieutenant-général Caulincourt, duc de Vicence, à l'âge de 54 ans.

26. Mort du comte Stanislas Girardin, membre de la Chambre des députés.

MARS. 5. Mort du marquis de La Place, pair de France, membre de l'Académie française, à l'âge de 78 ans. On sait que ce mathématicien célèbre a été surnommé le Newton français.

27. Mort du duc de La Rochefoucault-Liancourt, pair de France, à l'âge de 81 ans. Il fut l'un de nos plus grands citoyens. Les services qu'il a rendus à la France sont innombrables. Son convoi est troublé par suite d'une mesure de police malentendue.

AVRIL. 12. M. Canning est nommé chef du ministère de la Grande-Bretagne.

17. Ordonnance du Roi, portant que la loi sur la presse, adoptée par la Chambre des députés et soumise à la Chambre des pairs, est retirée. (Voyez plus haut.

21. Un jugement du tribunal de police correctionnelle de la Seine acquitte le journal le *Courrier Français*, incriminé pour un article de M. de Kératry, intitulé : *Mensonges de M. de Villèle*. Cet article publié à l'occasion de la loi sur la presse dont nous venons de parler, contenait, entre autres phrases, celles qui suivent: « Ce n'est pas une dérogation transitoire de la Charte qu'il de-
» mande (M. de Villèle), c'est une infraction permanente. Réfractaire à son
» serment, il a donc oublié que le prince a prêté le même serment... Il a
» été forfait à l'honneur par la présentation d'une loi destinée à délier frau-
» duleusement au moins une des parties contractantes du serment qui les
» liait. »

24. La Chambre des pairs adopte un projet de loi sur la juridiction militaire.

25. Loi qui réprime la traite des noirs.

29. ORDONNANCE DU ROI QUI LICENCIE LA GARDE NATIONALE DE PARIS. Une revue avait été ordonnée par le Roi. Vingt mille hommes se trouvaient sous les armes. Mais au milieu des cris nombreux et multipliés de *Vive le Roi !* quelques cris de *à bas les ministres ! à bas Villèle ! à bas Peyronnet ! vive la liberté de la presse !* se firent entendre. Ce sont là les motifs qui entraînent une mesure si impolitique.

MAI. 2. Par suite du licenciement de la garde nationale, le duc de Doudeauville, ministre de la maison du Roi, donne sa démission. Désormais la maison du Roi sera administrée par un intendant. C'est M. de La Bouillerie qui est nommé à cette place le 23 du même mois.

JUIN. 20. *Ordonnance du Roi portant clôture de la session des Chambres pour 1827.* Cette session a été très-orageuse, et le parti royaliste constitutionnel a fait au ministère une opposition des plus vives. Des mesures de rigueur ont souvent été prises contre plusieurs membres de ce parti qui occupaient des places ou jouissaient d'un traitement quelconque. M. Hyde de Neuville fut de ce nombre.

24. *Ordonnance du Roi portant rétablissement de la censure.*

— *Loi portant fixation du budget des recettes et dépenses de 1818.* Le budget des dépenses est porté à 920.711,642 fr. Le budget des recettes est évalué à 924.410,361 fr.

Juillet. *4. Ordonnance du Roi* portant que diverses dispositions du Code d'instruction criminelle seront applicables aux colonies. Si ces dispositions pouvaient s'exécuter, elles produiraient beaucoup de bien. L'obstacle continuel à toute mesure libérale dans les colonies est presque toujours du fait des colons.

6. Traité entre la France, l'Angleterre et la Russie pour la pacification et l'indépendance de la Grèce.

Aout. 1. *Ordonnance du Roi* pour la mise à exécution du code forestier.

8. Mort du célèbre ministre anglais Canning.

20. Mort de Manuel, ex-député de la Vendée, à l'âge de 52 ans. Son convoi donne lieu à une manifestation d'opposition politique.

Septembre. 4. Le Roi se rend au camp de Saint-Omer. Il reçoit dans ce voyage l'expression d'unanimes hommages.

Octobre. 20. **Combat de Navarin.** Les commandans des flottes alliées, de la France, de la Russie et de l'Angleterre, avaient d'abord obtenu d'Ibrahim-Pacha qu'il s'abstiendrait de toute tentative hostile jusqu'à ce que la Porte eût répondu aux notes diplomatiques de leurs cabinets respectifs. Mais un ordre de soumettre la Morée étant parvenu à Ibrahim, il se disposait à faire voile vers Calamatta avec 17,000 hommes, lorsque l'action s'engagea par suite d'un coup de fusil tiré d'un brûlot turc sur un canot anglais. Le résultat de ce combat fut la destruction complète de la flotte turque — L'amiral de Rigny commandait l'escadre française. Les Français comptèrent 50 hommes tués et 140 blessés. L'escadre anglaise fit une perte un peu plus considérable, ainsi que l'escadre russe, en tués, blessés et noyés. La flotte turque eut à déplorer la mise hors de combat de près de 7,000 hommes.

Novembre. 5. **Ordonnance du roi portant dissolution de la Chambre des députés, et convocation des collèges électoraux.** Voici le catalogue des œuvres de la Chambre qui vient de finir : la loi de la septennalité. — La loi sur les substitutions ou droit d'aînesse repoussée par la Chambre des pairs. — La loi du sacrilége. — La loi sur la presse, surnommée la loi d'amour, repoussée par la Chambre des pairs. — La loi d'indemnité. — Par suite de cette mesure la censure est levée.

— **Ordonnance du roi qui nomme soixante-seize-pairs.**

— *Journées des 19 et 20 novembre à Paris.* Troubles dans la rue Saint-Denis, à l'occasion des élections de la capitale dont le peuple veut célébrer le triomphe. Des barricades sont élevées pour empêcher l'intervention de la police, qui veut dissoudre les rassemblemens. La force publique est employée pour les repousser. Plusieurs personnes sont tuées ou blessées.

— Les élections sur tous les points du royaume sont en faveur du système constitutionnel. Partout les partisans du ministère ont été repoussés. Il y a eu alliance entre les libéraux et les royalistes constitutionnels contre les candidats ministériels.

ANNÉE 1828.

JANVIER. 4. CHANGEMENT DE MINISTÈRE. M. de Martignac est nommé ministre de l'intérieur. — M. de Portalis, ministre de la justice. — M. de La Ferronays, ministre des affaires étrangères. — M. de Caux, ministre de la guerre. — M. Roy, ministre des finances. — Feront encore partie du nouveau cabinet : MM. Hyde de Neuville, à la marine. — De Vatimesnil, à l'instruction publique. — Feutrier, évêque de Beauvais, aux affaires ecclésiastiques. — De Saint-Cricq, au commerce.

— MM. de Villèle, Peyronnet, Corbière, de Damas, de Clermont-Tonnerre, sont nommés ministres d'Etat et membres de la Chambre des pairs.

6. M. de Belleyme, procureur du roi à Paris, est nommé préfet de police. — M. Delavau, préfet de police, est nommé conseiller d'Etat en service ordinaire.

10. Mort du comte François de Neufchâteau, membre de l'Institut, ancien sénateur, âgé de 78 ans.

16. Mort du comte Anglès, ancien préfet de police sous la Restauration, à l'âge de 49 ans.

— Le nouveau cabinet a fait insérer au *Moniteur* une déclaration de principes sur ses intentions constitutionnelles de sagessse et de moderation. Ces paroles calment l'irritation, et le pays y applaudit.

17. Jugement du tribunal correctionnel de Paris, qui condamne Cauchois-Lemaire à 15 mois de prison et 3 000 fr. d'amende à l'occasion d'un écrit intitulé *Sur la crise actuelle, lettre à S. A. R. monseigneur le duc d'Orléans.* Cet écrit annonce une révolution. L'écrivain conseille au prince non-seulement de ne pas s'exposer à succomber dans la catastrophe qu'il prévoit, mais encore de prendre ses précautions pour éviter que la haute position sociale qu'il occupe en France ne soit compromise davantage par la dynastie régnante. — Cette brochure a été composée sous l'empire des impressions qu'avaient inspirées les fautes des derniers ministres.

20. Création d'une commission chargée de l'examen et de la surveillance de l'instruction dans les établissemens ecclésiastiques. Dans le rapport du ministre on dit que cette commission est nommée pour assurer *la liberté religieuse garantie par la Charte*.

FÉVRIER, 1er. M. de Vatimesnil est nommé grand-maître de l'Université.

— Suppression du cabinet secret, dit *cabinet noir*, attaché à l'administration de la poste aux lettres.

5. Ouverture de la session des chambres. On remarque dans le discours du Roi les passages suivans : « Voulant affermir de plus en plus, dans mes Etats, la Charte qui fut octroyée par mon frère, et que j'ai juré de maintenir, je veillerai à ce qu'on travaille avec sagesse et maturité à mettre notre législation en harmonie avec elle... Convaincu que la véritable force du trône est, après la protection divine, dans l'observation des lois, j'ai ordonné que diverses questions d'administration publique seraient approfondies, et que leur discussion fît briller la vérité premier besoin des princes et des peuples... Je compte beaucoup sur le concours de vos lumières, et sur l'accord de vos sentimens. La parole de votre Roi appelant l'union des hommes de bien, ne peut trouver ici que des cœurs disposés à l'entendre et à lui répondre. »

10. *M. de Vatimesnil est nommé ministre de l'instruction publique.*

Ordonnance du Roi qui établit un conseil supérieur auprès du ministère de de la guerre, qui sera présidé par le duc d'Angoulême.

Mars. 3. *M. Hyde de Neuville est nommé ministre de la marine — M. de Feutrier, évêque de Beauvais, ministre des cultes.*

9. *Adresse de la Chambre des députés*, en réponse au discours du trône. On y lit les phrases suivantes : « Quelques parties de l'administration publique ont soulevé de graves ressentimens, nous le voyons avec douleur; et pour fermer une plaie si profonde, votre majesté, dans sa prévoyance, a devancé l'expression de nos vœux : les commissions formées par ses ordres se hâteront d'en préparer l'accomplissement; nous aimons à le penser. » La Chambre, après avoir parlé de la nécessité de décréter des lois sur l'instruction publique, sur les élections, sur l'organisation départementale et communale, ajoute : « Vous appelez du fond des cœurs la vérité... Sire, elles retentiront dans la postérité, ces paroles mémorables. La France les recueille dans un profond attendrissement; objet de vos pensées, pourrait-elle douter de son avenir, au milieu de tant d'amour que votre bonté lui révèle? Ses vœux ne demandent aux dépositaires de votre pouvoir que la vérité de vos bienfaits. Ses plaintes n'accusent que le *système déplorable* qui les rendit trop souvent illusoires...»

Avril. 21. *Ordonnance du Roi* qui prescrit l'établissement, dans chaque chef-lieu de sous-préfecture, d'un comité gratuit pour surveiller et favoriser l'instruction primaire.

— Mort du duc de Rivière, gouverneur du duc de Bordeaux, à l'âge de 65 ans.

23. *Adoption à la Chambre des députés* d'une proposition de M. de Conny portant que les députés qui accepteront des fonctions publiques salariées seront soumis à la réélection.

2. *Ordonnance du Roi* portant que M. de Damas, pair de France, est nommé gouverneur du duc de Bordeaux.

Mai. 19. *Adoption à la Chambre des députés d'une loi sur la liberté de la presse.* Cette loi est très libérale.

Juin. 16 *Ordonnance du Roi* qui soumet à un régime universitaire huit écoles ecclésiastiques appartenant à une congrégation religieuse non autorisée (*la congrégation des Jésuites !*)

— *Ordonnance du Roi* qui fixe à 20 mille élèves le nombre des jeunes gens qui seront admis dans les écoles ecclésiastiques.

18 Mort du lieutenant-général Miollis, à l'âge de 69 ans.

22. *Ordonnance du Roi* portant rétablissement à la faculté de droit de Paris d'une chaire de droit administratif.

25. La Chambre des pairs adopte la loi sur la presse votée par la Chambre des députés.

Juillet. 2. Loi sur la révision annuelle des listes électorales. Cette loi est une garantie contre les abus précédens.

Aout. 17. Loi portant réglement du budget des recettes et des dépenses pour 1829. — Le budget des recettes est évalué à 986,156,821 francs. — Celui des dépenses à 974,184,361 francs.

18. *Ordonnance du Roi* prononçant la clôture des Chambres pour la présente session.

31. Départ du Roi Charles X pour un voyage dans les départemens de l'Est. La marche modérée et libérale du nouveau cabinet a gagné au monarque l'amour du pays. Le voyage du prince ne sera qu'une course triomphale. Partout les populations accourront pour l'environner d'hommages.

Septembre. 10 Mort du lieutenant-général Andréossy, membre de l'Institut, député, à l'âge de 67 ans.

24. *Ordonnance du Roi* sur l'organisation de l'administration de la justice à la Martinique et à la Guadeloupe.

Novembre. 2. Mort du lieutenant-général Dessoles, pair de France, ancien ministre de la guerre, à l'âge de 61 ans.

5. *Ordonnance du Roi* sur l'organisation du conseil d'État.

12. *Ordonnance du Roi* qui établit une commission pour les haras.

13. Mort du comte Abrial, pair de France, à l'âge de 80 ans.

Décembre. 7. *Ordonnance du Roi* portant convocation des Chambres pour le 27 janvier suivant.

21. *Ordonnance du Roi* prescrivant que les services militaires dans les colonies ressortiront du département de la marine.

30. Traité entre la France et l'Espagne, pour le paiement des sommes que cette dernière puissance doit à l'autre par suite de l'intervention.

ANNÉE 1829.

Janvier. 1. Mort de Picard, auteur dramatique, membre de l'Institut, à l'âge de 60 ans.

24. Le marquis de Pastoret, pair de France, est nommé vice-président de la Chambre des pairs.

27. Ouverture de la session. On remarque, dans le discours du Roi, les passages suivans : « .. Notre situation avec les puissances étrangères est heureuse. Quels que soient, au surplus, les événemens que l'avenir nous réserve, je n'oublierai jamais que la gloire de la France est un dépôt sacré et que l'honneur d'en être le gardien est la plus belle prérogative de ma couronne.... L'ordre et la paix règnent dans l'intérieur : l'industrie française, déjà si justement estimée, s'honore chaque jour par des progrès nouveaux.... La presse affranchie jouit d'une liberté entière ; si la licence, sa funeste ennemie, se montre encore à l'abri d'une loi généreuse et confiante, la raison publique, qui s'affermit et s'éclaire, fait justice de ses écarts ; et la magistrature, fidèle à ses nobles traditions. connaît ses devoirs et saura toujours les remplir... Le besoin de placer à l'abri de toute atteinte la religion de nos pères, de maintenir dans mon royaume l'exécution des lois, et d'assurer en même temps parmi nous la perpétuité du sacerdoce, m'a déterminé, après de mûres réflexions, à prescrire des mesures dont j'ai reconnu la nécessité... De nombreux travaux occuperont la session qui s'ouvre aujourd'hui. Vous aurez à discuter un code destiné à l'armée, et qui mérite une sérieuse attention... Un projet grave et important appellera surtout votre sollicitude. Depuis long-temps on s'accorde à reconnaître la nécessité d'une organisation municipale et départementale dont l'ensemble se trouve en harmonie avec nos institutions. Chaque jour me révèle davantage l'affection de mes peuples, et me rend plus sainte l'obligation que j'ai contractée de consacrer ma vie à leur bonheur... La France sait bien, comme vous, sur quelles bases son bonheur repose ; et ceux qui le chercheraient ailleurs que dans l'union sincère de l'autorité royale et des libertés que la Charte a consacrées, seraient hautement désavoués par elle. Cette union, Messieurs, vous êtes appelés à la rendre plus étroite et plus solide. Vous remplirez cette heureuse mission en sujets fidèles, en loyaux Français, et l'appui de votre Roi ne manquera pas plus à vos efforts que la reconnaissance publique. » Ce discours excita au plus haut point l'enthousiasme des Chambres et de la France entière.

— Mort de M. le marquis de Dreux-Brézé, pair de France, grand-maître des cérémonies.

29. Mort de Barras, ancien membre du Directoire, à l'âge de 74 ans.

Février, 9. Présentation des projets de loi concernant l'organisation municipale et départementale.

10. Mort du pape Léon XII (Annibal della Genga), à l'âge de 69 ans.

19. *Rapport de M. Eusèbe Salverte, à la Chambre des députés, pour la mise en accusation de l'ancien ministère.* M. Martignac, ministre de l'intérieur, s'oppose à la prise en considération.

22. *Ordonnance du Roi* portant que le lieutenant-général, marquis de Maison, membre de la Chambre des pairs, est nommé maréchal de France.

— *Ordonnance du Roi* qui diminue quelques-uns des mauvais effets de la loterie. Elle est supprimée dans plusieurs départemens.

Mars. 18. Mort d'Alexandre Lameth, député.

Avril. 15. Loi relative à la pêche fluviale.

23. Mort de M. Henrion de Pansey, premier président de la cour de cassation, à l'âge de 87 ans.

24. M. le duc de Laval-Montmorency est nommé ministre des affaires étrangères en remplacement de M. de La Ferronays démissionnaire. Il n'accepte pas.

MAI. 14. M. le comte Portalis, garde des sceaux, est nommé ministre des affaires étrangères. — M. Bourdeau est nommé ministre de la justice.

24. *Ordonnance du Roi* portant que le nombre des maréchaux est fixé à 12, celui des lieutenans-généraux à 100, et celui des maréchaux de camp à 200.

AOUT. 2. LOI PORTANT RÉGLEMENT DU BUDGET DE 1830. Le budget des recettes est évalué à 970,787,153 fr. — Celui des dépenses à 972,829,879 fr.

8. NOMINATION DU MINISTÈRE POLIGNAC, *dit du 8 août.*

FIN.

N. B. Ici finit l'Histoire chronologique de France, proprement dite, qui ne devait aller que jusqu'en 1828. *Voyez* LES ARCHIVES HISTORIQUES POUR 1830.

TABLE.

ANNÉE 1793.

ANNÉE 1794.

ANNÉE 1795.

ANNÉE 1796.

ANNÉE 1801.

ANNÉE 1802.

ANNÉE 1803.

ANNÉE. 1804.

ANNÉE 1805.

ANNÉE 1806.

ANNÉE 1807.

ANNÉE 1808.

ANNÉE 1809.

FIN DE LA TABLE.

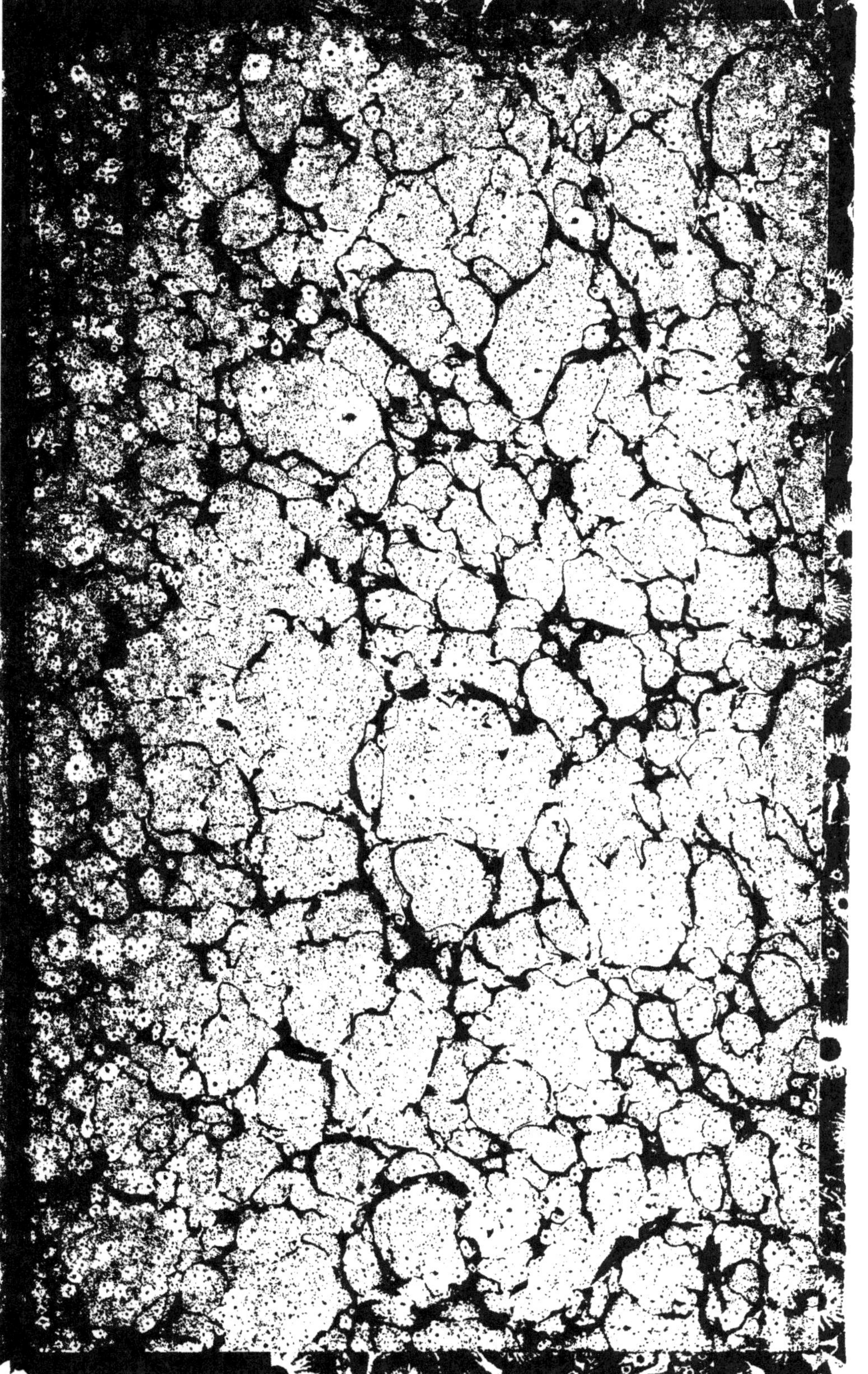